Anne Brewer

Zwölfstrang-DNS

Das Erbe des Lichts

Anne Brewer

ZWÖLFSTRANG-DNS

Das Erbe des Lichts

Durch die erweiterte DNS
zur Quelle höheren Wissens

Edition Sternenprinz

Edition Sternenprinz wird herausgegeben
von Hans-Jürgen Maurer

Ins Deutsche übertragen von
Martin Rometsch

Lektorat: Petra Danner
Umschlaggestaltung: Stephan Mayer, nach einer Vorlage von Hans-Georg Leiendecker
Satz und Innengestaltung: Hans-Nietsch-Verlag

Edition Sternenprinz im Hans-Nietsch-Verlag,
Poststrasse 3, D-79098 Freiburg
Internet: www.sternenprinz.de; www.nietsch.de
E-mail: sternenprinz@sternenprinz.de; info@nietsch.de

ISBN: 3-929475-88-x

Inhalt

4 – Juli 1996

5 – August 1996

Anmerkung des Verlags

Die in diesem Buch enthaltenen Informationen wurden zum Teil medial erhalten. Es handelt sich um spirituelles und psychologisches Material, das die Autorin empfangen und übertragen hat, so gut sie konnte. Sie weist jedoch darauf hin, daß die Güte einer solchen Übertragung von verschiedenen Faktoren beeinflußt wird: von der Begrenztheit der Sprache sowie von den Fähigkeiten, der Persönlichkeit und den Überzeugungen der Autorin.

Das in diesem Buch vorgestellte Material stammt nicht vom Verlag, und die Meinung der Autorin stimmt nicht unbedingt mit der des Verlages überein.

In diesem Buch geht es um die feinstoffliche DNS. Wenn Sie Fragen zur physischen DNS haben, wenden Sie sich bitte an einen Arzt.

Einführung

Suche deine Liebe jetzt.
Es gibt keine Vergangenheit,
und die Leidenschaft von heute
ist die Quelle des Morgen,
für immer.

Robert Henion

Heute habe ich ein erweitertes Bewußtsein und mehr Energie. Mein Astralkörper hat zwölf DNS-Stränge, die über das endokrine System mit meinem physischen Körper verbunden sind. Dank dieser zusätzlichen DNS kann ich nicht nur zwei, sondern zwölf Ebenen der Information nutzen und dadurch mein Bewußtsein erweitern. Meine Entscheidungen werden nicht mehr von Angst und Schuldgefühlen beeinflußt, da mein Mentalkörper von beidem befreit wurde. So fühle ich mich machtvoller, und ich kann Liebe und Freude intensiver empfinden. Ich bin keine Empfangende mehr, sondern Schöpferin. Ich kenne mein Lebensziel und habe Erfüllung gefunden. Ich lebe im Jetzt, anstatt meine Erfahrungen in die Vergangenheit oder Zukunft zu projizieren.

Niemand hätte mir erklären können, was es für ein Gefühl ist, erwacht zu sein, wenn man viele Leben lang in Unwissenheit verbracht hat. Mein einziger Bezugspunkt war bis jetzt die verzweifelte Sehnsucht nach etwas, das ich verloren hatte, aber nicht genau beschreiben konnte. Diese Sehnsucht beflügelte mich, und darum habe ich meinen heutigen Bewußtseinsstand erreicht. Uns allen stehen viele Wege der Bewußtseinserweiterung offen. Dies ist der Weg, für den ich mich entschieden habe, und da er mein Leben so immens bereichert hat, möchte ich ihn gemeinsam mit anderen Menschen gehen. Ich habe das Schicksal meiner Seele mit der Pflicht verknüpft, meine DNS neu zu kodieren und anderen irdischen Wesen zu zeigen, wie sie zwölf DNS-Stränge bekommen können, sofern sie es wünschen. Wenn Sie nun Resonanz in sich verspüren, lade ich Sie ein, mit mir zu reisen, wenn nicht, erzähle ich Ihnen meine Geschichte und hoffe, daß Sie daraus etwas mitnehmen können, was Ihnen auf Ihrem eigenen Weg weiterhilft.

Der Übergang zur fünften Dimension steht uns nahe bevor. Obwohl wir in dreidimensionalen Körpern leben, befinden wir uns derzeit in der vierten Dimension, auf der Ebene der Länge, Breite, Tiefe und Zeit. Das gilt für alle lebenden Wesen, z. B. für Menschen, Pflanzen, Tiere und Insekten. Derzeit jedoch stehen wir auf der Brücke zur fünften Dimension, der Ebene der Länge, Breite, Tiefe, Zeit und Spiritualität für uns Menschen. Während wir uns der anderen Seite nähern, erweitern wir unser Selbstbild, so daß es auch unsere Göttlichkeit einschließt. Das eröffnet uns neue körperliche, mentale, emotionale und spirituelle Möglichkeiten. Wir werden einander erkennen, wenn wir auf das Licht zugehen, denn unser neues Bewußtsein stimmt uns endlich auf unsere Göttlichkeit ein. Wir sind eine Familie aus Lichtwesen und haben alle denselben Ursprung: den göttlichen Schöpfer.

Im April 1996 trat ich meine Reise an. Ich wollte die zwölf DNS-Stränge haben. Schon vorher hatte ich Texte gelesen, die durch Channeling übermittelt wurden, und dabei erfahren, daß die Plejadier, Kryon, Sananda und viele andere immaterielle Wesen oft davon sprechen, daß wir unsere zwölf DNS-Stränge wiedererlangen müssen, um als Geist in physischer Gestalt überleben zu können. Seither trachte ich voller Begeisterung danach, meine zwölf Stränge zurückzubekommen.

Im Sommer 1995 hatte ich das erste Buch von Kryon gelesen. Darin ist von unserem Aufstieg in die fünfte Dimension die Rede, aber auch davon, daß wir wahrscheinlich andere geistige Helfer brauchen, die uns helfen, jene DNS-Stränge zurückzubekommen, die wir für den Aufstieg benötigen. Obwohl ich mich sehr danach sehnte, meine vollständige DNS zurückzubekommen, war ich unschlüssig: Sollte ich auf meine vier Helfer verzichten, die mich bisher unterstützt, beschützt und belehrt hatten? Kryon erklärt in seinem Buch unmißverständlich, daß wir neue Helfer bräuchten, die uns auf unserer Reise unterstützen. Ich wußte nicht, ob ich dazu bereit war, beschloß aber, die zwölf DNS-Stränge wiederzuerlangen. Dann erhielt ich das Kryon-Implantat, das Lee Carroll beschreibt. Es beseitigte mein restliches irdisches Karma, eine Voraussetzung dafür, daß ich mit der Neukodierung beginnen konnte.

Nach einem Jahr der Affirmationen und des spirituellen Wachstums bat ich um die zehn fehlenden Stränge. Es gibt zwar uralte Bücher zu diesem Thema, aber keine Leitfäden oder medizinischen Fachbücher, denen wir entnehmen könnten, wie man sich fühlt, wenn der Energiekreislauf wiederhergestellt ist und die Energie in den Kanälen zu fließen beginnt, die viele Äonen lang verstopft waren. Ich beschloß, schriftlich festzuhalten, was sich seit dem Tag ereignete, an dem mir die Neukodierung gewährt wurde. Mit meinem Tagebuch verfolgte ich zwei Ziele: Ich wollte jederzeit imstande sein, wachzurufen, was im Laufe der Neukodierung alles geschehen war und ich wollte andere darüber aufklären, was sie möglicherweise erwartet, wenn sie sich für diesen Weg entscheiden.

Zu Beginn dieses Prozesses war mir noch nicht ganz klar, daß ich alle Ereignisse in meinem Leben selbst bewirke. Meine Helfer, so dachte ich, lenkten mein Leben und leiteten die Neukodierung. Seitdem habe ich an Einsicht und spiritueller Energie gewonnen, und heute weiß ich, daß ich die Dirigentin meines Lebens bin – auf der materiellen wie auf der immateriellen Ebene. Ich wurde in die Welt gesandt, um den Geschöpfen beider Ebenen zu helfen, und dazu bin ich nur als Individuum mit eigenen spirituellen Kräften imstande. Ich beteilige mich an einem kreativen Gemeinschaftswerk, angespornt von dem Wunsch, mein Bewußtsein zu erweitern. Ich glaube, die Energie des göttlichen Schöpfers wohnt in uns allen, wir brauchen sie nur zu nutzen. Welchen Gewinn wir aus den Erfahrungen unseres Lebens schöpfen, hängt davon ab, ob wir erkennen, daß wir selbst göttliche Schöpfer sind und daß wir diese Macht wieder beanspruchen müssen.

Liebe und Frieden auf Ihrer Reise,
Anne Brewer

Eine Anmerkung des nicht inkarnierten Neukodierungs-Teams

Die folgenden Informationen über die Neukodierung der DNS stammen von zwei nicht verkörperten Wesen: Anu, dem Oberhaupt des nibiruanischen Rates, und Joysia, dem leitenden Gentechniker des Projekts. Der nibiruanische Rat ist eine Gruppe nicht inkarnierter Wesen, die mit der Evolution der Erde karmisch verbunden sind.

Bei der DNS-Neukodierung wird die DNS bei Menschen, die zwei DNS-Stränge besitzen, auf zwölf DNS-Stränge erweitert, die ursprünglich ihr göttliches Recht waren. Sobald dieser Energiekreislauf wieder vollständig hergestellt ist, hat die Seele Zugang zu zwölf Ebenen des spirituellen, emotionalen, physischen und mentalen Bewußtseins und den dazugehörigen Informationen. Die Zweistrang-DNS macht dem Menschen nur zwei dieser Ebenen zugänglich. Wer alle zwölf Ebenen erreicht, hat ein erweitertes Bewußtsein und in seiner dreidimensionalen Gestalt mehr Macht: mediale Fähigkeiten, Hellsehen und Hellhören, die vollständige Erinnerung an vergangene, gegenwärtige und künftige körperliche und nichtkörperliche Existenzen. Das endokrine System, das den spirituellen Bauplan umsetzt und den Pfad zur Göttlichkeit weist, arbeitet dann völlig harmonisch. Außerdem wird der Mentalkörper von Furcht und Schuldgefühlen befreit. Die Neukodierung ist Voraussetzung für den Aufstieg. Ein Mensch kann die nächste Ebene – die fünfte Dimension – nur erreichen, wenn er zwölf feinstoffliche oder physische DNS-Stränge besitzt. „Aufstieg" nennen wir den Übergang zur nächst höheren Dimension bei vollem Bewußtsein.

Eine medial übermittelte Botschaft von Anu, dem Oberhaupt des nibiruanischen Rates

Ich grüße euch, Brüder und Schwestern des Lichts! Es ist Zeit für euch, ein herrliches Geschenk zu empfangen. Jetzt habt ihr Gelegenheit, eure volle Macht zu erlangen, indem ihr eure zwölf DNS-Stränge neu ausrichtet und sie miteinander verschmelzt. Ich freue mich sehr darüber, daß ich euch über dieses Abenteuer berichten darf, zu dem ihr bald aufbrechen werdet. Zunächst möchte ich euch kurz erklären, wie es dazu kam.

Ich gehöre zu den Plejadiern, eurer Elternrasse, und habe Nibiru, den künstlichen Planeten der Plejaden, regiert, als das Wesen mit den zwei DNS-Strängen geschaffen wurde. Nibiru war ein Planet der Entdecker, ein Kriegsstern, der in die Galaxis und ins Sonnensystem geschickt wurde, um die menschlichen Kolonien auf allen Planeten zu schützen und die dunklen

Mächte zu bekämpfen, die diese Kolonien vernichten wollten. Als wir in euer Sonnensystem kamen, hieß euer Planet Tiamat und war doppelt so groß wie heute. Da die dunklen Kräfte ihn unterjochten und die sich entwickelnde menschliche Zivilisation zerstörten, erhielten wir den Auftrag, Tiamat in zwei Teile zu spalten. Aus dem einen Teil wurde die Erde, aus dem anderen die Milchstraße. Nun war die Basis der Dunklen, der Reptilienartigen vernichtet, die den Planeten damals bewohnten. Der Teil des Planeten, den ihr „Erde" nennt, wurde später auch „Terra" genannt.

Zusammen mit den Sirianern und den spirituellen Hierarchien haben wir Terra zu der schönen Welt gemacht, die ihr heute seht. Und wir haben den Planeten kolonisiert. Vor 480 000 Jahren kamen wir auf eure Welt, um Gold abzubauen und um einen Vertrag mit der galaktischen Föderation und den spirituellen Hierarchien zu erfüllen. Wir hatten uns verpflichtet, ein Wesen mit zwei DNS-Strängen zu erschaffen, damit eine bestimmte Gruppe von Seelen auf eurem Planeten leben konnte. Diese Seelen reinkarnierten sich in den Tieren auf der Erde, und die Folge waren halb menschliche, halb tierische Kreaturen. Es waren schöne Seelen, die sich dafür entschieden hatten, aber sie konnten offenbar nicht weiterkommen, und so schufen wir ein Vehikel, das ihnen die Möglichkeit gab, sich weiterzuentwickeln. Natürlich bot sich uns die Gelegenheit, diese entwickelten Seelen in den Minen einzusetzen, die wir auf Terra einrichteten, um Gold für Nibiru zu schürfen. Mein Sohn Enki und meine Tochter Ninurshag erschufen die zweisträngigen Wesen für diese Seelengruppe.

Allerdings pflanzten sie auch die zusätzlichen zehn Stränge der Plejadier ein, indem sie plejadische Frauen mit dem Sperma der ursprünglichen irdischen Seelengruppe befruchteten. Aus zwei Strängen wurde die DNS-Spirale des neuen Wesens geformt. Diese beiden Stränge sind mindestens notwendig, um ein lebendes Wesen zu schaffen. Die restlichen zehn Stränge wurden mit Implantaten entmagnetisiert. Vielleicht fragt ihr euch, warum wir den physischen Körpern dieser Seelen die zehn entmagnetisierten Stränge überhaupt gelassen haben. Nun, wir wollten dieser neuen Seelengruppe die Chance geben, sich nach einer gewissen Zeit weiterzuentwickeln.

Als Elternrasse wachten wir über die sich entwickelnden Wesen. Anfangs waren ihre Fähigkeiten sehr begrenzt, und wir ließen sie in unseren Minen arbeiten. Sie zeigten zwar einen Herdentrieb, konnten sich jedoch nicht fortpflanzen. Eines Tages hielten Enki und Ninurshag es nicht mehr aus – sie schufen eine „verbesserte Version", die eure Schöpfungsgeschichte „Adam" nennt. In einem Körper seiner Art lebt auch ihr. Wir begleiten euch auf dieser Reise seit Tausenden von Jahren und senden euch Wesen von anderen Orten, manche durch Vermittlung des Christus, um eure Evolution zu beschleunigen. Sie sorgten dafür, daß das Christusbewußtsein verankert blieb, während die zweisträngige Seelengruppe sich weiterentwickelte.

Ihr seid also das Ergebnis einer äonenlangen Evolution, und jetzt seid ihr reif, eure volle Macht zu erlangen. Ich, Anu, bin gekommen, um dieses Wissen mit euch zu teilen und euch zu sagen, daß ihr dafür bereit seid. Ich bin karmisch mit euch verbunden, auch durch meine Kinder. Ich will euch dienen und bei euch sein, wenn ihr die Macht zurückerhaltet, die euch rechtmäßig zusteht. Ich stehe dem nibiruanischen Rat vor, der mit der galaktischen Föderation, den einzelnen Räten dieser Föderation und mit euren planetaren Hierarchien zusammenarbeitet, um diesen wundervollen Auftrag zu erfüllen. Ich wünsche euch das Beste, wenn ihr diesen Prozeß durchlauft, und ich bin bei euch. Ich liebe euch, wie jeder Vater seine Kinder liebt.

Geht in Frieden und im Licht
Anu

Eine medial durchgegebene Botschaft von Joysia, dem leitenden Gentechniker

Ich bin Joysia, ein Berater der galaktischen Föderation beim niburianischen Rat. Ich bin der leitende Gentechniker und für die DNS-Neukodierung auf Terra verantwortlich. Ich freue mich sehr darüber, daß ich euch dabei helfen darf. Die Neukodierung ist ein wundervolles Recht, das euch zusteht. Sie gibt euch eure volle Macht zurück, so daß ihr euren Seelenvertrag und eure Aufgabe auf Erden erfüllen könnt. Sie schenkt euch, wonach ihr euch sehnt: Freude, Fülle und Glück.

Zunächst möchte ich euch erklären, wie es dazu gekommen ist. Während der Harmonikalischen Konvergenz im Jahre

1987 stellten wir fest, daß wir große Fortschritte in der Ausführung dieses Planes gemacht hatten. Wir wußten jedoch, daß die Seelen, die sich versammelt hatten, einige Zeit brauchen würden, um ihren emotionalen und physischen Körper so zu reinigen, daß sie bei der Neukodierung keine starken Schmerzen empfinden würden. Am 21. März 1996, während eurer Frühlingstagundnachtgleiche, seid ihr für die Neukodierung gereinigt worden. Einige wenige wurden schon vor diesem Termin neu kodiert. Die Mehrzahl war am 21. März so weit, daß wir mit der Neukodierung beginnen konnten. Wir wußten, daß die Erfolgsquote sehr hoch sein würde, weil ihr euren Körper gereinigt habt. Dafür habt ihr die Heilverfahren angewandt, die ihr in vergangenen Leben kennengelernt habt.

Uns war klar, daß wir mit jenen anfangen mußten, die von anderen Planeten und Sternsystemen stammen – mit den Sterngeborenen. Dank ihrer speziellen Kodierung können sie sich viel leichter reinigen als die dichter beschaffenen Menschen der ursprünglichen irdischen Seelengruppe, für die der physische Körper geschaffen wurde. Darum wollten wir die Sterngeborenen, die in dreidimensionaler Gestalt auf der Erde leben, zuerst umkodieren – sie können dazu beitragen, diese neue, höhere Frequenz des Planeten schneller aufzubauen. Sobald genügend Sterngeborene neu kodiert sind, wirkt sich das auch auf andere günstig aus. Wir wußten, daß einige Mitglieder der irdischen Seelengruppe ebenfalls eine Neukodierung erfahren könnten, auch wenn sie bei ihnen länger dauert. Zunächst mußten wir mit denen arbeiten, die am schnellsten darauf ansprachen. Bald werden auch einige der restlichen Erdbevölkerung die Neukodierung wünschen, weil sie die Frequenz der zwölfsträngigen DNS auf die irdischen Ebene bringen wollen.

In eurer Bibel steht, daß das Ende kommt, wenn alle Menschen in allen Teilen der Welt den göttlichen Heilsplan kennen. Mit diesem Plan ist die Neukodierung gemeint, und was danach kommt, ist das Ende der Dunkelheit und der Beginn einer neuen Ära ohne den Schleier zwischen den Dimensionen. Ein Mensch mit einer physischen zweisträngigen DNS kann die zwölf Stränge neu ausrichten und wieder nutzen. Dieser Prozeß spielt sich im Astralkörper ab und wirkt sich durch die Vermittlung des endokrinen Systems auf den physischen Körper aus. Würden wir den Eingriff am physischen Körper vornehmen, würdet ihr diesen nicht mehr behalten wollen, weil es zu schwierig und zu schmerzhaft wäre. Obwohl ihr euren physischen Körper gereinigt habt, ist er immer noch zu dicht, um zwölf DNS-Stränge zu halten. Das kann nur der feinstoffliche Körper.

Vor der Neukodierung müssen die Implantate entfernt werden, die eure zwölf Stränge entmagnetisieren, wodurch ihre spiralige Form aufgehoben wird. Ihr müßt uns die Erlaubnis erteilen, an eurem Astralkörper zu arbeiten, damit ihr eure restlichen zehn Stränge zurückbekommt. Wenn ihr Sterngeborene seid, setzen wir uns mit eurer ursprünglichen Seelengruppe in Verbindung, und diese entscheidet, wie wir vorgehen. Außerdem beraten wir mit eurem höheren Selbst. Ihr seid also immer beteiligt, und sei es nur auf der unbewußten Ebene. Wir arbeiten an eurem Astralkörper, während ihr schlaft. Das wirkt sich auf den physischen Körper aus, so wie Freude ihn leichter macht und in Hochstimmung versetzt.

Wenn die zwölf Stränge verschmolzen sind, kann euer Geist die Umwelt beeinflussen, und ihr könnt leichter Energie aus dem Universum schöpfen. Außerdem seid ihr dann in der Lage, Energie aufzunehmen und sie über die Hände zu lenken und abzugeben – ihr könnt heilen. Ihr werdet also mächtiger und frei von Furcht und Schuldgefühlen sein, die im Mentalkörper gespeichert waren. Die Macht des Geistes spürt der Körper als Freude, denn die Implantate der Angst und der Schuldgefühle wurden ja entfernt. Zudem fühlt ihr euch ohne diese Implantate viel leichter. Körperliche Angstreaktionen bei körperlichen Bedrohungen sind aber weiterhin möglich, denn ihr bleibt ja dreidimensionale Wesen. Im Laufe der Zeit werdet ihr spüren, daß ihr euch verändert. Die Neukodierung ist beendet, und ihr gewöhnt euch an neue Fähigkeiten und neue Gefühle. Es gibt keine Worte, um diese Gefühle zu beschreiben – sie sind nicht von dieser Welt!

Mit großer Liebe und Achtung
Joysia

1

April 1996

Ich begegne Laramus und Devin

Am 17. April 1996 erklärten mir mehrere nicht inkarnierte Wesen, die zu einem wichtigen Teil meines Lebens werden sollten, was eine „Neukodierung" ist. Ich besuchte eine Bekannte, die von den Wesen, deren Channel sie war, „N" genannt wurde. Sie hatte seit Monaten Botschaften von einem Wesen namens Devin übermittelt, und Devin wollte, daß ich an einer Sitzung teilnahm. N und ich waren neugierig darauf, zumal wir uns kaum kannten. Eine gemeinsame Freundin hatte sie mir vorgestellt, aber wir waren keine Freundinnen. Was hatte Devin mir zu sagen? Wir dämpften das Licht, schlossen die Fensterläden und begannen mit einer Channeling-Sitzung, die mein Leben drastisch verändern sollte. N entspannte sich, und fast sofort meldete sich Devin. Ich war nervös, denn ich spürte, wie seine Kraft und seine Gefühle ins Zimmer fluteten. Er sagte, ein anderes Wesen wolle mich sprechen, das mir lange Zeit ein lieber Freund gewesen sei. Er verschwand, und das andere Wesen erschien.

Ns Stimme wurde tiefer, und das Wesen stellte sich mir als guter Freund vor, der viele frühere Leben – körperliche und nichtkörperliche – mit mir verbracht habe. Er sei glücklich, bei mir zu sein. Es war seltsam, die Liebe und Nähe zu spüren, die von einem Wesen ausging, an das ich mich nicht recht erinnerte. Ich entschuldigte mich dafür und fragte, wie ich ihn anreden solle. Er erwiderte, es gäbe kein Wort, das seinem Namen auch nur nahe komme; aber „Laramus" passe zu der Frequenz seiner Energie.

Er sagte, er habe während meines jetzigen Lebens einige Male mit mir Kontakt aufgenommen, wenn auch nur flüchtig. Jetzt könne ich ihn jederzeit erreichen, weil wir uns in diesem Stadium meiner Entwicklung wieder verbinden müßten. Er bezeichnete sich als meinen „Gentechniker", und mir war sofort klar, daß er der „neue Helfer" war, von dem Kryon gesprochen hatte.

Laramus fragte, ob ich bereit sei, meinen Seelenvertrag zu erfüllen, den Grund meines Daseins auf Erden. Wenn ja, werde ich meine zwölf DNS-Stränge bekommen. Ich wußte nur, daß die Erde in die fünfte Dimension gehoben werden soll und daß es meine Aufgabe ist, dabei zu helfen. Darum wollte ich spirituelle Seminare abhalten. Er erwiderte, das alles sei ihm bekannt, aber er könne mir derzeit keine weiteren Informationen geben. Dennoch fragte er mich erneut, ob ich meinen Seelenvertrag erfüllen wolle. Meine Intuition sagte mir, daß ich diesen Vertrag akzeptieren konnte, weil ich mir als Lichtwesen eine bessere Zukunft für diesen Planeten wünschte. Ich war davon überzeugt, daß meine Seele nur im Einklang mit meiner höheren Macht und mit der Wahrheit des Geistes arbeiten würde. Zudem wußte ich, daß ich einer von mehreren Seelengruppen angehörte, die Teil der galaktischen Föderation waren, deren Aufgabe es ist, die Evolution dieser und anderer Galaxien zu fördern, indem sie Seelen zur spirituellen Erleuchtung verhilft. Gewiß konnte ich einem Vertrag zustimmen, der dem Wohl des Ganzen dient.

Dennoch begann ich zu verhandeln. Schließlich war ich seit fünfzehn Jahren Geschäftsfrau! Ich wollte wissen, ob ich mein Leben von Grund auf ändern mußte, wenn ich meinen Seelenvertrag akzeptierte. Sollte ich geliebte Menschen verlassen, um auf eine spirituelle Suche zu gehen? Verlangte er von mir, wegen eines mir unbekannten Vertrages eine erfolgreiche Marktforschungsfirma aufzugeben? Er versicherte mir, ich lebe auf einem Planeten mit freiem Willen und dürfe mich immer frei entscheiden. Einiges werde sich ändern, aber es sei zu verkraften. Ich würde zwar Entscheidungen treffen müssen – manchmal auch unangenehme –, aber erst dann, wenn ich dazu bereit sei. Und er erinnerte mich daran, daß die Menschen in meinem Leben entweder bei mir bleiben, weil es so bestimmt ist, oder sich mit anderen Aufgaben von mir verabschieden. Ich fragte mich, was das für mich und meinen Partner Jerry bedeuten würde. Daß mein Verhältnis zu meinem Sohn Drew nicht gestört werden würde, wußte ich; denn zwischen uns besteht ein Band, das nie zerreißen kann.

Jerry und ich hatten bereits Schwierigkeiten. Ich hatte mich spirituell in eine andere Richtung entwickelt, und die Distanz zwischen uns wurde größer. Ich hatte ihn vor zwölf Jahren kennengelernt und zwei Jahre lang für ihn in New Jersey gearbeitet. Er war damals noch verheiratet. Dann versetzte meine Firma mich nach Kansas City. Da sich zwischen uns eine enge Freundschaft entwickelt hatte, blieben wir in Verbindung. Nach seiner Scheidung 1993 hatte Jerry geschäftlich in Kansas City zu tun. Wir gingen zusammen essen und erneuerten unsere Freundschaft. Bald fanden wir heraus, warum wie einander so anziehend fanden: Wir waren Seelen, die einander ergänzten wie Yin und Yang. Wir hatten schon viele gemeinsame Leben hinter uns und sollten in diesem Leben gemeinsam den spirituellen Pfad gehen. Jerry fiel das schwer. Er zog seine alte Denkweise meiner neuen vor, obwohl er gar nicht mehr damit zufrieden war. Wir liebten einander sehr, kämpften aber ständig mit unseren verschiedenen Philosophien. War er mein einziger, für mich bestimmter Partner? Wenn ja, mußten wir uns dennoch trennen, wenn ich meinen Seelenvertrag akzeptierte?

Ich machte einen letzten Versuch, Ruhe in mein Leben zu bringen Die Aussicht, meine zwölf DNS-Stränge wiederzubekommen, war natürlich verlockend. Also bat ich Laramus darum, mich nicht vor schwere Entscheidungen zu stellen und mir einen sanften Übergang zu ermöglichen. Und ich bat ihn, der mich so gut kannte, den neuen Weg mit mir gemeinsam zu gehen. Er versprach mir, der Übergang werde so leicht wie möglich sein und die Veränderungen würden meine Bedürfnisse berücksichtigen. Jetzt war ich bereit, meinen Seelenvertrag zu erfüllen.

Ich fragte Laramus, wann ich meine zwölf DNS-Stränge erhalten würde. Sie konnten mir helfen, meine Ziele zu erreichen. Seit fast einem Jahr hatte ich nach diesen zwölf Strängen verlangt, und nun erfuhr ich zu meiner Überraschung, daß ich förmlich darum bitten und mich einem Verfahren unterziehen mußte, das „DNS-Neukodierung" heißt. Wer sich neu kodieren lassen will, muß seinen Seelenvertrag ohne Einschränkung akzeptieren, sonst ist er nicht reif für die größere Macht. Da ich meinen Seelenvertrag anerkannt hatte, konnte ich die Neukodierung beantragen.

Danach diktierte mir Laramus den Text dieses förmlichen Antrags an den sirianisch-plejadischen Rat (er ist auf Seite 162 abgedruckt). Das ist die erste Stufe der Neukodierung. Nachdem ich alles aufgeschrieben hatte, las ich die Worte mit Laramus' Erlaubnis sofort laut vor. Dann bat er mich, eine Weile zu warten, bis der Rat meinen Antrag geprüft hatte und die Erlaubnis in der Akasha-Chronik verzeichnet war.

Ich wartete geduldig, bis Laramus mir freundlich mitteilte, daß mein Antrag angenommen worden sei. Mir stiegen Tränen in die Augen, und ich dankte ihm für seine Hilfe. Ich war sehr bewegt, weil ich mich in den letzten Jahren mehrere Male um meine zwölf Stränge bemüht hatte. Es war wichtig für mich, die Fähigkeiten zurückzubekommen, auf die ich freiwillig verzichtet hatte, bevor ich mich als Sterngeborene auf der Erde inkarnierte, um dadurch zu wachsen. Ich sehnte mich danach, diesen wichtigen Teil meines Selbst wieder zu besitzen, und war davon überzeugt, daß er mir helfen würde, meine Aufgabe auf der Erde zu erfüllen. Laramus sagte, er werde mir von nun an immer nahe sein – als mein persönlicher Gentechniker – und mich bei der Neukodierung unterstützen. Dann verabschiedete er sich und kündigte an, wir würden in Zukunft unmittelbar miteinander kommunizieren. Devin kehrte zurück, und wir unterhielten uns kurz.

Ich fragte ihn, ob ich andere Menschen über die Neukodierung aufklären solle. Meine geistigen Helfer hatten mich nämlich angewiesen, mit einem Kurs über den „Wechsel" in die fünfte Dimension zu beginnen. In diesem Stadium meiner spirituellen Entwicklung verließ ich mich noch nicht auf meine Intuition, sondern bat Geistwesen über mediale Berater um Rat. Diese Angewohnheit gab ich auf, als ich durch die Neukodierung die Schöpferkraft erhielt. Devin bestätigte, daß mir der Wortlaut des Antrags auf Neukodierung übermittelt worden war, weil ich ihn an andere weitergeben sollte; aber er bat mich um Geduld. „Willst du nicht selbst erfahren, was du andere lehrst?" frage er mich. „Hast du nicht eben erst angefangen? Warum haben wir dir diese Informationen wohl gegeben?"

N kehrte aus ihrer tiefen Trance zurück, und ich erzählte ihr, was geschehen war. Wir vereinbarten, in Kontakt zu bleiben, zumal auch sie mit der Neukodierung begonnen hatte.

Mein neues Wissen machte mich ein wenig benommen; aber tief in meinem Herzen spürte ich, daß ich auf dem richtigen Weg war. Was erwartete mich als voll bewußtes Wesen? Ich war ganz aufgeregt.

Die Bestätigung kommt sofort

Ungeduldig wartete ich zwei Tage darauf, daß ich mich irgendwie anders fühlte. Ich wollte sicher sein, daß ich meine zwölf Stränge endlich wiederbekommen würde. Aber ich fühlte mich wie immer. Ich hoffte, daß meine Helfer sich melden würden, während ich schlief – das taten sie oft. Ich erwachte mitten in der Nacht, weil mein Körper heftig vibrierte. Ich hatte keine Angst, weil ich intuitiv wußte, daß dies etwas mit der Neukodierung zu tun hatte. Aber um sicher zu sein, rief ich nach Laramus und bat ihn einzugreifen, falls dieses Phänomen mir schaden konnte. Ich konnte seinen Namen nur abgehackt aussprechen: „La-ra-mus", als hämmerte etwas auf mir herum. Dann lachte ich und fiel sofort in einen tiefen Schlaf, dem ich nicht widerstehen konnte.

Am Morgen erwachte ich und bat meine Helfer und Laramus, sich zu melden und mir zu erklären, was geschehen war. Ich hatte vor kurzem mit automatischem Schreiben begonnen und konnte Botschaften von meinen Helfern empfangen, wenn ich mich an den Computer setzte und den Worten lauschte, die sie mir in den Kopf pflanzten. Als ich so dalag, mit geschlossenen Augen, „sah" ich einen weißen Lichtblitz, der in mich eindrang. Ich zuckte zusammen; aber dieser Blitz war eher überraschend und stärkend als unangenehm. Ich wußte nicht, was es war, doch offenbar wollte mir jemand etwas sagen. Später wurde mir klar, daß Laramus lediglich meine Bitte erfüllt hatte – ich wollte mich ja unbedingt „anders" fühlen! Er hatte mir diesen Lichtblitz geschickt, um mir zu zeigen, daß er da war. So rasch wurden also meine Fragen beantwortet, während ich mich von einem dichteren, langsameren zweisträngigen zu einem leichteren, schnelleren, neukodierten Wesen entwickelte. Dieses Erlebnis befriedigte mein Bedürfnis nach einem Beweis dafür, daß etwas Neues mit mir geschah.

Die Heilung des Herzens

Ich besuchte Bobbie, meine Freundin und mediale Beraterin. Wie gewöhnlich, bat ich sie, meinen Körper mit ihrem Geist nach Störungen abzusuchen. Obwohl ich mir große Mühe gab, gelang es mir nicht immer, negative Energie abzuwehren. Bobbie half mir, meine Energie zu reinigen und gesund zu bleiben.

Heute bemerkte sie eine Lichtkugel in der Mitte meines Unterleibs. Sie spürte, daß es sich um positive Energie handelte, konnte sie aber nicht sehen, weil sie von einem Metallschild umgeben war. Eine Art Spinnengewebe sproß aus dem Schild und reichte bis zu den Knöcheln und in die Stirn. Bobbie sagte, sie könne mir erst helfen, wenn der Schild entfernt werde. Ich bat meine Helfer darum.

Bobbie begann mit der Energiearbeit, für die sie bekannt war, und ich konzentrierte mich darauf, sie zusammen mit meinen Helfern zu unterstützen. Ich spürte ein purpurnes Licht in mir, das nach einer Weile orange wurde. Gleichzeitig sah ich zwei Baumnymphen mit flatternden Flügeln. Sie standen Rücken an Rücken und entfernten sich dann voneinander. Ich beschrieb Bobbie dieses Erlebnis, und sie schilderte, was sie gesehen hatte. Es war ihr schwergefallen, den Schild zu entfernen, und darum hatte sie um Hilfe gebeten. Mehrere Wesen hatten hart daran gearbeitet, das Metall zu beseitigen. Das weiße Licht hatte sich orange gefärbt. Bobbie erkannte, daß das Licht hinter dem Metall mein wahres Wesen war, das ich äonenlang verborgen hatte. Sie spürte, daß ich zu verwundbar war, wenn sie es völlig entblößte, und sie überlegte, was sie tun könne. Da tauchten zwei geflügelte Baumnymphen auf und stellten sich rechts und links neben mich. Sie sagten, es sei ihre Aufgabe, mich zu schützen, wenn meine Essenz gefährdet sei. Dann woben sie ein goldenes Netz, das mich einhüllte, und ersetzten den Metallschild durch dieses ätherische Gespinst, das mit Juwelen besetzt war. Bobbie kannte seinen Zweck nicht, aber sie fand es wunderschön.

Dann fiel ihr auf, daß mein Bauch sich wölbte, als ob ich schwanger wäre. Sie machte sich Sorgen; doch auf einmal stieg ein ungewöhnliches Wesen aus meinem Leib. Es hatte die gleiche Farbe wie die Energiekugel in meinem Bauch, der jetzt wieder flach wurde. Sie fragte das seltsame Wesen, ob es ein Lichtgeschöpf sei, woher es komme und welche Aufgabe es habe. Es erklärte, ich hätte vor vielen hunderttausend Jahren „eine Welt am Rande eures Universums" besucht und seitdem einen Samen in mir getragen, in dem dieses Wesen geruht habe. Jetzt sei ich imstande, es freizulassen. Das Wesen sollte einige Zeit bei mir bleiben und mir helfen, meine spirituellen Ziele zu erreichen; dann sollte es mich verlassen, um auf der Erde die Menschen zu unterstützen, die ihr Bewußtsein erweitern wollen.

Bobbie und ich hatten also die Farbe der Energie und die Baumnymphen gesehen. Sie hatte das Wesen mehrere Male „es" genannt und berichtete lachend, daß es sich darüber geärgert habe. Es gab zwar keinen irdischen Namen, der zu ihm gepaßt hätte, aber es wollte „Raphael" genannt werden, weil seine Energie der des Erzengels ähnelte. Er war hier auf der Erde, um Liebe und Heilung – Attribute Raphaels – zu bringen. Wäre er früher geboren worden, hätte er unser dichtes Energiefeld nicht überlebt. Nun aber war die Erde leichter geworden, und er konnte erscheinen.

Am Ende unserer Sitzung wunderte Bobbie sich darüber, wie ruhig ich das alles aufgenommen hatte. Die Frau, die sie vor einigen Jahren gekannt hatte, wäre wahrscheinlich sehr verstört gewesen – immerhin hatte sie ein sonderbares Wesen „geboren". Später, als ich die erneuerte Energie meines Herzens meinem ewigen Geliebten und Lebenspartner Asalaine öffnete, konnte ich erst richtig spüren, wieviel heilende Energie Raphael mir gegeben hatte. Meine Herzenergie war fast mein ganzes Leben lang verschlossen gewesen, weil einige meiner früheren Leben mich verbittert hatten. Raphael half mir, diese Herzenergie zu befreien, denn nur so konnte ich mich mit dem Mann verbinden, der für immer bei mir bleiben sollte.

Übersinnliche Fähigkeiten

Allmählich verstand ich, daß ein neu kodierter Mensch Zugang zu übersinnlichen Fähigkeiten hat, weil sich Energiebahnen öffnen, die blockiert waren. Manche Menschen haben solche Fähigkeiten auch ohne die zusätzlichen zehn DNS-Stränge, aber den meisten ist es nicht möglich, sie zu nutzen, weil unsere Gesellschaft uns dazu anhält, über die rechte Gehirnhälfte zu entscheiden und zu leben, nicht über die linke, intuitive Hälfte. Die meisten von uns sind von Geburt an übersinnlich begabt, aber wir können dieses Talent nicht entfalten, weil wir schnell lernen, die Welt durch fünf, nicht durch sechs Sinne wahrzunehmen. Wenn wir erwachsen sind, ist es sehr schwierig, unseren linearen Geist auszubilden und die intuitiven Kanäle zu öffnen, die uns zu Medien machen würden.

Das ändert sich durch die Neukodierung. Obwohl ich mich immer mehr auf meine Intuition verlassen und das automatische Schreiben geübt hatte, wäre ich nie auf die Idee gekommen, daß ich übersinnliche Fähigkeiten haben könnte. Darum versetzte mich die Aussicht, „hellsehen" zu können, in Aufregung. Bald sollte ich einen Vorgeschmack davon bekommen. Meine Geschäftspartnerin hatte während meines Urlaubs zweihundert Prospekte an meine Klienten verschickt. Ein freischaffender Künstler hatte die Broschüre gestaltet, und sie war hübsch, lustig und auffällig. Seither war ein Monat vergangen, und ich war überrascht, weil keiner meiner Klienten auf diesen Prospekt reagierte. Das war äußerst ungewöhnlich.

Ich rief einige meiner Klienten an und fragte sie, ob sie den Brief erhalten hätten. Keiner erinnerte sich daran. Dann rief ich meine Partnerin zu Hause an und fragte, wann und wie sie die Briefe verschickt habe. Sie sagte, sie hätte sie letzten Monat weggeschickt, als ich in Urlaub gewesen sei. Während wir miteinander sprachen, sah ich die Kartons mit den Briefen ganz deutlich im Kofferraum ihres Autos liegen. Da ich an dieses Phänomen nicht gewöhnt war, nahm ich das Bild nicht weiter ernst. Am nächsten Morgen kam meine Partnerin mit langem Gesicht in mein Büro und gestand mir, sie habe die Briefe im Kofferraum ihres Autos gefunden. Sie sei davon überzeugt gewesen, sie weggeschickt zu haben.

Ich war erstaunt darüber, daß ich die Kartons so klar gesehen hatte, und nahm mir vor, künftig mehr auf solche Eindrücke zu achten – sie waren offenbar nicht so unbedeutend, wie ich geglaubt hatte. Mir war klar, warum so wenige Menschen diese Begabung hatten. Wenn ein Mensch seelisch nicht ausgewogen oder nicht verantwortungsbewußt ist, würden solche Fähigkeiten ihn nicht stärken, sondern schwächen. Übersinnliche Kräfte sollten jenen vorbehalten sein, die sie nutzen, um andere zu heilen und um den Planeten auf eine höhere Bewußtseinsebene zu heben.

Die Wahrheit

N rief an und fragte, wie ich mich fühlte. Ich bat sie, sich mit Devin in Verbindung zu setzen, um einen Lagebericht zu erhalten. Sie tat es, und Devin versicherte, er sei mit meinen Fortschritten sehr zufrieden. Als ich ihm Fragen zu meinem Geschäft und einigen bevorstehenden Entscheidungen stellte, meinte er, ich wisse die Antwort doch schon, ich solle einfach meiner Intuition folgen. Er fand die Fragen überflüssig. Die Botschaften meiner Intuition, sagte er, stammten aus der „reinsten Quelle", da ich um Neukodierung gebeten hätte.

Dennoch war ich enttäuscht. Ich hatte auf einen Rat von einem Wesen gehofft, das ich für machtvoller hielt als mich. Damals wollte ich immer noch Anweisungen von höheren Wesen haben. Heute weiß ich, was er mir sagen wollte. Wenn wir mit der göttlichen Wahrheit verbunden sind, erhalten wir die besten Informationen, die es gibt. Also konnte ich die richtigen Entscheidungen treffen, wenn ich mich von meiner höheren Weisheit leiten ließ. Mein freier Wille wurde dabei nicht angetastet. Ich brauchte mich nicht auf Geistwesen zu verlassen, die mir allwissend vorkamen. Ich mußte mit den Ohren und mit dem Herzen hören, dann würde ich meine eigene Wahrheit finden.

Devin verglich meine Geisthelfer mit Schafhirten – eine wundervolle Analogie. Sie hatten die Aufgabe, mich sanft zu den Weiden mit dem besten Gras zu führen. Es stand mir frei, bei der Herde zu bleiben oder eigene Wege zu gehen. Allerdings hing es von der Qualität meiner Entscheidungen ab, wie lange ich für die Neukodierung brauchen und mein Bewußtsein erweitern würde. Er berichtete, ich sei von vielen „alten Freunden" umgeben, die mich liebten und die die Kommunikation mit mir vermißten. Sie warteten darauf, daß ich zu einem „offenen Kanal" wurde und wieder mit ihnen Kontakt aufnehmen konnte. Das wünschte auch ich mir, denn ich hätte gerne mit diesen Wesen gesprochen. „Wann wird es so weit sein?" fragte ich. „Wenn du dazu bereit bist, meine Liebe", antwortete er.

Lahaina

Gegen drei Uhr morgens weckte mich eine laute Stimme. Sie hallte in meinen Ohren und sagte, mein ewiger Name sei „Lahaina". Anfangs war ich verwirrt. War das nicht der Name einer Stadt auf der hawaiianischen Insel Maui, die ich kürzlich mit Jerry besucht hatte? Hatte ich wirklich meinen Seelennamen empfangen, oder erlebte ich die Reise noch einmal im Traum?

Jerry und ich waren im September nach Maui gereist, um zu heiraten; doch als wir ankamen, war das Gefühl, daß wir spirituell nicht zueinander paßten, derart stark, daß wir die Heirat verschoben. Wir wollten ohnehin zusammenleben, da wir gemeinsam ein Haus besaßen, und so genossen wir statt der Flitterwochen einen Urlaub. Offenbar hatte diese Reise mich an den Namen „Lahaina" erinnern sollen. Er verband mich mit einem früheren Leben in Polynesien mit meinem wahren Lebenspartner Asalaine, dem ich bald begegnen sollte. Das war eines der Zeichen dafür, daß wir uns einander näherten. Der Name Lahaina war auch meine Identifikation für den nibiruanischen Rat, wie ich bald erfuhr.

Vertrauen in die eigene Macht

Ich erhielt einen unerwarteten Anruf von meinem Arzt. Er sagte, der Laborbericht über den Abstrich wiese auf „Unklarheiten" hin und ich solle einen Termin für eine Kolposkopie und vielleicht eine Biopsie vereinbaren. Zunächst war ich verdutzt, denn ich hatte ernsthafte Krankheiten nicht für einen Teil der Lektion gehalten, die ich in diesem Leben lernen mußte. Mit gesundheitlichen Problemen hatte ich während der ersten vierzig Jahre zu tun gehabt, aber ich hatte sie überwunden. Mit der westlichen Medizin hatte ich fast ganz gebrochen, weil ich die Erfahrung gemacht hatte, daß Operationen, Medikamente und Tests mehr schaden als nutzen. Ich war froh, daß ich dank meiner Ernährungsweise und meiner monatlichen Behandlungen mit kraniosakraler Therapie, Akupunktur, chinesischen Kräutern, Tiefenmassage und Chiropraktik gesund geblieben war. Ich hatte lange gezögert, bevor ich einen Abstrich hatte machen lassen, weil ich alternative, vorbeugende Therapien gegenüber den nur das Symptom behandelnden bevorzuge. Kaum hatte ich einen Test hinter mir, sollte ich zum nächsten erscheinen – typisch für die westliche Medizin!

Ich konnte mich nicht mit dem Gedanken abfinden, daß ich Energie für Gesundheitsprobleme opfern mußte. Schließlich hatten meine Helfer mir versichert, es werde keine Probleme geben, und außerdem achtete ich auf meine Ernährung. Sie wollten doch, daß ich stark war und nicht von Gesundheitsproblemen abgelenkt wurde, so daß ich meinen Auftrag erfüllen konnte! Ich war nervös und verwirrt. Was sollte ich daraus jetzt lernen?

Einige Stunden vergingen. Ich dachte immer noch über die Worte des Arztes nach. Und ich ließ mir einen Termin für die Kolposkopie geben. Als ich erfuhr, daß ich eine Woche darauf warten mußte, reagierte ich nicht so wie früher. Vor einigen Jahren, als ich den Ärzten noch erlaubt hatte, über meinen Körper zu bestimmen, wäre ich ausgeflippt. Aber ich glaubte nicht mehr an die Unfehlbarkeit der Medizin. Es gab andere Quellen, die mir Auskunft über meinen Gesundheitszustand geben konnten – vor allem ich selbst!

Außerdem fragte ich mich, wie ernst mein Zustand war. Es hatte sechzig Tage gedauert, bis das Labor und der Arzt mich informiert hatten. Normal waren vierzehn Tage. Plötzlich wurde mir alles klar. Während der letzten sechs Wochen hatte ich mich entschlossen, meine Macht zurückzugewinnen! Früher hatte ich mich der Macht der Ärzte unterworfen und ihnen gestattet, auf der Grundlage ihrer nichtspirituellen Ansichten über meinen Körper zu entscheiden. Als ich darüber nachdachte, hatte ich auf einmal das Gefühl, daß meine Geisthelfer lachten und mich schalten, weil ich an meiner Fähigkeit zweifelte, unmittelbar mit ihnen zu kommunizieren. Ich hörte sie sagen: „Was glaubt du wohl, woher die Idee gekommen ist, daß hier deine Macht herausgefordert werden soll?“ Stumm schloß ich mich ihrem Gelächter an.

Ich durfte keine Angst mehr vor dem Arzt, der größten Autorität in unserer Gesellschaft, haben. Ich mußte Antworten finden, die im Einklang mit meinen Überzeugungen standen. Außerdem hatte ich den Verdacht, daß mein Vertrauen auf die Probe gestellt wurde. Beim letzten Channeling hatte Devin gesagt, ich müsse in meinem Inneren wissen, was richtig für mich sei, und dürfe mich nicht auf äußere Quellen verlassen. Außerdem hatte er versprochen, mir zu helfen und mir den Weg zu erleichtern. Darum bat ich Devin, mich zu unterstützen, damit ich gesund blieb. Ich wußte, daß sich meine Einstellung zur Gesundheit und dadurch mein ganzes Leben radikal geändert hatte.

Die Reise nach Nibiru

Ich freute mich immer auf meine wöchentlichen Besuche bei Bobbie. Sie konnte sich spirituell, emotional und ätherisch auf mich einstimmen. Ich war gespannt, was meine gute Freundin und spirituelle Beraterin über meinen Gesundheitszustand herausfinden würde. Sie suchte meinen Körper nach Energieblockaden ab und fand eine Menge radioaktiver Substanzen in der Leber. Mir fiel eine Bemerkung von Devin ein. Er hatte neulich gesagt, auf Nibiru gäbe es ungewöhnlich viel Strahlung. Die Nibiruaner seien ursprünglich wegen des Goldes an der Erde interessiert gewesen und hatten Primaten – Vorläufer des Menschen – benutzt, um Gold abzubauen. Sie brauchten es, um sich nach einem jahrelangen Atomkrieg auf Nibiru vor der starken Radioaktivität der Atmosphäre zu schützen.

Bobbie bat meine Helfer um weitere Informationen. Sie sagten, ich sei im Schlaf in ein radioaktiv verseuchtes Gebiet gereist, um mit seinen Bewohnern zu arbeiten. War ich auf Nibiru gewesen? Selbst wenn mein physischer Körper schlief, konnte mein Energiekörper reisen, wohin er wollte, und mit Wesen arbeiten, die versuchten, die Probleme ihres Planeten zu lösen, indem sie meine Kenntnisse über die Menschen, Tiere, Pflanzen und Mineralien auf der Erde nutzten. Natürlich konnte ich mich nach dem Aufwachen an nichts erinnern; denn während unseres Lebens auf der Erde ist uns nicht das gesamte Wissen unseres höheren Selbst zugänglich. Allerdings bekommen wir viele Hinweise, die uns helfen, den Schleier zu lüften, wenn wir dies wollen. Die Neukodierung wirft mehr Licht auf unser wahres Wesen.

Bobbie erfuhr, daß ich nachts oft andere Planeten besuchte. Vor der Neukodierung hatte ich Astralreisen unternommen. Je leichter ich durch die Neukodierung wurde, desto einfacher war es für mich, mit meinem „Ätherkörper" zu reisen – er enthält den Plan für den physischen Körper. Alles, was sich im Ätherkörper abspielt, beeinflußt früher oder später den physischen Körper. Offenbar war meine Neukodierung so weit fortgeschritten, daß mein Ätherkörper zwar reisen konnte, aber noch nicht leicht genug war, um sich den Einflüssen der Atmosphäre entziehen zu können. Nach einiger Zeit würde ich in der Lage sein, ohne unangenehme Folgen hin und her zu reisen.

Ich fragte mich, ob diese Radioaktivität etwas mit dem medizinischen Befund zu tun hatte. Bobbie und ich vermuteten, daß sie die Testergebnisse verfälschte, obwohl sie nicht im physischen Körper, sondern im Energiefeld gespeichert war. Bobbie rief ihre Freundin Kim an und bat sie, uns bei diesem Problem zu unterstützen.

Zusammenfassung

Lehren aus der Neukodierung im April

- Wir müssen unseren Seelenvertrag vor der Neukodierung in aller Form akzeptieren, damit wir die Macht der zwölf DNS-Stränge nur für die Lichtarbeit nutzen.
- Wir müssen die Neukodierung beim sirianisch-plejadischen Rat förmlich beantragen. Der Text des Antrags ist auf Seite 162 abgedruckt.
- Durch die Neukodierung erhalten wir Zugang zu unseren übersinnlichen Fähigkeiten. Brachliegende Energiekanäle werden geöffnet, so daß wir besser hellsehen und -hören können.
- Die Neukodierung setzt voraus, daß wir uns nach unserem „inneren Barometer richten": Wir müssen unsere Macht zurückholen, und zwar von Autoritätspersonen, Freunden und Angehörigen, aber auch von nicht inkarnierten Wesen, denen wir erlaubt haben, uns Energie zu entziehen. Da wir durch die Neukodierung besondere Fähigkeiten erlangen, müssen wir Vertrauen und Selbstvertrauen haben.

2

Mai 1996

Meine Heimat Nibiru

Bobbies Freundin Kim rief mich an, um mir zu erklären, wie ich meinen Körper von der Strahlung befreien konnte. Sie hatte mit nächtlichen interplanetaren Reisen ähnliche Erfahrungen gemacht – und sie hatte ebenfalls einen „verdächtigen Befund" nach einem Abstrich erhalten. Eine Operation hatte sie jedoch abgelehnt und sich statt dessen auf ihre eigenen Heilmethoden verlassen. Ihr Befund hatte sich rasch normalisiert, nachdem sie ihren Organismus mit Kräutern gereinigt hatte. Ich hörte aufmerksam zu, als sie mir die natürlichen Heilweisen beschrieb, die sie angewandt hatte. Diese Verfahren stärken das Energiefeld und waren daher genau das Richtige für mich.

Kim bestätigte, daß ich meinen „Heimatplaneten" besuchte, um mit einer Gemeinschaft zu arbeiten, die sich bemühte, ihren radioaktiv belasteten Planeten zu heilen. Ich fragte sie, ob meine Heimat die Plejaden seien, denn ich wußte, daß ich dort – und auf sieben anderen Planeten – gelebt hatte, bevor ich auf die Erde gekommen war. Vor einigen Jahren hatte ich während einer Channeling-Sitzung erfahren, daß ich von einem Planeten jenseits unserer Sonne stammte, der von einem Supremat regiert wurde, und daß ich diesen Planeten verlassen hatte, weil ich mit der herrschenden Philosophie nicht einverstanden war. Noch vor kurzem hatte ich mich gefragt, ob dieses Supremat Nibiru war, ein plejadischer Satellit von der Größe eines Planeten, der die Erde alle 3600 Jahre einmal umkreist. Kim bat mich, meine Fragen aufzuschreiben. Sie wollte am kommenden Freitag eine Fernheilung meines Energiekörpers versuchen und dann meine Fragen vorlegen. In der folgenden Woche wollten wir darüber sprechen.

Die ersten vier von neun Stufen der Neukodierung

Ich versuche seit einiger Zeit, mehr über meine Rolle im nibiruanischen Team zu erfahren. Devin, der Leiter des nibiruanischen Rates, hatte N mitgeteilt, er sei auf Nibiru ihr Vater gewesen. Devin war Anu, der Herrscher Nibirus zu der Zeit, als die zweisträngigen Wesen auf Erden geschaffen worden waren. Er hatte seine Identität zunächst geheimgehalten, weil es uns seiner Meinung nach schwerfallen würde, sie zu glauben. N war Ninurshag gewesen, eine Genetikerin, die zusammen mit ihrem Bruder Enki den *Homo erectus* mit plejadischer DNS gekreuzt hatte. Daraus waren die zweisträngigen Wesen entstanden, die man auf Terra – nicht gerade respektvoll – „Lulus" genannt hatte. Zecharia Sitchin hat in seinen Erdchroniken über Anu, Ninurshag und Enki geschrieben. Ich hatte den starken Verdacht, daß ich ein Mitglied dieser Familie war, wußte aber nichts Genaues.

Ich besuchte N und bat sie, sich mit Anu in Verbindung zu setzen, damit ich ihm dazu einige Fragen stellen konnte. Sie fiel in Trance, und Anu erschien. Ich fragte ihn, ob er mich für sein Team ausgesucht habe. „Meine Liebe", sagte er, „du hast dich dafür entschieden. Ich habe dich nicht ausgesucht." Er fragte, ob mir aufgefallen sei, daß mein „Herz zum Leben erwachte", als ich meine Fortschritte bei der Neukodierung aufschrieb. Er hatte recht. Trotz meines vollen Terminkalenders sehnte ich mich geradezu danach, darüber zu schreiben. Ich genoß jede Minute und schrieb oft bis spät in die Nacht. Als ich Anu bat, mehr über meinen Vertrag zu verraten, riet er mir, aufzupassen – ich würde Hinweise erhalten. Er erinnerte mich daran, daß wir alle an diesem Plan beteiligt seien und daß ich zur „Familie" gehöre. Abschließend fragte ich ihn, ob ich mir wegen meiner Gesundheit Sorgen machen müsse. Anu sagte, mein Problem bestehe darin, Angst zu überwinden (das hatte ich vermutet). Wenn mir das nicht gelinge, müsse ich mit

Schwierigkeiten rechnen; wenn ich meine Angst loslassen könne, seien meine Sorgen unbegründet.

Ich dankte Anu und dachte, die Sitzung sei beendet. Aber nach einer Weile meldete er sich wieder und forderte mich auf, den förmlichen Antrag auf Neukodierung, den er mir diktiert hatte, jedem zur Verfügung zu stellen, der daran interessiert sei. Er sagte, wer neu kodiert werden wolle, müsse seinen Vertrag akzeptieren, weil er aus höheren Dimensionen die Fähigkeit erhalte, hellzusehen und hellzuhören, und diese Gaben müsse er weise nutzen. Es gäbe keinen Grund, jemanden neu zu kodieren, der seinen Seelenvertrag nicht anerkenne, weil er in diesem Fall mit der Neukodierung nichts anfangen könne. Die Seele müsse ihre Aufgabe akzeptieren und Mitglied eines Teams werden. Dieses Team habe die Aufgabe, den Novizen zu beschützen. Wer neu kodiert wird, erregt wegen seiner größeren Macht offenbar die Aufmerksamkeit von Lichtwesen und dunklen Kräften. Darum braucht er Hilfe.

Anu erwähnte auch, daß die Neukodierung neun Stufen habe. Wir würden erst darüber informiert, wenn wir diese Stufen erreicht hätten, andernfalls wäre die Information für uns bedeutungslos. Da N sich auf Stufe vier befand, erhielten wir Auskunft bis zu dieser Stufe. Später erfuhren wir, daß sie und ich die Stufen genau der Reihe nach durchmachten, damit die Gentechniker Erfahrungen sammeln konnten. Diese spezielle Neukodierung war nämlich bei keinem anderen dreidimensionalen Wesen vorgenommen worden. Wer nach uns neu kodiert wurde, bewegte sich zwischen den Stufen hin und her, d. h., er reinigte und vollendete beispielsweise die Stufe drei und arbeitete immer noch an Stufe eins.

Auf Stufe eins geht es darum, Wut loszulassen und alten Streit liebevoll und ohne Zorn beizulegen. Dabei wird der physische Organismus geheilt. Wir müssen mit jedem kommunizieren, über den wir noch wütend sind. In manchen Fällen sollen wir sogar mit dem Betreffenden sprechen, sofern wir das auf der Ebene des Herzens tun können. Wenn wir nicht wissen, wo er sich aufhält, oder wenn wir glauben, eine Begegnung werde noch mehr Wut auslösen, kann unser höheres Selbst mit dem höheren Selbst des anderen „sprechen“. Auf diese Weise können wir die extreme Dichte beseitigen, die Wut im physischen Körper bewirkt, und erst dann erhalten wir die Energie der zwölf Stränge. Andernfalls hätten wir Schmerzen, wenn die höheren Schwingungen auf die dichteren der niedrigen Emotion treffen.

Auf der zweiten Stufe – „Der Umgang mit Wut" – befassen wir uns an einem neutralen Ort in aller Ruhe mit alten Problemen, anstatt uns über neue aufzuregen; sonst verspüren wir während der Neukodierung Wut und unterdrücktes Unbehagen. Ist die Wut bewältigt, empfinden wir dagegen mehr Mitgefühl und sehen das Problem eher neutral. Es wird mehrere Male geprüft, ob wir Wut in uns hineinfressen oder offen und ruhig reagieren.

Die dritte Stufe – „Hellhören" – beginnt, wenn die medialen Kanäle sich allmählich öffnen. Sobald die niedrigen Emotionen beseitigt sind, wird der Körper leichter. Jetzt fangen wir an, direkt mit unseren geistigen Helfern zu sprechen. Auf dieser Stufe ist es wichtig, starken Elektrosmog zu meiden, weil er die Arbeit stört und Unbehagen hervorruft.

Die vierte Stufe – „Hellsehen" – öffnet das dritte Auge. Manche können jetzt ihre Helfer oder andere Geistwesen sehen. Anfangs nehmen wir vielleicht nur schwarze Formen wahr, die später heller und farbig werden. Die Furcht vor diesen Wesen müssen wir überwinden, wenn wir Fortschritte machen wollen.

Anu erklärte, warum es auf der dritten und vierten Stufe so wichtig ist, starken Elektrosmog – z. B. einen Vergnügungspark – zu meiden. Der Strom fließt in unterschiedliche Richtungen und verstopft unsere Energiebahnen. Unsere Helfer können uns danach eine Zeitlang nicht erreichen. Ich fragte, ob meine häufigen Flugreisen problematisch seien, und Anu erwiderte, die Elektrizität ströme im Flugzeug kreisförmig und störe daher nicht.

Ich wunderte mich, daß ich am Computer automatisch schreiben und intuitive Botschaften empfangen konnte, obwohl ich kein „offener" Kanal war. Offenbar mußte ich noch letzte Reste von Wut aus meinem Energiesystem entfernen, dann konnte ich ständig Botschaften empfangen. Daran hatte ich in den letzten zwei Jahren gearbeitet. Die wichtigsten emotionalen Blockaden müssen vor dem Hellhören beseitigt werden, da sie körperliches Unbehagen verursachen. Ich erinnerte mich daran, daß ich am Abend mit zwei Klienten solche Wutreste auflösen mußte.

N kehrte zurück, und ich erzählte ihr, daß ich über meine Rolle in Anus Team gerne mehr wüßte. Mein einziger Hinweis war der Name Lahaina, den ich mitten in der Nacht bekommen hatte und der wahrscheinlich eine Erinnerung an meine Reise nach Maui war. N riß die Augen auf, als ich diesen Namen erwähnte. Sie sagte, Anu habe ihr am 2. April die Namen der Mitglieder des nibiruanischen Rates durchgegeben und Lahaina sei dabeigewesen. War ich Lahaina an beiden Orten – ein nicht verkörpertes Mitglied des Teams und eine physische Repräsentantin auf der Erde? Ich versuchte mir vorzustellen, wie jemand gleichzeitig an zwei Orten leben kann. Leider besaß ich keinerlei bewußte Erinnerungen an dieses „doppelte Bewußtsein", aber vielleicht würde sich das nach der Neukodierung ändern!

Ich brauchte lange, um mich an den Gedanken zu gewöhnen, daß ich Lahaina, ein Mitglied des niburianischen Rates, und zugleich eine Frau namens Anne auf der Erde bin. Es fiel mir schwer, mich als höherdimensionales Wesen zu betrachten, dessen Wissen und Macht Anne unzugänglich waren. Doch die Tage vergingen, Lahaina wurde nach und nach zu einem Teil meines Lebens, und ich akzeptierte allmählich, wer ich war. Einmal verschmolz ich anscheinend zum Teil mit Lahaina, weil Anu und Joysia mich während einer Channeling-Sitzung spontan so nannten. Schließlich begriff ich, was meine Aufgabe war: Ich sollte den nicht verkörperten Mitgliedern des nibiruanischen Rates verstehen helfen, wie dreidimensionale Wesen die Neukodierung erleben. Sie brauchten jemanden mit einer „dualen Perspektive", jemanden, der bei ihnen lebte und gleichzeitig auf der dreidimensionalen Ebene die Neukodierung durchmachte.

Mehr Macht

Ich beschloß, die Kolposkopie abzusagen. Selbst wenn man Krebszellen entdeckt hätte, wäre ich nicht zu einer Operation und zu einer Chemotherapie mit ihren schweren Nebenwirkungen bereit gewesen. Ich nahm an, daß meine Helfer mich prüften – sie wollten wissen, ob ich wirklich daran glaubte, daß ich hier war, um mir selbst und anderen bei der Neukodierung zu helfen. Ich wollte mich dreißig Tage lang mit Kims Kräutern reinigen und dann statt einer Kolposkopie einen neuen Abstrich machen lassen, und ich rechnete mit einem erfreulichen Befund. Das war natürlich ein Spagat: Einerseits wollte ich daran glauben, daß es mir körperlich gut ging, andererseits wollte ich das von der modernen Medizin bestätigt haben. Immerhin versuchte ich jetzt zum erstenmal, den Kreislauf der Angst zu durchbrechen, den ich mir von den Ärzten hatte aufzwingen lassen. Ich war in Arztpraxen und Krankenhäusern ein und aus gegangen, seit ich ein kleines Kind gewesen war, und hatte ärztliche Anweisungen genau befolgt. Nun war ich froh zu wissen, daß ich selbst entscheiden konnte, was ich brauchte, ohne mir von den Autoritäten meiner Vergangenheit Vorschriften machen zu lassen.

Eine Offenbarung

Ich erhielt eine Postkarte von einer landesweit bekannten esoterischen Zeitschrift. Es ging um einen Artikel mit dem Titel „Du und dein Bild", den ich eingesandt hatte. Ich stützte mich dabei auf Ideen, die ich beim automatischen Schreiben von meinen Helfern erhalten hatte. Der Verlag wollte eine Kurzbiographie von mir und Informationen über meine Quelle haben. Ich überlegte, wie ich meine Helfer beschreiben sollte, dann dachte ich: „Das können sie doch selbst tun!" Dies ist die Botschaft, die sie mir schickten:

„Wir sind eine Gruppe von Wesen, deren Aufgabe es ist, Sterngeborene auf der Erde neu zu kodieren. Wir erleichtern den Bewohnern der Erde den Übergang von der dritten zur fünften Dimension mit ihrem Planeten. Darauf bereiten wir unsere Botschafter, die Sterngeborenen, vor. Sie sollen ihre Erfahrung nutzen, um den fünf Milliarden Bewohnern dieses Planeten zu helfen, die eine Chance erhalten, eine höhere Ebene zu erreichen."

Ich hatte Tränen in den Augen, als ich das las. Die Botschaft unterstrich, wie tiefgründig die Arbeit war, an der ich mich beteiligte. Außerdem wußte ich jetzt mehr über meinen Seelenvertrag: Ich sollte in meiner verkörperten Gestalt dem sirianisch-plejadischen Rat helfen, seine Ziele zu erreichen.

Lahaina meldet sich zum erstenmal

Kim schickte mir eine Tonbandaufzeichnung der Sitzung, in der sie meine Helfer gefragt hatte, woher die Radioaktivität in meinem System stamme und wie ich sie beseitigen könne. Meine Helfer entschuldigten sich dafür, daß ich mich während meiner Besuche auf meinem Heimatplaneten verseucht hatte. Sie hatten die Verwundbarkeit der Erdbewohner unterschätzt, da ihr Immunsystem sich im Laufe der Jahrtausende an die Radioaktivität angepaßt hatte. Kim sagte, die gesamte Neukodierung sei aufgrund dieses Befundes verlangsamt worden. Offenbar brauchte der niburianische Rat derartige Informationen von meinem dreidimensionalen Körper, weil es sich um eine Reaktion auf die Neukodierung handelte. Kim erfuhr, daß der Rat daran arbeitete, diese Reaktion abzuwenden, weil sie auch bei anderen Bewerbern vorkommen konnte. Die „dimensionale Kodierung" sollte so geändert werden, daß dreidimensionale Wesen auf interplanetaren Reisen keine Radioaktivität mehr aufnehmen.

Dann ging Kim auf meine Herkunft ein. Sie sagte, meine Seele sei auf Nibiru von einer nibiruanischen Frau und einem sirianischen Mann gezeugt worden. Sie seien eigens zu dem Zweck zusammengekommen, ein neues Wesen zu schaffen, das helfen sollte, die Wesen seines Heimatplaneten und der Erde zu retten. Das war für mich eine schockierende Nachricht; denn ich betrachtete mich weder als Prophetin noch als Erlöserin. Aber diese Information paßte zum höheren Aspekt meines Selbst – Lahaina.

Kim sagte, ich werde als „Veränderliche" bezeichnet, weil mein Energiefeld sich überaus gut an unterschiedliche Planetensysteme anpassen könne. Außerdem hieß ich „Sammlerin", denn ich stammte zwar von Nibiru, hatte aber dank meiner Anpassungsfähigkeit auf acht anderen Planeten gelebt. Ich wußte, daß ich bei den Jolanderanz gelebt hatte, die wie die Unterwasserwesen im Film *Abyss* aussehen. Dann lebte ich bei den Plejadiern und – im Rahmen eines plejadischen Experiments – bei den mandeläugigen Entführern, die man „die Grauen" nannte. Ich wußte zudem, daß ich ein Mitglied einer sirianischen Gruppe auf Jupiter gewesen war. Sirianier sind sechsdimensionale Wesen mit einem ätherischen Körper. Dieses „Anpassen" und „Sammeln" machte mein Energiefeld ein wenig brüchig und locker – das war notwendig, um mir interplanetare Reisen und Kommunikation zu ermöglichen.

Hatte mein Seelenvater eine Gestalt, die mir als Erdbewohnerin nicht vertraut war? Vielleicht ähnelte er dieser Raphael-Energie die ich äonenlang im Schoß getragen und dann hier auf Erden „geboren“ hatte, um den Menschen zu helfen. Ich bat meine Helfer herauszufinden, ob ich recht hatte, und sie sagten, die Energie sei ähnlich, die Form nicht. Ich erfuhr, daß die Erdbewohner von Hominiden abstammen, daß es aber viele Arten von Hominiden gibt, einige menschenähnlich, andere nicht. Es ist, als vergleiche man einen Wal mit einer Frau. Beide sind Säugetiere, aber sie sehen doch verschieden aus. Die Gestalt meines Seelenvaters war menschenähnlich, aber wohl anders als meine. Als Sammlerin hatte ich Erfahrungen mit vielen körperlichen und nichtkörperlichen Existenzen gemacht. Es war Zeit für mich zu begreifen, daß unsere Seele keine menschliche Form hat. Ich mußte mich in jeder Form lieben, einerlei, wie unappetitlich sie nach irdischen Maßstäben war. Das war eine ganz neue Art von Akzeptanz!

Eine Information, die Kim mir gab, erklärte die Multidimensionalität Lahainas. Als „Veränderliche“ hatte ich offenbar die Fähigkeit, einen Teil meiner Energie abzutrennen und in zwei oder mehr Dimensionen gleichzeitig zu existieren. Es war also einfach für mich, auf diesem Planeten Anne zu sein und in einer anderen Dimension Lahaina. Vielleicht war Lahaina sogar Annes Aufseherin. Ich brauchte Zeit, um diese Vorstellung zu verarbeiten, zu verstehen und zu akzeptieren.

Kim erzählte mir, daß mein Volk mich als „Heldin“ betrachte. Das machte mich traurig, weil ich mir nicht heldenhaft vorkam. Im Vergleich mit Lahainas Macht fühlte ich mich sogar schwach. Was hatte ich getan, um dieses Lob zu verdienen? Ich hatte keine bewußte Erinnerung an meine Fähigkeiten. Als ich vor 120 000 Jahren zur Erde kam, hatte ich bestimmt die Hoffnung verloren und nicht mehr daran geglaubt, meine Fähigkeiten wiederzugewinnen. Jetzt, wo ich nahe daran war, sehnte ich mich danach, neu kodiert zu werden und wieder ein weiteres Bewußtsein zu haben.

Jetzt erfuhr ich auch mehr darüber, warum Erdbewohner vor der Neukodierung ihren Seelenvertrag akzeptieren müssen. Dieser Vertrag ist eine heilige Vereinbarung zwischen einem Wesen und seinem hohen galaktischen Rat (in unserem Fall ist es der sirianisch-plejadische Rat) vor der Inkarnation. Die Neukodierung und die Erinnerung an den Seelenvertrag bilden eine Einheit. Vorher könnten wir mit dem Vertrag nichts anfangen. Erst wenn wir mit derselben Frequenz schwingen wie beim Abschluß des Vertrags, verspüren wir den Wunsch, ihn zu erfüllen. Im Grunde müssen wir ihn also blind akzeptieren und darauf vertrauen, daß unsere Seele weiß, was sie tut. Nachdem wir einer Vereinbarung zugestimmt haben, die wir nicht begreifen können, werden wir belohnt: Wir erhalten unsere Fähigkeiten zurück, so daß wir den Vertrag erfüllen können.

Zum Schluß erklärte Kim, warum ich beim Channeling Schwierigkeiten hatte. Diese Gabe ging einen Schritt über meine medialen Fähigkeiten und mein automatisches Schreiben hinaus. Sie sagte, es liege daran, daß ich eine Veränderliche sei und die Form wechseln könne. Es sei für mich unangenehm, ein Kanal zu sein, weil ich dazu meine Energie längere Zeit auf einer dichten Ebene festhalten müsse. Channeling hängt sehr vom fünften Chakra (dem Halschakra) ab. Das Geistwesen dringt dort ein und nutzt die Energie des Chakras, um zu sprechen. Das alles paßt nicht zum „Bauplan" einer Veränderlichen. Kim sagte, ich müsse etwas lernen, was sie „Ankoppeln" nannte, damit meine Helfer klarer mit mir reden konnten. Meine Helfer waren der Meinung, daß ich reif dafür sei und hatten bereits einen Engel namens Nephras ausgewählt, um mit mir zu kommunizieren.

Beim Ankoppeln würde ich nicht die Energie des fünften Chakras, sondern meine medialen Fähigkeiten nutzen, die offenbar gut entwickelt waren und sich auf ein breites Spektrum von Schwingungen einstimmen konnten – ich konnte also viele verschiedene Sprachen verstehen. Kim wies mich an, mich durch mein Alphachakra anzukoppeln, also durch das achte Chakra, das sich über dem siebten (dem Kronenchakra) befindet, etwa fünfundvierzig Zentimeter oberhalb des Kopfes. Sie sagte, ich könne mich nicht sofort ankoppeln, weil mein Omegachakra (zwanzig Zentimeter unterhalb des Wurzelchakras in der Mitte der Oberschenkel) und mein Alphachakra disharmonisch seien. Ich mußte sie harmonisieren, indem ich eine Hand über das Alphachakra und die andere über das Omegachakra hielt und Energie hin und her kreisen ließ. Danach konnte ich Energie durch einen universellen medialen Kanal aufnehmen, der das achte Chakra benutzt. Kim sagte, die

Informationen würden anfangs langsam fließen und ich solle mich auf Fragen beschränken, die man mit ja oder nein beantworten könne. Ich war so aufgeregt, daß ich es kaum erwarten konnte.

An diesem Abend besuchte mich meine Freundin Pat. Ich hatte sie gebeten, mir zu helfen. Wir zündeten Kerzen an und baten unsere Helfer, uns zu unterstützen. Wir wollten das Alpha- und das Omegachakra harmonisieren. Ich legte die rechte Hand über das Omegachakra und die linke über das Alphachakra und stellte mir Energie vor, die sich im Uhrzeigersinn zwischen beiden bewegte. Pat visualisierte dasselbe.

Nach einigen Augenblicken mußte ich die Arme ausruhen lassen. Ich spürte Druck hinter den Ohren und ein Kribbeln in den Füßen. Dieses Kribbeln ist mir geblieben, und es zeigt mir, daß ich ständig „angekoppelt" bin. Ich bat Nephras, sich zu melden, und ich hörte sie klar und deutlich. Sie pflanzte einen Gedanken in meinen Kopf, und ich übersetzte ihn. Begleitet wurden die Gedanken von erläuternden Bildern.

Wir fingen mit einfachen Fragen an. Pat wollte wissen, was sie mit Abby, ihrem sterbenden Hund, machten sollte. Er war seit achtzehn Jahren ihr treuer Gefährte. Sie hatte vorigen Monat eine Hundeausstellung besucht und sich sehr zu einem Cockerspaniel namens Cici hingezogen gefühlt. Der Besitzer hielt den Hund für sie bereit, weil sie seiner Meinung nach zueinander paßten. Sofort sah ich eine Art Hunde-Kommunikationssystem, über das Tiere sich medial miteinander unterhalten können. Abby hatte offenbar schon um einen neuen Körper gebeten. Ich erkannte, daß Tiere sich insofern von uns unterscheiden, als ihre Seelen zu einer Kollektivseele gehören. Später fand ich in A. E. Powells Büchern eine Bestätigung dafür (er war Anfang des 20. Jahrhunderts ein bekannter Esoteriker). Tiere können sich nach Belieben von ihrer Kollektivseele trennen und sich ebenso leicht mit ihr vereinigen; sie brauchen nicht auf den Tod zu warten, wenn sie ihren Körper verlassen wollen. Cici hatte Abbys Ruf gehört und ihm ihren Körper angeboten.

Ich lachte, als ich das hörte, da ich es für albern hielt. Aber Pat war glücklich. Sie hatte bereits den Wunsch verspürt, Cici mit nach Hause zu nehmen, hatte aber gezögert. Ich sagte ihr, Abby warte auf Cicis Ankunft. Sie wolle sich davon überzeugen, daß ihr ein neuer Körper zur Verfügung stand, bevor sie ihren jetzigen, alten Körper verlasse. Cicis Seele würde sich dann mit der Kollektivseele vereinigen. Pat beschloß, Cici zu holen. Dann fragte sie, ob sie Abby einschläfern lasse solle. Ich zögerte mit der Antwort, weil ich wußte, daß Pat sie im Schlaf sterben lassen wollte – aber ich sah nur einen dieser Metallkäfige, in denen Tierärzte ihre Patienten unterbringen. Also sagte ich Pat, was ich sah.

Pat stellte noch einige persönliche Fragen und bat mich, die Botschaften nicht zu überarbeiten. So verbrachten wir etwa eine Stunde. Dann half ich Pat, ihren Antrag auf Neukodierung zu übermitteln. Ich schloß die Augen, bat Nephras um Hilfe und fragte Pat, ob sie ihren Seelenvertrag akzeptiere. Sie bejahte ohne Vorbehalt, und ich hörte Nephras sagen, sie habe sich in ihrem Vertrag verpflichtet, andere „sanft zu heilen", sie dürfe aber nicht die Schwierigkeiten unterschätzen, die ihr dunkle Kräfte dabei machen konnten. Diese Kräfte sind unsere Illusionen der Dunkelheit; sie versuchen uns festzuhalten, wenn wir Angst oder Schuldgefühle haben. Pat las den Text des Antrags. Dann sah ich das herrliche Licht und hörte Applaus – ihr Antrag war angenommen worden. Pat bedankte sich bei mir und ging nach Hause.

Später holte sie Cici und wartete auf Abbys Übergang. Sie beobachtete, wie Cici und Abby Energie austauschten – sie wechselten buchstäblich die Persönlichkeit, was Pat völlig verblüfft hätte, wäre sie nicht darauf vorbereitet gewesen. Pats zweiter Hund, Alex, wurde während dieses Vorgangs unruhig. Er mochte Cici, wenn sie Abbys Energie aufnahm, verbreitete aber einige Unruhe im Haus, wenn diese wieder zu ihrer eigenen Energie zurückkehrte. Schließlich beschloß Cici, nicht mit Abby zu tauschen, weil sie sich in Pat verliebt hatte und sie nicht verlassen wollte. Sie hatte einen ähnlichen Sehfehler wie Abby, und darum brachte Pat den Hund zum Züchter zurück und fand sich mit Abbys Tod ab.

Es dauerte einige Monate, bis ich meiner neuen Fähigkeit vertraute; dann aber spürte ich, daß ich Informationen erhielt, die nicht nur korrekt waren, sondern für die Empfänger überaus nützlich und heilend. Meine übersinnlichen Fähigkeiten nahmen weiter zu, bis ich auf das Ankoppeln verzichten konnte – ich konnte innerhalb der Grenzen meines Körpertyps channeln und ein volles Spektrum an Informationen empfangen. Mein Selbstvertrauen wuchs, als ich die positiven Resultate sah, und darum gründete ich eine Firma namens *InterLink*, deren Ziel es war, Menschen zu helfen, die Blockaden beseitigen und ihr Bewußtsein erweitern wollten. Das paßte hervorragend zu meinem Seelenvertrag. Schließlich konnte ich bewußt und ohne Anstrengung channeln, vielleicht nicht so wie ein Trancemedium, aber auf eine Weise, die meiner einzigartigen Energie angepaßt war.

Astrale Kopien

Ich besuchte N. Sie war in Schwierigkeiten, weil ihr Astralkörper sich manchmal vom physischen Körper trennte – leider im Wachzustand und nicht im Schlaf, wo es sie weniger erschreckt hätte. Ihre Geisthelfer mußten mit ihrem Astralkörper arbeiten, und darum trennten sie ihn während der Neukodierung tagelang vom physischen Körper und ließen eine „Kopie" zurück.

Als ich später selbst meine „Kopie" kennenlernte – das passiert allen, die sich neu kodieren lassen –, lernte ich, daß wir für die Ausbildung unserer Kopien nach unseren Maßstäben verantwortlich sind. Kopien sind notwendig, weil unser Gentechniker mehrere Male am Astralkörper arbeiten muß. Das kann einige Tage dauern. Ein paar Stunden Schlaf reichen dafür nicht aus. Kopien neigen allerdings zu Disziplinlosigkeit. Meine hatte keine Lust, den physischen Körper zu trainieren, was ich regelmäßig tat, um Streß abzubauen und schlank zu bleiben.

Ich überlegte, wie überlastet linear denkende Wesen wie Erdbewohner wären, wenn sie sich an alle Erlebnisse des Astralkörpers bewußt erinnern könnten, vor allem wenn man bedenkt, daß die Trennung während der Neukodierung im Wachzustand erfolgt. Es wäre, als müßten wir mit einem Körper zwei Filme gleichzeitig anschauen und zwei verschiedene Geschichten sehen und hören. Darauf war ich nicht vorbereitet – aber es war ein Vorgeschmack auf die fünfte Dimension, in die ich demnächst eintreten würde.

Frequenzänderungen während der Neukodierung

Ich war sehr traurig. Meine Beziehung mit Jerry ging zu Ende, und die Trennung fiel mir schwer. Wir waren viele Male zusammengewesen und hatten vorgehabt, gemeinsam in die fünfte Dimension einzugehen. Aber es klappte nicht. Je weiter meine Neukodierung fortschritt und je mehr meine Denkweise sich änderte, desto weniger schienen wir gemeinsam zu haben. Das war schwer zu akzeptieren, weil ich ihn liebte. Mir war jedoch klar, daß ich mich an eine sterbende Partnerschaft klammerte. Der Zwiespalt war schrecklich. Wenn ich mich spirituell weiterentwickelte, schadete ich meiner Beziehung, und wenn ich meiner Beziehung den Vorrang gab, machte ich meine spirituellen Fortschritte zunichte.

Die Entscheidung war nicht leicht. Oft wollte ich vergessen, was ich in der letzten Zeit gelernt hatte, und wieder „wie früher werden", selbst wenn es unangenehm sein sollte. Aber die Disharmonie und die Abweichung von meinem Weg forderten ihren Tribut. Ich glaube, als ich meinen Seelenvertrag akzeptierte, wußte ich intuitiv, was geschehen würde. Darum hatte ich Laramus gebeten, mir den Übergang leichtzumachen und mich nicht zum Wandel zu zwingen. Und er hatte versichert, daß die Entscheidungen ganz natürlich fallen würden und ich mich nur verändern würde, wenn ich dazu bereit war. Wir leben schließlich auf einem Planeten mit freiem Willen, und der Schöpfer zwingt uns nichts auf. Laramus hatte mir aber nicht gesagt, wie schwer es ist, das Leben zu ändern, einerlei, wie „bereit" wir sind.

Abgesehen von den Beziehungsproblemen war ich am Wochenende furchtbar krank und landete mit einer Infektion der Geschlechtsorgane und vierzig Grad Fieber in der Notaufnahme des Krankenhauses. Offenbar forderten der Streß, den das bevorstehende Ende meiner Partnerschaft auslöste, und meine Versöhnung mit dem Geist ihren Tribut. Da meine Energie sich verändert hatte, war es für mich unangenehm, mit dem Inhalt meines Seelenvertrages in Konflikt zu leben. Ich wollte nur noch dem Geist gehorchen. Die Krankheit befreite mich von giftigen Strahlen und unterdrückten Gefühlen. Jetzt mußte ich die Genesung auf natürliche Weise beschleunigen.

Ich beschloß, mich anzukoppeln, um besser zu verstehen, warum ich so viele Schmerzen erdulden mußte. Nach meiner Beziehung wollte ich noch nicht fragen, denn ich wußte, daß die Antwort mir nicht gefallen würde. Meine Helfer sagten:

„Meine Liebe, du machst eine schwierige Zeit durch, mit der du nicht gerechnet hast. Aber du kommst gut darüber hinweg, auch wenn es jetzt nicht danach aussieht. Wir haben dir ja gesagt – aber du kannst es noch nicht so ganz glauben –, daß diese Reinigung deines Systems das kleinere unter den Übeln ist, die auf dich zukommen. Dein negatives Denken in früheren Jahren verträgt sich nicht mehr mit deiner Energie, darum mußt du es loswerden. Daß du bereits mit Reinigungsmaßnahmen begonnen hast, hilft dir sehr, weil du dadurch Wut abgebaut hast, und zwar dort, wo sie sich am meisten angestaut hatte: in deinen Fortpflanzungsorganen. Du hast mit dieser Wut gelebt, nicht nur mit deiner Wut, sondern auch mit der Wut deiner Mutter, die sich als Frau in einer von Männern beherrschten Welt minderwertig fühlte. Sie ahnte, daß sie mit einer Tochter schwanger war, und übertrug ihre Wut auf dich, weil sie glaubte, du könntest dein volles Potential ebensowenig nutzen wie sie in der Welt der dreißiger und vierziger Jahre. Zu dieser negativen Energie in deinen Fortpflanzungsorganen kam Jahr für Jahr der Ärger über die ungerechte Behandlung der Frauen in deiner Gesellschaft hinzu. Jetzt ist diese Energie fort. Du bist wirklich gereinigt und wirst keine Probleme mehr haben. Das Unbehagen, das du noch verspürst, löst sich bald auf. Es ist Teil des Harmonisierungsprozesses und eine Reaktion auf eine gewisse Schwäche dieser Körperregion. Wir wußten, was auf dich zukommt, und entschuldigen uns – aber es war notwendig. Du wärst ohne diese Reinigung krank geworden, weil deine neue Energie sich nicht mit der alten verträgt. Darum besteht der erste Schritt in Richtung Neukodierung darin, Wut loszuwerden, damit sie keine Schmerzen hervorrufen kann."

Diese Antwort faszinierte mich. Meine Mutter wäre natürlich empört über den Vorwurf, sie habe negative Gefühle auf ein Kind übertragen, nach dem sie sich jahrelang gesehnt hatte. Aber das war für sie und die Gesellschaft, die ihre Entwicklung gehemmt hatte, ganz natürlich. Allmählich begriff ich, wie sehr meine Energie sich durch die Neukodierung ändern würde. Die neue Energie war mehr ätherisch als körperlich; sie brachte

Freude und Liebe mit sich, nicht Wut und Angst. Mir war klar, daß diese neue Energie nicht zu der alten, negativen Energie in meinem System paßte. Die Diskrepanz löste im physischen Körper Druck aus, von dem er befreit werden mußte. Darum mußte ich meine Wut loslassen, wenn ich mich weiterentwickeln wollte. Die Krankheit war also ein Erfolg, ein Zeichen dafür, daß ich eine große Hürde überwunden hatte.

Holographic Repatterning™ und Neukodierung

Ich freute mich sehr darüber, daß ich Julia helfen konnte, mit der Neukodierung zu beginnen. Wir hatten uns in einem Kurs über *Holographic Repatterning* (deutsch etwa: ganzheitliche Umstrukturierung) kennengelernt. Das ist eine Methode, die negative Energiemuster durch Energieheilung in positive umwandelt. Sie arbeitet mit dem feinstofflichen „Bauplan", der unseren Körper einhüllt, und programmiert die Informationen um, die unsere feinstofflichen Körper als Folge von Traumen aufgenommen haben. Bevor ich Julia bei ihrem Antrag auf Neukodierung half, strukturierte sie mich um, weil sie mit dieser neuen Heilweise Erfahrungen sammeln wollte.

Das Verfahren besteht aus sechs Schritten. Dabei wird die negative Schwingung identifiziert, indem man das Kernproblem aufdeckt. Ob die Analyse korrekt ist, wird mit Hilfe des kinesiologischen Muskeltests bestimmt. Julia und ich entdeckten, daß ich in einem früheren Leben unfähig gewesen war zu vergeben.

Sofort wußte ich, daß ich in Sedona gelebt hatte, das damals eine Kristallstadt war. Wenn ich dort Urlaub mache, sehe ich diese Stadt immer über den roten Felsen schweben. Aus früheren medialen Botschaften wußte ich auch, daß ich für die heiligen Gesetzbücher dieser alten Gesellschaft verantwortlich war. Man hatte mich dafür ausgewählt, weil man davon überzeugt war, daß ich liebevolle Entscheidungen treffen würde. Es war eine schwere Zeit für mich, denn ich mußte die Gesetzbücher vor eindringenden Echsenwesen schützen. Ich hatte von dieser Invasion erfahren, weil ich als Veränderliche imstande war, mit anderen zu kommunizieren. So hatte ich Zugang zu Informationen, die niemand sonst kannte. Um die Gesetzbücher zu schützen, versteckte ich sie unterhalb der Stadt und „sprengte" das ganze Gebiet. Dadurch zerstörte ich die Stadt, die ich geliebt hatte, um ein noch größeres Unheil zu verhindern. Offenbar weiß ich immer noch, wo diese Gesetzbücher sich befinden, und werde sie in diesem Leben entdecken, sobald ich ihre Bedeutung kenne. Aber die Zerstörung meiner geliebten Stadt hatte mir über viele Existenzen hinweg große Schmerzen bereitet.

Als ich Sedona zum letzten Mal besuchte, saß ich über dem Boynton Canyon, weinte und sagte immer wieder: „Es tut mir so leid", obwohl ich keine Ahnung hatte, warum. Dennoch quälte mich der Schmerz. Später erfuhr ich von meinen Geisthelfern, welch schwere Entscheidung ich einst getroffen habe. Ich schluchzte, als ich Julia davon erzählte.

Als ich mich von meinem Gefühlsausbruch erholt hatte, machten wir mit der Umstrukturierung weiter. Nachdem ich erkannt hatte, daß ich mir selbst vergeben mußte, atmete ich meinen Schmerz durch das Wurzelchakra aus. Dann legte ich Stimmgabeln auf die traditionellen sieben Chakren sowie auf das Alphachakra und das Omegachakra. Jetzt erkannte ich, warum mir das Channeling so schwerfiel: Es hatte mich in einem anderen Leben veranlaßt, eine Stadt zu vernichten, und nun fürchtete ich, daß ätherische Informationen mich zu ähnlich schmerzlichen Entscheidungen zwingen würden. Nun war ich endlich von diesen Schuldgefühlen geheilt und konnte mich mit Julia und anderen verbinden.

Jetzt war Julia an der Reihe. Auch sie hatte mehrere Entscheidungen zu treffen, die ihr Leben änderten. Ihre Rückführung war angenehm und tröstete sie sehr. Sie erfuhr, wie schön ihr Seelenvertrag war – er war genau auf ihre Talente und Interessen abgestimmt. Sie rief immer wieder: „Das ist ja perfekt!", während ich ihre Fragen beantwortete. Ich freute mich über ihre Reaktion, weil wir nie miteinander gesprochen hatten, so daß ich keinerlei Anhaltspunkte besaß. Solche Erlebnisse festigten mein Vertrauen in meine medialen Fähigkeiten.

Ich hatte mich schon darüber gewundert, daß ich gerade jetzt an diesem Kurs teilgenommen hatte. Jetzt verstand ich. Wenn wir neu kodiert werden, stellen sich Hindernisse aus der Vergangenheit der neuen, leichteren Energie in den Weg, die uns zuströmt. Die Umstrukturierung beseitigt in wenigen

Minuten seelische Narben aus vergangenen Existenzen, vorgeburtlichen Erfahrungen und unserem derzeitigen Leben. Das erspart uns eine jahrelange Therapie. Da wir uns der Transformation nähern, haben wir keine Zeit für lange Therapien. Außerdem müssen wir sicher sein, daß wir negative Energie aus unserem System entfernt haben, und zwar gründlicher, als es durch oberflächliche mentale Heilverfahren möglich ist. Das *Holographic Repatterning* war für mich die ideale Lösung.

Die Entgiftung

Heute ging ich zu N, um mit Anu zu sprechen und mir bestätigen zu lassen, was ich bisher bei der Neukodierung erlebt hatte. Ich befand mich auf Stufe drei, dem Hellhören. Zu Beginn der Sitzung erklärte Anu, es sei „ein anderer" da, der darauf brenne, mit mir zu reden; er müsse aber noch eine Weile warten. Ich lachte und fragte, ob es Laramus sei. „Ja", sagte er, „es ist dein alter Freund Laramus, und er ist sehr ungeduldig." Er fragte, ob ich zuerst mit Laramus sprechen wolle, und ich verneinte. Ich wollte wissen, was Anu mir zu sagen hatte. „Wer zuerst kommt, malt zuerst", dachte ich. „So ist es bei uns Inkarnierten, und so soll es auch bei nichtphysischen Wesen sein."

Anu versicherte mir zunächst, daß er mich liebe und sehr schätze. Er sei stolz darauf, daß ich mich entschlossen hätte, die Neukodierung ohne Furcht durchzustehen, und daß ich meine Zweifel abgelegt hätte, trotz der aufwühlenden seelischen und körperlichen Erfahrungen der letzten Monate. Er riet mir, meinem Weg treu zu bleiben, und versprach mir, daß meine geistigen Helfer immer bei mir seien, um mich zu beschützen.

Ich fragte Anu, welchen Sinn meine Virusinfektion habe. Er bestätigte, daß sie notwendig sei, um Gifte und negative Energie zu beseitigen, und er versicherte, das werde sich nicht wiederholen. Für die Neukodierung sei eine völlig neue Energie notwendig, und wenn diese mit disharmonischer alter Energie zusammenpralle, drohe eine Krankheit. Wir müssen uns also vor der Neukodierung von negativer Energie befreien, um Übelkeit, Fieber, Kopfschmerzen und Müdigkeit zu vermeiden. Bevor wir die zwölfsträngige Energie erhalten, müssen wir auch unsere Wut loslassen; andernfalls verspüren wir Unbehagen, wenn die leichtere Energie auf die dichtere Energie der Wut im Körper trifft.

Ich fragte Anu, ob ich meinen Freunden wie bisher bei ihrem Antrag auf Neukodierung helfen sollte. Er sagte, ich hätte das sehr gut gemacht und solle damit fortfahren. Ich wollte wissen, ob ich eine Art Werbung machen solle, um andere über mein Angebot zu informieren. Er empfahl mir, mich vorläufig auf Mund-zu-Mund-Propaganda zu beschränken. Dann wies er darauf hin, daß einige der Leute, die mich wegen einer Neukodierung ansprachen, nicht alle neun Stufen durchlaufen würden. Andere, vor allem Sterngeborene, würden wahrscheinlich bis zur neunten Stufe weitermachen. Viele der Wesen, die immer auf der Erde inkarniert gewesen seien, könnten nur die ersten paar Stufen bewältigen. Aber alle würden die Stufen erreichen, die sie für ihr derzeitiges Entwicklungsstadium brauchten. Mit anderen Worten: Die Stufen, die wir erreichen, entsprechen entweder unserem Seelenvertrag oder gehen über ihn hinaus.

Ich hatte schon seit einiger Zeit vermutet, daß ich ursprünglich zur nibiruanischen Familie von Anu gehört hatte. Ich fragte ihn, ob die Verbindung noch bestehe. Er bestätigte, daß meine Seele mit Angehörigen seiner Familie verbunden sei, aber ich müsse mit einem Genetiker sprechen, wenn ich mehr wissen wolle. Das könne nach meinem Gespräch mit Laramus geschehen.

Anu ging, und Laramus meldete sich. Er wollte unbedingt mit mir sprechen, weil er von meiner zerbrechenden Beziehung wußte und mich bitten wollte, noch eine Weile zu warten. Offenbar wußte er auch, daß ich beschlossen hatte, mit Jerry zu reden und ihm mitzuteilen, daß es für uns das Beste sei, getrennte Wege zu gehen. Laramus sagte, er respektiere das und ich dürfe von meinem freien Willen Gebrauch machen. Er wollte nur einen kleinen Aufschub von mir. Jerrys Geisthelfer arbeiteten an einer „Barriere", die er überwinden müsse. Wenn es ihm gelinge, könnten wir unsere Arbeit gemeinsam vollenden, wenn nicht, müßten wir uns trennen. Ich versprach ihm, ein wenig zu warten. Aber ich wollte das Problem bald lösen, weil ich möglicherweise umziehen mußte. Er dankte mir und erinnerte mich daran, daß ich zur Zeit Geduld und Toleranz zu lernen hatte.

Ich fragte Laramus, wann ich imstande sein würde, direkt mit ihm zu kommunizieren, so wie mit Nephras. Er sagte, ich müsse zuvor noch zwei Stufen der Neukodierung bewältigen. Darüber hätte ich gerne mehr gewußt, aber er lehnte ab – das sei im voraus nicht möglich. Ich versuchte oft, mehr Informationen aus diesen Wesen herauszuholen; aber sie waren gerne geheimnisvoll. Später verstand ich, daß sie mich nicht meiner eigenen Erfahrungen berauben wollten, indem sie mir meine Zukunft vorhersagten. Außerdem wird unsere Kreativität von unserer Wahrnehmung begrenzt, und wenn jemand meine Erfahrung im voraus beschrieben und eingegrenzt hätte, wäre sie anders verlaufen.

Dann bat ich Laramus, mir mehr über das Verhältnis zwischen Nibiruanern und Plejadiern zu erzählen. Ich wußte ja schon, daß ich in beiden Kolonien gelebt hatte, aber von Nibiru stammte. Er sagte, Nibiru sei ein künstlicher Planet, den die Plejadier für uns als Raumschiff gebaut hätten, und er verglich die Nibiruaner und Plejadier mit den Amerikanern und Texanern – beide sind ein Volk. Die Plejadier hätten sich oft vermischt, seien aber einst aus dem Sternbild der Leier gekommen und bis zu drei Meter groß, blond und blauäugig gewesen. Aus Neugier fragte ich ihn, wie oft ich seit der Erschaffung meiner Seele inkarniert gewesen sei. Er sagte, ich habe 836mal gelebt, und zwar 362mal auf der Erde und zudem auf acht verschiedenen Planeten und als fünf- oder sechsdimensionales Wesen auf einigen weniger bekannten Sternen. Ich wußte, daß ein nibiruanisches Jahr 3600 irdischen Jahren entspricht. Meine vielen Existenzen waren also vermutlich auf unsere kurze Lebenszeit zurückzuführen.

Laramus verabschiedete sich, und Joysia kam. Ich hatte noch nie mit dem Chefgenetiker gesprochen; aber ich hatte eine Frage zur Neukodierung, die ich einem Experten stellen wollte. Ich fragte ihn, ob ich eine Neukodierung für meinen elfjährigen Sohn Drew beantragen solle. Joysia sagte, Kinder würden während der Transformation der Erde besonders geschützt, einerlei welche Fortschritte sie bei der Neukodierung gemacht hätten. Drew werde damit beginnen, sobald die Zeit reif sei.

Ich wußte, daß Drew sich eines Tages würde neu kodieren lassen müssen. Er war spirituell überaus begabt, wie ich im Laufe der letzten Jahre durch mediale Botschaften erfahren hatte. Er war Teil einer Gruppenseele von dreiundzwanzig Wesen, teils inkarniert, teils nichtkörperlich. Sie hatten einen Seelenvertrag, der etwas mit diesem Planeten zu tun hatte. Außerdem hatte er dreißig geistige Helfer und Lehrer, die ihn beobachteten. Er würde eines Tages helfen, andere zu heilen, und es war nur eine Frage der Zeit, bis er sich für die Neukodierung interessieren würde.

Dann erschien Dyjouniaa, der Hüter des Archivs, um meine Fragen zu meiner Abstammung zu beantworten. Ich wollte wissen, wie meine Seele gezeugt worden war. Er sagte, meine Mutter sei eine von Anus Töchtern gewesen, mein Vater ein „Großer", eine führende Persönlichkeit der Niburianer. Heute sei mein Vater ein elfdimensionales Wesen, das eines Tages gerne mit mir reden wolle. Er sei ein Berater des nibiruanischen Rates, dessen Leiter Anu sei. Dyjouniaa sagte, mein Vater sei teils Sirianer, teils Niburianer und meine Mutter teils Sirianerin, teils Plejadierin und die beiden hätten sich bewußt vereinigt, um ein Wesen mit verschiedenen Kodes zu erzeugen. Offenbar werden Paarungen auf Nibiru genau geplant, weil DNS-Kodes sehr kostbar sind. Jedes Individuum erhält eine bestimmte Kombinationen von Kodes, damit es bestimmte Talente entwickelt. Meine Kodes erlaubten es mir, mit vielen Wesen auf unterschiedlichen Planeten zu kommunizieren. Er sagte, man nehme mich oft auf Raumreisen mit, weil ich die Kommunikatorin sei. Er bezeichnete mich als „ganz besonderes Kind", das Kodes wie ein Computer entziffern könne. Ich fragte, wann ich wieder über diese unglaubliche Fähigkeit verfügen würde. Dyjouniaa sagte, ich hätte sie behalten und könne mich auf verschiedene Menschen auf verschiedenen Frequenzen einstimmen. Ich wollte wissen, ob mein Vater wie ein Mensch ausgesehen habe, denn ich wußte, daß er die gleiche Energie in sich trug wie Raphael, das Wesen, das ich als Sämling auf diesen Planeten gebracht hatte. Er sagte, mein Vater sei ein Mensch gewesen, aber mit etwas anderen Gliedmaßen als wir sie kannten. Mir schwirrte der Kopf angesichts all dieser Neuigkeiten, und ich entschied, daß es Zeit sei, die Sitzung zu beenden.

Zusammenfassung

Lehren aus der Neukodierung im Mai

- Der nibiruanische Rat spielt bei der DNS-Neukodierung eine entscheidende Rolle, da er karmisch mit den Menschen verbunden ist, die zwei seiner Mitglieder einst als zweisträngige Wesen geschaffen haben. Diese beiden Nibiruaner sind Ninurshag und Enki, Kinder von Anu, dem Vorsitzenden des Rates. (Anmerkung: Die ersten zweisträngigen Menschen konnten sich nicht vermehren und keine Informationen verarbeiten. Sie wurden schließlich durch die Adamis ersetzt, die Vorläufer des modernen Menschen. Sowohl N als auch Anne waren bereit gewesen, auf der Erde zu inkarnieren. Gleichzeitig blieben ihre Überseelen Mitglied im nibiruanischen Rat und halfen ihm, den Denkprozeß dreidimensionaler Wesen zu verstehen. Außerdem unterzogen sie sich zu Testzwecken einer Neukodierung.)
- Joysia ist der Chefgenetiker und Berater des nibiruanischen Rates. Er und sein Team verbinden die zwölf DNS-Stränge mit unserem Astralkörper.
- Die Neukodierung setzt Vertrauen voraus. Wir müssen unsere Angst vor dem Unbekannten aufgeben, weil Angst Unbehagen auslöst, wenn wir mit einer höheren Frequenz schwingen. Wer sich neu kodieren läßt, hat nichts zu befürchten und alles zu gewinnen.
- Voraussetzung für die Neukodierung ist, daß wir unseren Seelenvertrag akzeptieren. Zunächst wissen wir vielleicht nichts über diesen Vertrag, weil wir uns auf die Schwingung, die den Vertrag hervorgebracht hat, erst dann einstimmen können, wenn unsere Energie dank der Neukodierung leichter geworden ist.
- Nicht alle beenden die Neukodierung. Einige sind nicht bereit, alle Höhen und Tiefen dieses Prozesses mitzumachen. Er setzt voraus, daß sämtliche alten Probleme gelöst werden und daß wir unser Vertrauen auch dann nicht verlieren, wenn es uns anfänglich schlechter geht.
- Wer sich neu kodieren läßt, ist von Geistwesen umgeben, die ihn beschützen, so daß er den Prozeß erfolgreich beenden kann, wenn er es wünscht.
- Die Neukodierung umfaßt neun Stufen. Obwohl N und Anne sie der Reihe nach durchliefen, damit die Gentechniker

daraus lernen konnten, ist das nur bei wenigen anderen der Fall. Letztlich müssen wir alle neun Stufen bewältigen, damit wir unsere zwölf Stränge bekommen.

- Die ersten vier Stufen der Neukodierung sind: „Wut loslassen", „Der Umgang mit Wut", „Hellhören" und „Hellsehen".

Wut loslassen

Wir müssen uns von unserer Wut lösen, um vor dem Verschmelzen der DNS-Stränge negative Energie zu beseitigen. Dadurch reduzieren wir die Schmerzen auf ein Minimum, wenn die höheren Energien der Neukodierung in den dichteren physischen Körper eindringen. Wir müssen Frieden mit den Menschen schließen, auf die wir wütend waren. Das kann persönlich oder auf der seelischen Ebene geschehen.

Der Umgang mit Wut

Wenn wir während der Neukodierung unsere Wut verdrängen, empfinden wir Unbehagen. Die zweite Stufe verhindert, daß sich im System erneut Wut ansammelt, nachdem wir uns auf Stufe eins von ihr gelöst haben – andernfalls würde das System sich wieder verdichten und Beschwerden auslösen. Während der Neukodierung sind wir mitfühlender und sehen eine Situation objektiv. Wir dürfen aber nicht erwarten, für immer frei von Wut zu sein; denn Wut ist ein Aspekt des Lebens auf der Erde.

Hellhören

Der mediale Kanal beginnt sich auf Stufe drei zu öffnen. Sobald die niedrigen Emotionen aus dem System verschwunden sind, wird der Körper leichter. Nun können wir direkt mit unseren geistigen Helfern sprechen. Wir müssen uns dabei nicht im Traumzustand befinden und brauchen keinen Vermittler mehr.

Hellsehen

Stufe vier öffnet das dritte Auge. Jetzt können wir unsere Helfer und andere Geistwesen sehen, die unsere materielle Welt besuchen. Das ist ein allmählicher Prozeß, weil das dritte Auge geschrumpft ist – wir benutzen es in der dritten Dimension nicht. Anfangs sehen wir vielleicht nur dunkle Formen, später hellere Formen und schließlich alle möglichen Farben. Auch übersinnliche Wahrnehmung ist mit dem dritten Auge möglich.

3
Juni 1996

Die Höhen und Tiefen der Neukodierung

Ich rief Pat an und berichtete, was ich bei der Neukodierung durchgemacht hatte, weil in meinem Körper noch negative Energie war. Da ich ihr von der Neukodierung erzählt hatte, wollte ich sie warnen. Sie lachte und sagte, die letzten paar Wochen seien sehr interessant gewesen, weil viele ihrer alten, ungelösten Probleme an die Oberfläche gekommen seien. Zuerst hatte sie gedacht, sie sei wieder in schlechte Gewohnheiten zurückgefallen. Aber ihre geistigen Helfer erklärten ihr, es handle sich um einen letzten Reinigungsprozeß. Ich bestätigte das. Wir müssen gegensätzliche Energien freisetzen, um Platz für die neuen, höheren Energien zu schaffen. Pat und ich trösteten uns gegenseitig – es ist unangenehm, wenn man sich mit „alten Geschichten" befassen muß, die man für erledigt hielt. Andererseits wußten wir, daß wir auf diese Weise die letzte negative Energie loswurden; darum beglückwünschten wir einander für unsere Fortschritte und beschlossen durchzuhalten.

Ich verlasse Jerry

Jerry und ich begannen uns zu trennen. Es wurde also nichts mit dem Abwarten, um das Laramus mich gebeten hatte. Die Trennung tat sehr weh, aber ich wußte, daß ich meine Entwicklung nicht aufhalten durfte. Jerry suchte sich eine Wohnung, und ich arbeitete weiter daran, meine Wut und meinen Kummer loszuwerden, um die Neukodierung nicht zu stören. Ich war wütend auf Jerry, weil er eine spirituelle Denkweise ablehnte, die es uns erlaubt hätte, zusammenzubleiben. Und ich war traurig, weil ich meinen Lebensgefährten verlor, obwohl wir uns in unterschiedliche spirituelle Richtungen entwickelten.

Warum war mir die Neukodierung wichtiger als meine Partnerschaft? Ich fragte meine Helfer und erfuhr, daß ich blindes Vertrauen brauchte, um mein Ziel zu erreichen, weil es keine Wegweiser gab, nach denen ich mich richten konnte. Ich mußte mich auf meine Intuition verlassen. Meine Seele wußte, daß letztlich alles zu meinem Besten war. Meine Helfer teilten mir dazu mit:

„Wir spüren deine Gefühle, sie sind stark und schwer. Du mußt aufpassen, daß du davon nicht krank wirst. Lache ab und zu, wenn es dir gelingt. Manchmal mußt du eben schwierige Lektionen lernen. Wir tun, was wir können, um dir die Last zu erleichtern. Du stehst an einer Schwelle und kannst alles erreichen, wonach du dich sehnst, auch wenn du jetzt nicht diesen Eindruck hast. Bald wirst du so große Freude empfinden, daß dir diese Probleme im Rückblick völlig belanglos vorkommen werden. Der Weg zur Schwelle ist nicht weit – du stehst schon auf ihr. Dreh dich nicht um, klammere dich nicht an alte Verhaltensmuster. Geh weiter, und diejenigen, die dich begleiten wollen, werden es tun. Wir verlangen großen Mut von dir – du sollst ja in blindem Vertrauen weitergehen. Aber du hast keine andere Wahl. Dort, wo du jetzt bist, hast du nichts zu erwarten; du findest dort nur die Leere, die du immer gefunden hast, weil dreidimensionale Wesen derzeit nur Leere empfinden können. Jerry ist noch nicht bereit, in die gleiche Richtung zu gehen. Er hat sich anders entschieden. Wir haben ihn gedrängt, mit dir zu gehen, weil er dein Lebensgefährte sein sollte; aber er will bleiben, wo er jetzt ist. Du bist nicht schuld daran. Wir haben versucht, ihm zu helfen, weil er nach seinem Seelenvertrag bei dir hätte bleiben sollen. Wie du siehst, halten sich nicht alle Seelen an den Vertrag. Du mußt auch verstehen, daß nicht alle Menschen sich durch die Neukodierung weiterentwickeln wollen. Das heißt nicht, daß du versagt hast. Niemand hat versagt. Es ist einfach eine freie Entscheidung."

Meine Helfer wollten nicht, daß ich die Neukodierung allein bewältigte. Ihrer Meinung nach brauchte ich männliche Energie, die mich während der Neukodierung ausgeglichener machen und meine künftige Arbeit unterstützen würde. Die Frequenz der Liebe stärke die neue Energie erheblich, mehr als es einem Individuum möglich sei, weil sie eine dynamische Wechselwirkung zwischen den höheren Energien hervorrufe. Die Frequenz der Liebe werde meine Wirkung auf andere verstärken und meine Erfolgsaussichten verbessern. Das gelte nicht nur für mich, sondern für alle, die sich neu kodieren ließen.

Meine Helfer wußten, daß der Verlust eines geliebten Menschen mich traurig machte. Aber sie würden mir einen anderen Gefährten zuführen, sobald ich dazu bereit sei. Diesmal würde mein Gefährte ein Wesen sein, das mit einer anderen Seele einen Platztausch vereinbart hat. Das hat nichts mit Besessenheit zu tun, weil die beiden Seelen sich darüber geeinigt haben. Die Arbeit der einen Seele auf dieser Ebene ist beendet, und es ist Zeit für sie, zum Geist zurückzukehren. Nach ihrem „Tod" stellt die Seele einer anderen Seele ihren Körper, aber auch ihre Erfahrungen und Erinnerungen zur Verfügung, so daß die neue Bewohnerin des Körpers einen doppelten Erfahrungs- und Erinnerungsschatz besitzt.

Meine Helfer wollten mir eine solche Seele schicken, weil mein neuer Gefährte ein Wesen sein mußte, dem sein Ursprung als Sterngeborener leicht zugänglich war, weil er sich erst seit kurzem in seinem neuen dreidimensionalen Zustand befand und daher seinem sechsdimensionalen Zustand noch nahe war. Die Zeit war zu knapp, um jemanden erst auszubilden. Mein neuer Gefährte brauchte mich, um seinem Gedächtnis auf die Sprünge zu helfen, und er würde sich dann zusammen mit mir sofort der Neukodierung unterziehen. Außerdem wollten sie, daß mein Gefährte exakt zu meinem Energiefeld paßte, um Konflikte zu verhindern. Wir sollten uns auf unsere Aufgabe konzentrieren, anstatt Karma zu verarbeiten. Diese Botschaft heiterte mich ein wenig auf. Vielleicht war meine Beziehung gar nicht gescheitert – ich mußte mich einfach weiterentwickeln. Ich versprach, meine Helfer zu informieren, sobald mein Herz für einen neuen Lebenspartner bereit sei.

Lahainas einzigartige Rasterarbeit

Julia rief mich an und berichtete, sich werde sich von ihrem Mann scheiden lassen. Dank meiner eigenen Erfahrungen war ich nicht sehr überrascht. Offenbar passen Neukodierte besser zu anderen Neukodierten, weil sie ähnliche Energiefelder haben. Ich bot Julia an, bei mir zu wohnen, damit wir uns gegenseitig unterstützen konnten. Sie beschloß, in der folgenden Woche bei mir einzuziehen, sobald Jerry ausgezogen war.

Julia besuchte mich, um herauszufinden, wie sie ihre Möbel aufstellen sollte, und ich bat sie um ein *Repatterning.* Ich hatte mit Hilfe der Kinesiologie überprüft, ob ich auf Romantik eingestimmt war – ich wollte ja, daß meine künftige Beziehung ein Erfolg würde! Wie sich herausstellte, harmonierte ich zwar mit der Energie der Liebe, war aber nicht romantisch gesinnt. Nun ja, ich habe mich mein Leben lang eher auf der mentalen Ebene zu Hause gefühlt. Julia war einverstanden. Sie freute sich immer, wenn sie helfen durfte. Sie beschloß, mich auf allen interdimensionalen Ebenen umzustrukturieren, nicht nur auf meiner dreidimensionalen Ebene, da ich ihr erzählt hatte, daß ich Lahainas Existenz in einer anderen Dimension spürte. Ich ahnte nicht, wie gründlich ich in den folgenden zwei Stunden geheilt werden sollte!

Julia und ich entdeckten den Einfluß eines früheren Lebens auf meine Liebesenergie. Ich war mit einer Gruppe plejadischer Wissenschaftler herumgereist, und wir hatten bei den „Grauen" gelebt (blaugraue Wesen mit Mandelaugen, die Erdbewohner entführen, um mit ihnen Experimente zu machen). Ich war mehrere Leben lang bei den „Grauen" – so wie Jerry –, verließ sie aber, als ihre Philosophie der meinen zu sehr widersprach. In jenem Leben hatte ich große Schmerzen erduldet, weil ich mit meiner eigenen DNS experimentiert hatte.

Warum macht eine Seele freiwillig unangenehme Erfahrungen? Ich nehme an, daß es gute Gründe dafür gibt. Aber ich hatte die Schmerzen unterschätzt, die ich aushalten mußte. Während einer Rückführung mit Bobbie hatte ich vor einigen Jahren meinen schnellen Abschied von den Grauen noch einmal erlebt. Jerry hatte versucht, mir dabei zu helfen, aber ich hatte solche Schmerzen, daß ich keine Lust verspürte zu warten. Mein Wunsch zu gehen war so stark, daß ich die Angelegenheit selbst in die Hände nahm und dabei meine

Rasterstruktur zerriß. Unsere Gitterstruktur enthält ein „Laufwerk“ mit Programmen, das auch unsere Vergangenheit, Gegenwart und Zukunft aufzeichnet. Als ich meine Rasterstruktur zerstörte, veränderte ich mein Betriebsprogramm. Ich sah mich selbst in einer Flut roter Lava explodieren. Später erfuhr ich durch Channeling bei Bobbie, daß ich damals zu den Plejaden zurückgekehrt war. Dort verbrachte ich mehrere Leben, ehe ich vor 120 000 Jahren zur Erde kam, um Erfahrungen mit der dreidimensionalen Gestalt zu sammeln.

Während Julia versuchte, die Informationen zu beschaffen, die sie für ihre Arbeit brauchte, erfuhr sie, daß noch ein Wesen an meiner Flucht vor den „Grauen“ beteiligt war. Ich hörte meine Helfer sagen, es sei mein künftiger Lebenspartner gewesen. Er und Jerry hätten miteinander besprochen, wie ich mich am besten von den „Grauen“ lösen konnte; sie wollten, daß ich heil zu den Plejaden zurückkehrte. Sie konnten sich aber nicht einigen, und aus Enttäuschung ergriff ich selbst die Initiative. Wahrscheinlich verpflichtete sich Jerry deshalb in seinem Seelenvertrag, mir bei meinem jetzigen Übergang zu helfen – er wollte nachholen, was ihm in unserem damaligen Leben mißlungen war. Es paßte ins Bild, daß der andere Mitspieler ihn nun ablösen sollte.

Dank der Umstrukturierung und unserer medialen Begabung fanden wir heraus, daß meine Rasterstruktur damals ernsthaft beschädigt worden war. Ich befand mich nicht in Harmonie mit meinem wahren Selbst, und nach all den Jahren machten die Verletzungen mir immer noch zu schaffen. Außerdem schleppte ich in diesem Leben negative emotionale Muster mit mir herum, die meine Resonanz mit der romantischen Liebe störten. Vor allem hatte meine extreme Selbstgenügsamkeit mich isoliert, weil ich mir von niemandem helfen ließ. Das war die Reaktion darauf, daß mir niemand geholfen hatte, nachdem ich in einer feindlichen Welt in Stücke gerissen worden war. Zudem hatte ich Angst vor der Zukunft, weil ich meine einzigartigen kommunikativen Fähigkeiten verloren hatte. Julia sagte, mein Raster unterscheide sich von allen anderen, die sie bisher gesehen habe – es sei ein goldenes, mit Juwelen besetztes Netz. Genau das hatte Bobbie einige Monate zuvor auch gesehen.

Ich legte mich hin, und Julia hielt eine Hand über mein Herzchakra, um Energie festzuhalten, während meine Helfer mein Raster reparierten. Währenddessen erlebte ich noch einmal die Explosion, die ich bereits während meiner ersten Rückführung bei Bobbie gesehen hatte. Ich fühlte mich einsam, weil niemand da war, und ich hatte Angst, weil meine Fähigkeiten von da an begrenzt sein würden. Jetzt war mir klar, welche Folgen die Schäden an meinem Raster gehabt hatten. Ich hatte es benutzt, um mit anderen Planeten Verbindung aufzunehmen, und zwar in Tausenden von verschiedenen Sprachen. Die Juwelen waren Mineralien von den Planeten und Sternen, mit denen ich Kontakt hatte. Jedes Stück symbolisierte das Universum, aus dem es kam. Quarz war beispielsweise das Mineral der Erde, weil es ein Hauptbestandteil des Planeten ist. Diese Mineralien gleichen den Kristallen in Radios: Sie übertragen die elektromagnetische Energie und die Übersetzungsprogramme für die einzelnen Orte. Kein Wunder, daß ich mich vor der Zukunft fürchtete. Ich wußte, daß ich die Fähigkeit verloren hatte, die mir bei meiner Zeugung auf Nibiru vor vielen Jahren so sorgfältig eingepflanzt worden war. Ich weiß nicht, warum meine Helfer das Raster nicht schon früher instandgesetzt hatten. Vielleicht mußte ich mir des Schadens erst bewußt werden und dann um Hilfe bitten.

Während der Reparatur hatte Julia mit Hilfe der Kinesiologie Antworten auf ihre Fragen gesucht. Sie wollte herausfinden, ob jemand ein ähnliches Raster besaß wie ich. Aber meine Helfer sagte, ich sei „einzigartig auf der Erde" und niemand sonst habe diesen Rastertyp. Allerdings gab es unverkörperte Wesen, die mir ähnlich waren. Ich wollte wissen, ob mein künftiger Partner – im Gegensatz zu Jerry – zu meiner Energie passen würde, und Julia erfuhr, daß unsere Rasterstrukturen vollkommen miteinander harmonieren würden und daß wir einander sofort erkennen würden. Ich fragte mich, was für ein Gefühl es ist, einem anderen so ähnlich zu sein, denn ich hatte mich fast mein ganzes Leben lang einsam und anders gefühlt und nie verstanden, warum ich keinen Kontakt zu anderen fand. Erst viele Jahre später erfuhr ich, daß ich eine Sterngeborene bin, eine von wenigen Wesen, die nicht von der Erde stammen. Von da an fiel es mir leichter, anders zu sein. Aber in meinen Beziehungen war ich nie darüber hinweggekommen. Vielleicht würde diese Zeit der Einsamkeit zu Ende sein, sobald ich meinen Lebenspartner fand.

Zum Abschluß der Heilung ließ Julia mich einige Atemübungen machten, während ich weinte und mich von aufgestauten Gefühlen löste, die viele Leben lang eine große Belastung gewesen waren. Als wir fertig waren, fühlte ich mich wie neugeboren. Ich war nicht mehr wütend auf Jerry und verspürte auch keinen Kummer mehr. Das war ein seltsames Gefühl; denn noch vor kurzem hatten diese Emotionen mich fast überwältigt. Aber jetzt waren sie fort. Ich war zuversichtlich, fühlte mich tausend Pfund leichter und konnte die Zukunft kaum erwarten. Dieser plötzliche Wechsel erstaunte mich. Ich umarmte Julia und dankte ihr.

Die Schülerin wird zur Helferin

Bobbie rief an und bat mich, ihr mit meinen zunehmenden medialen Fähigkeiten zu helfen. Ich war überrascht, da sie seit fünf Jahren meine Lehrerin war und jetzt meine Hilfe brauchte. Sie hatte ein sehr emotionales Problem und wollte eine objektive Stellungnahme haben. Ich war gerne bereit zu helfen.

Was für eine Überraschung! Bobbie wollte sich von einem Mann trennen, mit dem sie seit einiger Zeit ausgegangen war. Unsere Gentechniker nutzten die Neukodierung zu einem Großreinemachen, das uns nicht immer Freude bereitete. Während der Sitzung bekam ich einige Botschaften, die ihren Widerstand gegen die Neukodierung betrafen. Bobbie wußte, daß sie mit ihren neuen Fähigkeiten der Erde besser helfen konnte; dennoch sah sie in der Neukodierung eher ein Durchtrennen ihrer Verbindungen mit der Erde, eine Entwicklung vom Physischen zum Spirituellen.

Ich erforschte medial ihr früheres Leben als Erdgöttin und verstand ihr Zögern. Sie war damals mit der Erde eins, ein echter Erdgeist. Ich sah sie fröhlich auf den Feldern tanzen, und mir war klar, daß sie in ihrem jetzigen ängstlichen Zustand diese Einheit mit der Erde nicht erreichen konnte. Sie mußte die Energie der Erde auf eine höhere Frequenz heben und ihre Furcht überwinden – und das konnte sie durch die Neukodierung erreichen. Eine höhere Schwingung würde ihre Verbindung mit der Erde nicht etwa schwächen, sondern stärken. Das ist ein wichtiger Aspekt für alle, die sich neu kodieren lassen. Wir wollen uns nicht von der Erde verabschieden, sondern mit der Erdenergie eins werden.

Bobbie las den Antrag auf Neukodierung, und ihre Bitte stieg als feinstoffliche Botschaft auf den Gipfel eines Berges, wo eine Gruppe älterer Menschen in langen Gewändern an einem Altar standen. Sie schienen sich über den Antrag zu amüsieren, denn sie erkannten die Absenderin sofort. Bobbie war ein inkarniertes Mitglied ihres Teams und arbeitete täglich mit ihnen. Zum Zeichen dafür, daß der Antrag angenommen worden war, flog eine weiße Taube vom Berg ins Tal. Später erklärte uns Joysia, daß Bobbie wie viele von uns dabei geholfen hatte, Zivilisationen auf eine höhere Schwingungsebene zu heben. Diese Aufgabe hatte uns offenbar Spaß gemacht. Dennoch mußte Bobbie die Neukodierung förmlich beantragen, weil der sirianisch-plejadische Rat sich davon überzeugen will, daß ein Wesen aus freiem Willen und aufgrund seiner Erfahrungen im Leben neu kodiert werden möchte.

Bevor sie ihren Antrag stellte, rief ich zu Hause an, weil ich den Wortlaut zu Hause vergessen hatte. Mein Sohn Drew war da, und ich bat ihn, mir den Text am Telefon vorzulesen. Ich nahm an, daß man den Antrag nicht ihm zuschreiben würde, weil er keine entsprechende Absicht hatte. Nach unserer Sitzung fragte ich mich, ob Drews „Antrag" vielleicht angenommen worden war, ohne daß er es wußte; denn er war möglicherweise reif dafür. Ich fragte Bobbie nach ihrer Meinung, und sie erkundigte sich. Drew hatte als erster männlicher Erdbewohner (und als erstes Kind) die Neukodierung beantragt – und sein Gesuch war angenommen worden! Ich hoffte, daß er es leichter haben würde als wir anderen, und nahm mir vor, ihm den Prozeß zu erklären, sobald ich zu Hause war.

Es stellte sich heraus, daß Drew sich mühelos an die Neukodierung anpaßte, weil er am Beginn der Pubertät stand und noch keine Erfahrungen als Erwachsener gesammelt hatte. Manchmal zog er bewußt die Bremsen an, wenn ihm das Tempo zu schnell wurde, und gelegentlich verlangsamte sein Gentechniker den Prozeß, weil er das Gefühl hatte, daß es Drew weniger um seine spirituelle Entwicklung ging, sondern mehr darum, als Erwachsener anerkannt zu werden. Wir machen uns so viele Sorgen um unsere Kinder und fragen uns oft, was sie aushalten können. Aber ein angeborener Instinkt sagt ihnen offenbar, was sie zu tun haben, oder ihre geistigen Helfer sorgen dafür, daß sie im Gleichgewicht bleiben.

Lahainas künftiger Gefährte

Bobbie rief an und fragte, ob ich an einer Channeling-Sitzung über Liebesbeziehungen teilnehmen wolle. Ich war einverstanden, da ich mehr über meinen künftigen Partner erfahren wollte. Bobbie hatte mit dem Channeling schon begonnen, als ich ankam. Ich hörte zu, was sie den anderen Anwesenden – darunter N und Pat – zu sagen hatte. Unter anderem ging es auch um die Neukodierung. Als Pat fragte, welche Stufen sie bisher bewältigt habe, antwortete Joysia, sie habe die beiden ersten Stufen hinter sich. Ich stellte ihm die gleiche Frage und erfuhr, daß ich die Stufen eins bis vier abgeschlossen hatte. Das überraschte mich, weil Stufe vier das Hellsehen ist und ich bisher keine Geistwesen gesehen hatte. Aber Joysia versicherte, ich werde bald imstande sein, „einen Blick in andere Dimensionen zu werfen und dennoch in der dreidimensionalen Wirklichkeit zu leben".

Dann berichtete er zu unserem Erstaunen, daß N Stufe fünf erreicht habe. Obwohl wir eigentlich nur etwas über die Stufen erfahren sollen, die wir erreicht haben, erläuterte Joysia, in der fünften Stufe gehe es darum, die ersten vier Stufen zu integrieren. Stufe fünf ist sehr wichtig, denn sie ist das Fundament der abschließenden Arbeit. Manche möchten diese Stufe nicht durchlaufen, weil sie voraussetzt, daß wir unseren Seelenvertrag akzeptieren, der unsere Prioritäten verändern kann. Dann erst sind wir imstande, planetare Verträge zu erfüllen. Außerdem können die Gentechniker bestimmte Eingriffe während der ersten vier Stufen nicht vornehmen. Die fünfte Stufe ist für sie die komplizierteste, und die Stufen sechs bis neun hängen davon ab.

Joysia wies darauf hin, daß man die körperlichen Symptome während der Beseitigung von Blockaden vor Beginn der Neukodierung nicht mit dem eigentlichen Prozeß der Neukodierung verwechseln dürfe. Beim letzteren werden die DNS-Implantate entfernt, welche die zwölf Stränge entmagnetisieren und trennen. Joysia sagte, Bobbie werde alle Stufen schnell bewältigen, weil sie es schon einmal getan habe. Ein paarmal müsse man sie allerdings „entführen". Wir lachten und waren froh darüber, daß wir einander während dieser unglaublichen Erfahrung so gut unterstützten.

Dann durfte ich Laramus meine Fragen über Beziehungen stellen. Seitdem Julia mich umstrukturiert hatte, war meine Beziehung mit Jerry vollständig beendet, und nun wollte ich unbedingt die Liebe erleben, die allen Neukodierten versprochen wird. Ich fragte Laramus, ob er von der anderen Seite zu mir kommen und mein Gefährte sein werde. In den letzten Monaten hatte ich mich ein bißchen in meinen Gentechniker verliebt. Er war zu einem Teil meines täglichen Lebens geworden und benahm sich wie ein Partner und Freund, während er mich liebevoll unterstützte. Er sagte, sie würden mir in der Tat jemanden schicken, der zur Zeit nicht inkarniert sei – allerdings werde nicht er dieses Wesen sein. Er fühle sich zwar geschmeichelt, aber seine Aufgabe sei es, mir von der anderen Seite aus zu helfen. Ich hätte gerne mehr über den „Platztausch" zwischen zwei Seelen gewußt, aber Laramus erklärte mir, diese Informationen würden den Ankömmling an seine spirituelle Gestalt fesseln, weil ich ihm Gedankenformen über seine derzeitige Gestalt zusenden würde.

Mein künftiger Gefährte war gerade dabei, sich von der nichtphysischen Welt zurückzuziehen, und sie wollten diese Entwicklung nicht stören. Das wollte ich ebenfalls nicht, denn ich freute mir darauf, einem Wesen zu begegnen, dessen Rasterstruktur zu meiner paßte. Also änderte ich die Taktik und bat um „irdische" Informationen über den Platztausch. Wann würde er kommen, und wie würde ich ihn erkennen? Laramus sagte, wir würden uns im Spätsommer treffen. Mehr wollte er mir nicht verraten. Als Bobbie später aus der Trance erwachte, sagte sie, sie habe einen niedlichen Scotchterrier gesehen, als Laramus gesprochen habe. Vielleicht hieß mein künftiger Gefährte Scott? Wir waren uns darüber einig, daß ich in Ohnmacht fallen würde, wenn ich im Sommer einem Mann begegnen würde, der Scott hieß und einen Gang wie ein Terrier hatte! Während dieses Gespräch sah ich vor dem geistigen Auge kurz einen Mann, der Heiler war, vielleicht Chiropraktiker. Diese anerkannte Körpertherapie war für ihn die Grundlage für weniger traditionelle Heilweisen. Jetzt hatte ich ein paar Anhaltspunkte. Ich wußte, daß er Heiler war, einen Hund besaß und im August auftauchen würde.

Zum Schluß erinnerte ich Laramus daran, daß ich Geld brauchte, um Jerrys Anteil am Haus kaufen zu können. Außerdem bat ich um Hilfe beim Verkauf der hundert Morgen Land, die ich besaß. Ursprünglich hatte ich es gekauft, um ein spirituelles Ausbildungszentrum darauf zu bauen, aber die Kosten für die Pflege des Grundstücks kamen mir jetzt astronomisch vor, denn ich mußte ja auch noch Larry auszahlen. Laramus sagte, ein großer Geldbetrag komme auf mich zu. Ich erinnerte ihn daran, daß ich mich nicht mehr durch harte Arbeit kaputtmachen wollte – das hatte ich vier Jahre lang getan. Er erwiderte: „Darauf hast du mich bereits hingewiesen, meine Liebe, stimmt's?" Ich lachte und fragte, ob ich einen Preis gewinnen würde. Er antwortete: „Darum bitten viele Leute, und deshalb weiß ich nicht, ob es möglich ist. Aber es wird etwas Ähnliches sein." Außerdem versprach er, ich würde meinen Traum auf einem Grundstück erfüllen, das sich dafür besser eigne als unerschlossenes Land eine Autostunde von Kansas City entfernt. Ich sagte, ich freue mich darauf, meine Schulden bei Jerry zu bezahlen und meinen Traum zu verwirklichen. Als ich nach Hause ging, war ich in bester Stimmung. Ich befand mich auf einem unglaublich schnellen und aufregenden, wenn auch etwas unklaren Weg.

Zunehmende mediale Fähigkeiten

Meine Mutter hatte einer Nachbarin namens Kristin meine Telefonnummer gegeben. Ich wollte meine übersinnlichen Fähigkeiten an einer völlig Fremden ausprobieren. Von Kristin wußte ich nur, daß sie ein Problem hatte. Meine Mutter hatte mir nie etwas über sie oder ihre Familie erzählt, außer daß Kristin eine Gleichgesinnte war – sie interessierte sich sehr für Spiritualität.

Kristin besuchte mich, und wir plauderten ein wenig über ihre Leidenschaft für Esoterik. Wir sprachen über Bücher, die wir beide gelesen hatten, und ich fragte sie, ob sie ihre Herkunft kenne. Ich vermutete, sie sei eine Sterngeborene. Sie wußte zwar nichts darüber, wollte aber gerne mehr erfahren.

Ich war nicht überrascht, als ich feststellte, daß sie und ihre ganze Familie Sterngeborene waren. Sie und ihr Sohn kamen von Sirius, ihr Mann und ihre Tochter von den Plejaden. Offensichtlich kam sie gut mit der Entdeckung zurecht, daß sie nicht von der Erde stammte – sie hatte es sogar schon vermutet.

Sie bat mich um Informationen über ihre Tochter. Ich sah, daß die neunjährige Marissa im vorigen Jahr mit einer anderen Seele den Körper getauscht hatte. Wie sollte ich es Kristin beibringen, daß das Mädchen nicht ihre ursprüngliche Tochter war? Ich fragte sie, ob Marissas Verhalten sich in letzter Zeit geändert habe. Sie bestätigte meinen Verdacht und berichtete, ihre Tochter sei immer fröhlich gewesen, doch plötzlich habe ihre Stimmung sich verdüstert und sie neige zu Wutanfällen. Ich stieß einen Seufzer der Erleichterung aus, als ich feststellte, daß Kristin schon vom „Platztausch" gelesen hatte, und dankte Geist stumm dafür, daß er Kristin vorbereitet hatte.

Dann holte ich tief Luft und erklärte ihr, was sich zugetragen hatte. Zum Glück war sie erleichtert, denn sie hatte nach der Persönlichkeitsveränderung ihrer Tochter bereits Verdacht geschöpft. Sie fragte mich nach ihrer ursprünglichen Tochter, und ich sah das Mädchen vor einem schönen Schloß an einer Mondsichel schaukeln. Sie lachte und sagte: „Hallo, Mama, ich bin so glücklich hier!" Wo auch immer ihre Seele jetzt war, sie hatte ihren Frieden gefunden. Mir war auch klar, warum die „neue Marissa" so launisch war. Die ursprüngliche Marissa hatte sich in ihrem Seelenvertrag verpflichtet, auf der Erde geboren zu werden, damit ihre Seele Erfahrungen sammeln konnte. Mit der neuen Marissa hätte sie ungefähr im ersten Lebensjahr tauschen sollen – aber sie liebte Kristin so sehr, daß sie nicht gehen wollte. Sie blieb neun Jahre lang auf der Erde, bis ihre geistigen Helfer sie dazu überreden konnten, ihr Versprechen einzuhalten. Das neue Wesen fühlte sich um seine Kindheit betrogen. Ihr war nicht bewußt, warum sie wütend war; sie wußte nur, daß ihr etwas entgangen war. Um sie zu heilen, mußte Kristin ab und zu mit ihr spielen: sie baden, ihr das Haare waschen wie einem Baby oder sie füttern. Ich riet ihr, diese kleinen Spiele gemeinsam mit Babys zu machen, damit Marissa sich als Teil der Gruppe fühlte.

Einige Monate später rief Kristin mich an und dankte mir für meine Hilfe bei der Heilung ihrer Tochter. Marissa fiel manchmal in die Kindheit zurück; sie gluckste und plapperte in der Babysprache. Ohne die Informationen, die ich ihr gegeben hatte, wäre sie sehr besorgt gewesen und hätte versucht, dieses Verhalten zu unterbinden. Statt dessen war sie in solchen Momenten noch zärtlicher zu Marissa; sie nahm sie auf den Schoß, streichelte ihr Haar und koste sie. Bald hatte Marissa diese Stufe ihres Lebens überwunden.

Monate später erzählte mir meine Mutter, unsere Sitzung habe auch bei Kristin eine Heilung in Gang gesetzt. Ich hatte während unseres Telefongesprächs bemerkt, daß sie tiefen Kummer im Herzen trug, und fragte sie, ob sie einmal ein Kind verloren habe. Sie hatte in der Tat vor einigen Jahren eine Fehlgeburt gehabt. Ich sagte ihr, sie müsse diese Wunde heilen, denn von selbst werde sie sich nicht schließen. Ich erklärte ihr, wie sie ihren Schmerz verarbeiten konnte, und offenbar befolgte sie meinen Rat. Im Oktober suchte Kristin eine bekannte Hellseherin auf, die nach Florida gekommen war. Diese bestätigte ihr alle Informationen, die ich ihr gegeben hatte, ohne von unserer Begegnung zu wissen. Außerdem sah sie in Kristins Schoß ein Baby wachsen. Ich war ganz aufgeregt, als ich erfuhr, daß ein Mensch sich mit meiner Hilfe selbst geheilt hatte, und ich beschloß, nicht länger an meinen medialen Fähigkeiten zu zweifeln und anderen einfach mitzuteilen, was ich sah, wenn sie mich danach fragten.

Das Interesse wächst

Immer mehr Leute baten mich um Informationen über die Neukodierung. Um ihnen zu geben, was sie brauchten, und meine Arbeitsbelastung zu verringern (ich leitete eine Marktforschungsfirma und ein esoterisches Zentrum), wandte ich mich an N, und sie bat Anu, eine Art öffentliche Sitzung zu veranstalten. Anu war damit einverstanden, einige Hintergrundinformationen über die Neukodierung zu geben; aber er forderte mich auf, vorher schriftlich zusammenzufassen, was ich über die Neukodierung wußte, und das Papier während der ersten Sitzung zu verteilen.

Später bat ich Laramus, meinen Gentechniker, mir bei dieser Arbeit zu helfen. Der folgende Text faßt zusammen, was er mir durch automatisches Schreiben übermittelte. Es war die erste von vielen Botschaften dieser Art.

Was ist eine DNS-Neukodierung?

Die DNS-Neukodierung ist ein Prozeß, durch den ein Wesen mit zwei physischen DNS-Strängen die zwölf feinstofflichen DNS-Stränge zurückerhält, die ursprünglich sein göttliches Recht waren. Wenn euer Energiekreislauf vollständig wiederhergestellt ist, erweitert sich euer Bewußtsein trotz eurer irdischen Gestalt. Ihr habt mediale Fähigkeiten, könnt euch an frühere körperliche und nichtkörperliche Existenzen erinnern und habt Zugang zur Akasha-Chronik, der Datenbank des kollektiven Unbewußten.

Die Neukodierung setzt voraus, daß ihr euren Seelenvertrag für dieses irdische Leben akzeptiert. Andernfalls würden wir Wesen Macht verleihen, die ihr Leben nicht dem Licht geweiht haben. Wir werden euch über euren Seelenvertrag so viele Informationen geben, wie wir können. Einiges müssen wir jedoch zurückhalten, weil es für euch bedeutungslos wäre, solange euer Bewußtsein nicht erweitert ist. Ihr bekommt die Informationen, während ihr die Stufen der Neukodierung durchlauft.

Der Ablauf der Neukodierung ist nicht von vornherein festgelegt. Wir lernen mit euch, weil dreidimensionale Wesen nie zuvor von einem so dichten Zustand in einen leichteren übergewechselt sind. Es kann also sein, daß ihr Unbehagen verspürt, ohne daß wir es wollen. Aber wir versichern euch, daß wir euch lieben und für euch sorgen – euch wird kein Leid geschehen. Wir versprechen euch, daß euer Leben nach der Neukodierung sinnvoller sein wird.

Die Neukodierung verlangt von euch ein großes Engagement. Ihr müßt alle giftigen Energien loswerden, meist in Form von Wut und Angst. Das betrifft dieses Leben und vergangene Leben. Vielleicht fühlt ihr euch anfangs etwas schlechter als zuvor, aber glaubt mir, euch erwartet große Freude, Glück, nach dem ihr euch auf diesem Planeten immer gesehnt habt.

Wenn ihr sterngeboren seid oder euren Körper mit einer anderen Seele getauscht habt, habt ihr bereits auf höheren Ebenen existiert, wahrscheinlich auf der fünften oder sechsten. Dann geht es bei der Neukodierung darum, daß ihr euch an das erinnert, was ihr freiwillig vergessen habt, als ihr in euren irdischen Körper geschlüpft seid. Ihr aktiviert die Kodes, die euer Körper in Form von Kristallen bereits besitzt. Neu ist nur, daß ihr lernt, euren menschlichen Körper auf eine höhere Schwingungsebene zu heben.

Nicht jeder von euch wird alle neun Stufen der Neukodierung beenden. Aber diese Chance habt ihr alle; darum macht daraus, was ihr wollt. Einerlei, wie viele Stufen ihr bewältigt, es reicht für eure Weiterentwicklung aus, weil es eurem Seelenvertrag entspricht.

Wenn ihr mit der Neukodierung beginnt, zieht ihr euch aus dem Tümpel der kollektiven Angst und Wut zurück, der zur Realität dieses Planeten gehört. Ihr werdet Teil des kollektiven Bewußtseins der Neukodierten, das auf Liebe und Freude gründet. Wenn euer Bewußtsein sich erweitert und ihr die neun Stufen durchlauft, wird auch dieses kollektive Bewußtsein stärker und wird so für das niedrige Massenbewußtsein der Erde ein Ziel, das es anstreben kann. Aus diesem Grund fällt es euch möglicherweise schwer, intime Beziehungen zu einem Menschen zu haben, der sich nicht neu kodieren läßt – ihr gehört nicht mehr demselben kollektiven Bewußtsein an. Es kann also eure Beziehung belasten, wenn euer Partner die Neukodierung ablehnt. Letzten Endes kann die Beziehung davon profitieren, daß ihr auf einer höheren Ebene schwingt; aber die Harmonie zwischen euch und eurem Partner wird wahrscheinlich gestört sein, zumindest für einige Zeit. Wir werden euch helfen, einen geeigneteren Partner zu finden, wenn ihr das wünscht; denn die Liebe stärkt das neue kollektive Unbewußte.

Sobald ihr die neun Stufen der Neukodierung abgeschlossen habt, bitten wir euch, daran zu denken, woher ihr gekommen seid, und den Erdbewohnern zu helfen. Ihr seid ja die ersten, die sich neu kodieren lassen. Die Erdbewohner haben nur auf einer dreidimensionalen Welt gelebt und brauchten eure Unterstützung, damit sie die fünfte Dimension erreichen. Denkt aber daran, daß nicht jeder an der Neukodierung so interessiert ist wie ihr.

Einerlei, wie anstrengend die Neukodierung sein mag, euer neues Leben wird eure kühnsten Erwartungen übertreffen!"

Ein unerwarteter Platztausch

Ich traf immer mehr Menschen, die ihren Körper mit einer anderen Seele getauscht haben. Vor meiner Begegnung mit Pat hatte ich nie von diesem „Platztausch" gehört. Sie war 1971 fast völlig zusammengebrochen, weil das Leben ihrer Vorgängerin ihr völlig fremd gewesen war. Da ich so viele Menschen dieser Art traf – einschließlich N, die vor einigen Jahren gekommen war –, wollte ich gerne mehr über dieses Phänomen erfahren, das mir selbst nichts bedeutete.

Eines Abends fragte mein Sohn mich während des Essens, ob ich auch so eine „Austauschseele" sei. Er hatte gehört, wie meine Freunde sich über dieses Thema unterhalten hatten. Sofort antwortete ich: „Nein." Aber er war hartnäckig und fragte, ob ich das jemals nachgeprüft hätte. Ich ermutige Drew immer, seine Antworten selbst zu finden; darum forderte ich ihn auf, der Sache nachzugehen, wenn sie ihm wichtig sei. Er benutzte den Muskeltest, den ich ihm beigebracht hatte, und erhielt ein Ja. „Ma!", rief er, „du bist auch so eine!" Ich sah ihn überrascht an und beschloß, diese Information zu überprüfen. Meine geistigen Helfer bestätigten, daß ich im Alter von fünf Jahren den Körper einer anderen Frau übernommen hatte.

Auf einmal paßte alles zusammen. In diesem Alter hatte meine Persönlichkeit sich drastisch verändert – das wußte ich von meinen Eltern. Aus einem stillen, braven Kind wurde ein zorniges, ängstliches Kind, das im Schlafzimmer der Eltern auf dem Fußboden schlief, weil es Angst vor dem Tod hatte. Ich erinnerte mich an eine schwarze Leere, die auf mich fiel und mich auslöschte. Vor meiner Ankunft auf der Erde hatte ich gewußt, daß das Leben ewig ist; jetzt erzählte man mir, der Tod sei unvermeidlich. Kein Wunder, daß ich Angst hatte! Als Fünfjährige war ich so nervös, daß meine Mutter mich mit nach Florida nahm, damit ich mich einige Woche erholte. Sie hoffte, daß ich mich entspannen konnte, wenn sie sich intensiv mit mir beschäftigte. Es war eine schwierige Zeit für mich, und es dauerte Jahre, bis die seelische Wunde geheilt war.

Später erfuhr ich von Venessa, meiner Mentorin, daß ich im Alter von fünf Jahren gekommen sei, weil ich einen gesunden Körper übernehmen wollte. Wegen meines Energietyps und meiner einzigartigen Rasterstruktur hätte ich sehr wahrscheinlich Geburtsschäden erlitten, wenn ich versucht hätte, in einen Fetus zu schlüpfen. Ich brauchte den reiferen Körper eines fünfjährigen Kindes, um gesund zu sein. Meine Seele hätte unter den Geburtsschäden ebenfalls gelitten, und ich hätte mich mehr auf die Heilung meiner körperlichen Gebrechen konzentrieren müssen als auf seelische und spirituelle Heilung. Das alles erklärte auch, warum das Phänomen mir so fremd vorkam – es hatte sich schon vor vielen Jahren zugetragen. Annes Körper war während seines bisherigen Lebens hauptsächlich von einem dreidimensionalen Aspekt Lahainas bewohnt worden. Ich dankte meinem Sohn dafür, daß er mir geholfen hatte, das zu erfahren.

Das kollektive Bewußtsein der Neukodierten

Julia zog ein, und wir beschlossen, zum Abschluß des Tages mit Nephras, meiner „Dolmetscherin", und mit Julias Geisthelfern zu reden. Wir wollten herausfinden, warum ihre Ehe zerbrochen war, warum zwei Menschen, die sich liebten, auseinandergegangen waren – so wie Jerry und ich. Wir erforschten einige der früheren Leben, in denen Julia mit ihrem jetzigen Mann zusammengewesen war, und erkannten, daß die Trennung für Julia eine wichtige Heilung bedeutete.

Während wir die derzeitige Situation und deren Folgen analysierten, machte Nephras uns auf ein wichtiges Element der Neukodierung aufmerksam. Bis vor kurzem war Julia Teil des Massenbewußtseins unserer Gesellschaft gewesen, und die Energiemuster, die das kollektive Unbewußte unserer Gesellschaft bilden, hatten sie stark beeinflußt. Sie sehnte sich beispielsweise nach einem Leben voller Liebe und Freude, wurde aber ständig von der Angst und Wut überschwemmt, die typisch für unsere Gesellschaft ist. Es kostete sie viel Energie, nach Liebe und Freude zu streben und sich den negativen Einflüssen zu entziehen. Die Neukodierung hatte sie vom Massenbewußtsein befreit und ihr Zugang zu einer neuen Energie verschafft.

Wir waren fasziniert. Künftig mußten wir also viel weniger Energie aufwenden, um höhere Frequenzen beizubehalten, und konnten uns statt dessen auf unsere Weiterentwicklung konzentrieren. Da wir bald Teil des neuen Bewußtseins sein würden, erklärte Nephras, mußten wir unser Verhältnis mit Partnern klären, die nicht mehr zu unserer Energie paßten. Wenn wir uns gegen sie entschieden, würden wir nicht allein bleiben. Wir konnten uns Partner suchen, die sich ebenfalls neu kodieren ließen, und dadurch würde das neue kollektive Bewußtsein wachsen. Die Energie der Liebe ist wie eine leicht brennbare Flüssigkeit, die man auf Holzkohle leert – sie ist ein Katalysator. Ohne diese männliche und weibliche Energie würde das Bewußtsein der Neukodierten erheblich langsamer wachsen. Das alles bestätigte, was wir bereits gehört hatten, und stärkte mein Vertrauen. Bald würde ich meinen Lebenspartner finden und mich mit ihm auf der spirituellen, emotionalen, mentalen und körperlichen Ebene verbinden!

Nephras erläuterte, daß intime Beziehungen uns jetzt schaden konnten, wenn die Schwingung des Partners sich von unserer unterschied. Die Wechselwirkung der niedrigeren Energie würde vor allem unsere Entwicklung verlangsamen. Da Julia daran dachte, eine Beziehung mit einem Mann einzugehen, der sich nicht neu kodieren ließ, riet Nephras ihr, sich vor jedem körperlichen Kotakt mit einem Mantel aus goldenem Licht zu schützen. Er wirke als Filter und sei zwar für die positive Energie der Liebe durchlässig, nicht aber für die niedrige Energie. Doch Nephras warnte Julia auch: Eine Beziehung mit einem nicht kodierten Mann würde wahrscheinlich für sie unbefriedigend und daher nicht von Dauer sein.

Mir war klar, daß einige Menschen die Neukodierung nicht abschließen würden, weil sie ihre desinteressierten Partner behalten wollten. Andere würden sich zwar neu kodieren lassen, sich aber um ihrer Sicherheit willen mit einer weniger befriedigenden Beziehung abfinden. Bei manchen würde die Beziehung dank ihrer neuen Energie und ihres tieferen Verständnisses eine neue Blüte erleben. Ich wußte aber auch, daß der jeweilige Weg für jedes Wesen der richtige ist. Laramus hatte bestätigt, daß jede Seele genau die Erfahrungen macht, die sie braucht. Darum müssen wir ihre Entscheidungen ohne Vorbehalt akzeptieren.

Wie überzeugen wir andere?

N kam zu uns, um sich fotografieren zu lassen. Sie stellte gerade eine Broschüre über Channeling zusammen und brauchte ein Foto, auf dem sie in Trance zu sehen war. Zu einem unwissenden Fotografen wollte sie nicht gehen. Ich hatte Ed, meinen früheren Mann, gebeten, das Bild zu machen. Er besaß eine sehr gute Ausrüstung und hatte Erfahrung im Fotografieren; außerdem war er spirituell hoch entwickelt. Ed half uns gerne, und er kam mit unserem Sohn Drew zu mir. Wir sorgten für einen geeigneten Hintergrund und für die richtige Beleuchtung, und N fiel in Trance.

Anu erschien und fragte, ob er „die Augen dieses Wesens" öffnen und unsere Energie überprüfen dürfe. Wir waren einverstanden, da N auf dem Bild ohnehin mit offenen Augen zu sehen sein wollte, und warteten darauf, Energie mit Anu auszutauschen. Er bat darum, „das junge Wesen" sehen zu dürfen, drehte langsam Ns Kopf und blickte Drew in die Augen. „Ah, mein Enkel", sagte er. „Du bist das einzige Kind, das neu kodiert wird." Daß Drew sein Enkel war, hatten wir nicht gewußt; allerdings hatten wir damit gerechnet, daß es eine Verbindung gab, weil Drew in so jungen Jahren kodiert werden wollte. Anu fuhr fort: „Kind, für dich ist noch kein Gentechniker bestimmt worden." Er fragte ihn, ob er mit Joysia einverstanden sei. Wir fühlten uns geehrt, da Joysia der leitende Gentechniker des Projekts „Neukodierung" ist. Drew sagte, er sei gerne bereit, mit Joysia zu arbeiten. Ich fragte mich, ob wir alle die gleichen nibiruanischen Wurzeln hatten.

Später kam eine Frau namens Jeanne zu einer Sitzung. Ich war von ihr fasziniert. Sie war in einem früheren Leben eine Hohepriesterin gewesen, das Orakel ihres Planeten, der von Invasoren bedroht war. Sie sollte einem Wesen mit dem Christusbewußtsein das Leben schenken, das ihre leidende Welt retten würde. Die Invasoren wußten, daß das Licht sie mit diesem Wesen besiegen würde, und darum richteten sie einen Laserstrahl auf Jeanne, so daß sie eine Fehlgeburt hatte. In ihrem Zorn lenkte Jeanne den Strahl zum Planeten der Feinde zurück und sprengte ihn. Dank meines Erlebnisses in der Kristallstadt Sedona wußte ich, wie Jeanne sich fühlte. Sie hatte äonenlang mit Schuldgefühlen leben müssen und hatte auf beiden Planeten gelebt, um zu lernen, daß zwischen dem Licht und der Dunkelheit ein Gleichgewicht besteht und daß beide für die Evolution wichtig sind.

Ich sah Jeannes Schmerzen und erklärte ihr, daß eine Umstrukturierung notwendig sei, um ihre Schuldgefühle zu beseitigen, die auch die Neukodierung behinderten. Als ich nach ihrem Lebensziel forschte, sah ich, daß sie die Welt über die Lichtenergie und die dunkle Energie aufklären und dadurch viele Menschen heilen sollte, für die das Licht „gut" und die Dunkelheit „schlecht" ist. Ich sah, daß sie ein Buch über ihr Leben als Seherin und über ihre darauffolgenden Existenzen schreiben würde. Das Buch würde sich wie eine Abenteuergeschichte lesen, etwa wie die *Prophezeiungen von Celestine*, und man würde es verfilmen.

Ich bat Jeanne, den formellen Antrag auf Neukodierung zu lesen. Der Antrag wurde in einen Vulkan und ins Zentrum der Erde geschickt. Ich berichtete ihr, was geschehen war, und wunderte mich darüber; denn alle anderen Anträge waren „nach oben" gestiegen. Jeanne erklärte mir, Vulkane hätten für sie eine besondere Bedeutung und seien daher vorzüglich für ihren Antrag geeignet. Während der Sitzung erwähnte sie, daß sie verlobt sei, und ich informierte sie darüber, wie wichtig es sei, daß auch ihr Partner sich neu kodieren lasse. Andernfalls bestehe die Gefahr, daß ihre Energien nicht mehr miteinander harmonierten. Jeanne versprach, darüber mit ihrem zukünftigen Mann zu reden.

Neues über Lahainas Lebenspartner

Bobbie besuchte mich mit ihrer Freundin Kim, die aus Colorado gekommen war. Kim war an der Neukodierung interessiert, weil Bobbie gemerkt hatte, wie vorteilhaft ihre Energie sich nach ihrem Antrag verändert hatte. Ich stellte jedoch fest, daß sie mit der Neukodierung bereits angefangen hatte und daß sie ohne Antrag akzeptiert worden war. Wir setzten uns und überlegten, wie das möglich war. Ich wußte, daß nicht alle Neukodierten meinen Antragstext brauchten, denn ich war natürlich nicht „das Tor für alle". Wir vermuteten, daß Wesen ohne irdisches Karma sich in ihrem Seelenvertrag verpflichtet haben, auf diesem Planeten zwölf DNS-Stränge zu erlangen. Offenbar ist ihnen bewußt, daß sie die Aufgabe haben, die Energie der Erde zu verbessern, und darum werden sie neu kodiert, sofern sie klar und deutlich die Absicht äußern, ihre zwölf Stränge zu erhalten. Wie ich später erfuhr, war das auch bei meiner Mentorin Venessa der Fall.

Ich fragte Kim nach meinem künftigen Partner, und sie sah, daß er schon den Körper „besuchte", den er in Kansas City übernehmen würde. Er bewegte sich zwischen dem körperlichen und nichtkörperlichen Zustand hin und her, um sich auf den endgültigen Übergang vorzubereiten. Ich war überrascht, weil ich geglaubt hatte, der „Platztausch" erfolge innerhalb von Augenblicken. Kim berichtete, sie kenne zwei Arten dieses Prozesses: den sofortigen Übergang und dieses „Hin und Her", das weniger traumatisch sei, weil das nicht inkarnierte Wesen dadurch die Gelegenheit erhalte, sich an seine neue Existenz zu gewöhnen. Im materiellen Körper verliere das Wesen allerdings sein Gedächtnis und erhalte es erst später wieder, sofern es stimuliert werde. Dadurch werde verhindert, daß zwei völlig verschiedene Realitäten das Wesen verwirrten. Mein künftiger Partner werde zwei Monate für diesen Prozeß brauchen.

Ich fragte Kim, warum Bobbie dieses Wesen mit einem schwarzen Scotchterrier gesehen habe. Sie erwiderte, er habe einen Hund und bevorzuge legere, aber sehr gepflegte Kleidung, die mir gefallen werde. Kim hatte den Eindruck, daß er ein spiritueller Lehrer sei. Ich dachte über die einzelnen Informationen nach, die ich wie ein Puzzle sammelte. Leider mußten Bobbie und Kim gehen, weil sie noch andere Verabredungen hatten. Kim versprach aber, mich im August wieder zu besuchen.

Ein Lotteriegewinn

Ich hatte meine wöchentliche Verabredung mit Bobbie. Ich rang gerade mit der Enttäuschung darüber, daß ich noch kein Geld gewonnen hatte. Julia und ich hatten am Wochenende daran gearbeitet, durch *Repatterning* alles zu beseitigen, was mich seelisch vom Gewinnen abhielt. Nun war ich bereit. Es ist mir immer leichtgefallen, Fülle zu manifestieren. Doch diesmal wollte ich manifestieren, ohne hart zu arbeiten. Mir war klargeworden, daß ich Geld mit harter Arbeit und sogar mit Arbeitswut gleichgesetzt hatte. Außerdem hatte das Massenbewußtsein mir Angst vor Geldmangel eingeimpft, und darum hatte ich es zur Sicherheit gehortet. Nun betrachtete ich das Geld als eine Art Energie, die unser Planet benutzt, um mir das Leben zu erhalten. Ich beabsichtigte, genug Geld zu haben, um das Leben angenehm zu machen, und ich wollte es nicht länger für die Zukunft horten. Im Grunde wollte ich mit Geld freier werden.

Am Samstag hatte ich ein Lotterielos gekauft, und der Gewinn war so nahe, daß ich das Geld förmlich spürte. Ich war frei von seelischen Blockaden und auf den Gewinn eingestimmt. Doch nichts geschah. Zudem hatte ich Wertpapiere verkauft, um meine erste Rate an Jerry für seine Hälfte des Hauses zahlen zu können. Als ich zur Bank ging, hatte jemand einen Fehler gemacht und mir zwei Millionen statt zweitausend Dollar gutgeschrieben! Am nächsten Tag verließ ich die Stadt und konnte keinen einzigen Dollar abheben. Jetzt merkte ich, wie schnell man in einer Gesellschaft, die vom Computer abhängt, „mittellos" werden kann. Ich fragte Bobbie, was ihrer Meinung nach geschehen sei.

Sie untersuchte die Situation medial und fing an zu lachen. Sie sagte, ich hätte tatsächlich gewonnen – aber in einer anderen Dimension. Ich hatte nicht klargestellt, daß ich auf der irdischen Ebene gewinnen wollte, und da ich in mehr als einer Dimension existierte, hatte ich eben woanders gewonnen. Die Vorstellung, daß ich in einer anderen Dimension im Luxus lebte, heiterte mich nicht auf. Bobbie fügte hinzu, mein eingefrorenes Konto sei die unmittelbare Folge dieses Gewinnes. Meine „Armut" hier glich den „Reichtum" dort aus. Das fand ich gar nicht lustig. Jetzt mußte ich Jerry einen Scheck geben und konnte vierundzwanzig Stunden nicht an mein Konto heran – morgen würde ich schon in Baltimore sein. Ich fragte Bobbie um Rat.

Erstens, sagte sie, sollte ich um einen Gewinn in dieser Dimension bitten. Das hatte ich bereits kapiert und meinen Wunsch umformuliert. Ich lerne schnell. Zweitens, fügte sie hinzu, arbeitete ich mit drei außerirdischen Gruppen zusammen, die jedoch keinen Kontakt miteinander hätten. Die Mitglieder der einen Gruppe glichen den Wasserkreaturen im Film *The Abyss*. Ich erkannte in diesen Wesen die Jolanderanz, weil sie mich im vorigen Jahr während eines kurzen Abstechers zur Erde besucht hatten. Jerry und ich hatten mit diesen unglaublich schönen und liebevollen Wesen auf ihrem Wasserplaneten gelebt. Sie schienen sich in unserem Schwimmbad wohl zu fühlen. Wir hießen sie willkommen, obwohl uns ihre Energie anfangs störte – sie ist ganz anders als unsere. Da ihre Mission nicht erfolgreich verlief – sie konnten sich nicht an die Dichte der Erde anpassen –, reisten sie wieder ab. Jerry und ich versuchten, mit ihnen zu reden; aber ihre Energie unterschied sich so sehr von unserer, daß sie uns sogar krank machte. Die zweite Gruppe bestand aus kleinen Wesen, die wie eine Mischung aus Spielbergs *E. T.* und einem Wookie namens Chewbacca in *Star Wars* (ähnelt einem Yeti) aussah. An diese Geschöpfe erinnerte ich mich nicht, aber ich nahm an, daß sie Freunde aus meiner fernen Vergangenheit waren. Die Wesen der dritten Gruppe ähnelten Dart Vader, Paladin des Imperators in *Star Wars* ein wenig und kamen Bobbie zunächst wie Geschöpfe der dunklen Seite vor. Doch als sie sich näherten, sah sie, daß sie tiefblaue Lichtwesen waren. Ich bat Bobbie, die drei Gruppen an einem Ort zu versammeln, weil ich mit ihnen reden wollte.

Ich sah, wie sie sich in einem Amphitheater aufreihten, jedoch in drei verschiedenen Abteilungen. Ich stellte mich in die Mitte und verkündete laut:

„Ihr seid Lichtwesen und arbeitet dennoch nicht zusammen. Ihr habt die große Chance, eure Ziele auf der Erde schneller zu erreichen, wenn ihr mir helft, Geld zu bekommen. Ich will damit eine spirituelle Begegnungsstätte bauen und Seminare abhalten. Wenn ihr wollt, daß ich möglichst bald dazu beitrage, den Planeten zu heilen, dann vereinigt eure Kräfte!“

Während ich zu ihnen sprach, sah ich drei verschiedene Farben aufsteigen, eine von jeder Gruppe. Die Farben trafen sich in der Mitte des Amphitheaters über meinem Kopf und vermischten sich, ähnlich wie beim Flechten eines Zopfes; dann sanken sie herab und umringten mich. Sie wollten zusammenarbeiten – und zwar durch mich als Mitglied aller drei Gruppen. Offenbar waren ihre Energien so verschieden, daß sie nicht wußten, wie sie unmittelbar zusammenarbeiten konnten. Es war ähnlich wie im vorigen Sommer: So sehr wir uns auch um ein Gespräch mit den Jolanderanz bemühten, es gelang uns nicht. Jetzt begriff ich allmählich, wie wichtig eine „Veränderliche“ für andere ist: Sie dient ihnen als Dolmetscherin! Ich hoffte, mehr darüber zu lernen, wie ich mit verschiedenen Wesen kommunizierte, und inzwischen wollte ich mit dieser zusätzlichen Unterstützung das Geld gewinnen.

Blockaden werden beseitigt

Jeannes Verlobter Mark rief an und bat um einen Termin für eine Neukodierung. Ich freute mich darüber, daß Jeanne meine Warnung beherzigt hatte, und lud Mark für den Abend ein.

Als er kam, sah ich, daß ich ihn vor der Neukodierung umstrukturieren mußte. Aus eigener Erfahrung wußte ich, daß es unerläßlich ist, sich von negativen Gefühlen und Energiemustern zu befreien, um die unangenehmen Folgen dieser Blockaden zu vermeiden. Ich fragte meine Helfer, ob sie jemanden zur Neukodierung zulassen würden, der dabei Schmerzen erleiden würde. Sie verneinten – die Blockaden mußten zuerst beseitigt werden. Auch Mark benötigte eine Umstrukturierung der negativen Energiemuster, die eine schmerzlose Neukodierung verhinderten.

Wir sprachen kurz über das *Repatterning*, und ich fragte ihn, ob er negative Energie in seinem Körper spüre. Er empfand oft Angst in der Herzgegend. Während des Prozesses erfuhr ich, daß er seine Angst vor dem Tod loswerden mußte. Er bestritt allerdings, daß er Angst vor dem Tod hatte. Ich machte weiter und suchte nach einem anderen Problem; doch die Angst vor dem Tod tauchte immer wieder auf. Also beschloß ich, seine Geisthelfer zu befragen, um aufzudecken, welches vergangene Leben die Angst im Herzchakra hervorrief, wenn er sie auch nicht für Angst vor dem Tod hielt.

Nun wurde das Ziel der Umstrukturierung klar. Mark hatte einmal in einer Gesellschaft mit einem Gruppenbewußtsein gelebt; aber er stammte aus einer plejadischen Gesellschaft, in der das Individuum innerhalb des Ganzen wichtiger war als ein alles durchdringendes Gruppenbewußtsein. Er hatte beschlossen, in einer Gemeinschaft zu inkarnieren, die Schmerzen spürte, wenn irgendein Mitglied verletzt wurde. Die Energien dieser Gruppe war derart miteinander verwoben, daß sie fast gelähmt wurde. Mark hatte sich in dieser Gesellschaft schrecklich vor dem Tod gefürchtet, weil er unfähig war, sein Schicksal selbst zu meistern.

Als er sich an dieses Leben erinnerte, fiel es ihm leicht, diese Angst mit seinen jetzigen Gefühlen in Verbindung zu bringen, auch wenn diese nicht unmittelbar den Tod betrafen. Die Angst packte ihn in Gruppensituationen, weil diese seine seelische Freiheit als Individuum einschränkten. Jetzt konnten wir an der Umstrukturierung arbeiten, und es gelang ihm, die Angst in seinem Herzchakra loszulassen, so daß er den Antrag auf Neukodierung stellen konnte. Als ich mich mit Nephras verband, um Mark über seinen Seelenvertrag informieren zu können, wurde ich sofort in sein Leben bei den Gruppenwesen geführt, und ich verstand, warum er sich für diese schmerzliche Erfahrung entschieden hatte. Er wollte die Energie kennenlernen, die gegenseitige Verbundenheit hervorruft, und das mitnehmen, was er lernen mußte, aber den schädlichen Teil – die totale Unterdrückung des Individuums – zurücklassen.

Mark hatte die Aufgabe, die Erdbewohner eine ausgewogene Form der wechselseitigen Abhängigkeit zu lehren. Ich konnte seine verbindende Energie sehen – eine Kreuzung zwischen einer weichen Kette aus Gänseblümchen und einem dynamischen Stoff aus leuchtenden weißen Fäden. Es war sehr schön und versprach eine liebevolle Integration für uns, die wie so lange in einer Gesellschaft aus egozentrischen Individualisten gelebt hatten. Als Mark seinen förmlichen Antrag auf Neukodierung las, sah ich, daß er entlang der Blumenkette weitergeleitet wurde. Als Zustimmung zeigte sich eine Decke aus strahlenden Blumenketten über dem zielstrebigen Organismus, den Mark einst bewohnt hatte. Die Energie war in einzelne und doch miteinander verbundene Wesen zerlegt.

Abschied

Julia war eingezogen, und Jerry war gegangen. Was würde aus ihm werden? Er war sehr spirituell, bestand aber darauf, den vertrauten Weg zu gehen, anstatt in die Energie einzutreten, welche die Transformation der Erde mit sich brachte. Ich verstand, warum er sich nicht an dieser Arbeit beteiligen wollte: Sie ist emotional anstrengend. Alle meine Freunde, die sich neu kodieren ließen, erlebten ihre eigene Transformation – sie befreiten sich von negativer Energie. Mir war klar, warum unsere Geisthelfer uns vor der Neukodierung so „rein" wie möglich haben wollten. Es kann wirklich sehr anstrengend sein.

Ich besuchte Bobbie, die mir half, die Bedrückung zu überwinden, die ich empfand, als ich Jerry zusah, der seine Möbel wegbrachte. Ich fühlte mich sehr „menschlich", als das Lichtwesen in mir mit den niedrigeren Gefühlen kämpfte, und ich fragte mich, ob ich jemals die Freude und Liebe kennenlernen würde, die uns die Neukodierung versprach. Bobbie tastete meinen Körper geistig ab und fand die emotionale Bindung an Jerry in meinem Solarplexus. Obwohl ich durch die Umstrukturierung einen großen Teil der seelischen Schmerzen beseitigt hatte, haftete ich immer noch an Jerry. Wenn wir beschließen, einen Menschen zu lieben, bleibt dieser Entschluß anscheinend noch lange nach der Trennung im Körpergedächtnis gespeichert. Mit Hilfe der Energiearbeit können wir nach innen gehen und die emotionalen Bande lösen, so daß die Erinnerung allmählich verblaßt.

Bobbie und ich beseitigten gemeinsam die Wurzeln, die sich um meine und Jerrys Energie gewunden hatten und uns aneinander banden. Danach fühlte ich eine überwältigende Freiheit. Als ich wieder daheim war, vollzog ich ein Energieritual im Haus. Ich beseitige Jerrys Energie aus dem Schlafzimmer und schickte sie ihm zurück. Dann fühlte ich mich viel besser und überlegte, ob Menschen, die einander einst geliebt haben, jemals die Wunden ihrer Trennung heilen können, wenn sie nicht die Energie entfernen, die sie zusammengehalten hat.

Dunkle Kräfte greifen an

Meine Freundin Wendy rief an. Ich hatte ihr vor kurzem geholfen, als sie die Neukodierung beantragte. Ihre Sitzung war interessant, weil sie wie Mark von Wut erfüllt war, die sie loswerden mußte. Ich wußte, daß ihre Helfer sie während der Neukodierung vor Krankheiten schützen wollten und darauf bestanden, vor der dritten Stufe negative Energie zu beseitigen. Auf der dritten Stufe vermischen sich zum erstenmal Energien der höheren und niedrigeren Dimensionen in erheblichem Umfang. Außerdem setzt sie voraus, daß das dreidimensionale Wesen lichter geworden ist und mediale Botschaften empfangen kann.

Ich hatte Wendy rechtzeitig vorgewarnt. Sie verstand und akzeptierte, daß eine Reinigung notwendig war. Jetzt saß sie in einem Meer aus zerbrochenem Glas und Geschirr und versuchte, ruhig zu bleiben. Ihre Küchenschränke hatten sich von der Wand gelöst, und sämtliche Gläser und Teller waren zerschmettert worden. Sie wollte wissen, was das zu bedeuten hatte und was sie daraus lernen sollte. Wendy hat in den vergangenen Jahren schon zwei Überschwemmungen mitgemacht, nachdem Wasserleitungen geplatzt waren. Außerdem war ihr Auto von einer Fensterscheibe schwer beschädigt worden, die während eines Sturmes aus dem zweiten Stock herabgefallen war. Darum bat ich Nephras um eine Erklärung.

Wie sich herausstellte, war Wendy in einem früheren Leben eine Priesterin in Ägypten gewesen und trug seither eine dunkle Energie mit sich herum, die ihr Gedächtnis trübte, so daß sie sich nicht voll darauf konzentrieren konnte, ihre göttliche Energie wiederzuerlangen. Dennoch war sie eine starke Frau und war eine gut bezahlte leitende Angestellte eines Unternehmens gewesen, bevor sie auf eigene Faust eine gemeinnützige Organisation gegründet hatte. Sie unterstützte Mädchen, die Mathematik und Naturwissenschaften – von Männern dominierte Fächer – studieren wollten. Die „ägyptische Energie" störte offenbar den Denkprozeß und lenkte sie ab, konnte sie aber nicht überwältigen, weil sie genügend Macht behalten hatte, um gefährliche Angriffe abzuwehren. Nun aber wollte sie ihr volles Potential ausschöpfen.

Vor einiger Zeit war sie nach Griechenland gereist, um beim Orakel von Delphi an einer Zeremonie der Göttin teilzunehmen. Das tat ihr gut, weil sie den Kontakt mit ihrer starken priesterlichen Energie seit langem verloren hatte. Dann war sie zur Neukodierung zugelassen worden. Ich sah, daß die dunklen Kräfte besorgt waren. Sie fürchteten, Wendy werde die Macht wiedererlangen, die sie ihr lange vorenthalten hatten, und darum taten sie ihr Bestes, um sie abzulenken. Sie waren eher lästig als gefährlich, aber Wendy mußte sie loswerden, zumal sie auch noch Tricks mit Feuer auf Lager hatten.

Ich gab ihr Kims Telefonnummer in Colorado, weil ich diese Art Energie noch nicht beseitigen konnte. Erst im Juli wollte ich an einem Seminar über Seelenreinigung teilnehmen. Ich wußte aber, daß Kim die starke Energie einer Kriegerin besaß – sie würde diesen boshaften Wesen die Leviten lesen!

Wendy erzählte mir, sie und ihre Tochter hätten sich gerade auf eine Zeremonie zu Ehren der Göttin vorbereitet, die sie in Griechenland gelernt hätten, und plötzlich seien die Küchenschränke von der Wand gefallen. Das wunderte mich nicht. Sie stand kurz davor, mehr Macht zu gewinnen, und es gab keinen besseren Zeitpunkt, um sie abzulenken. Die dunkle Energie versuchte alles, um Wendys Entwicklung aufzuhalten.

Ich wußte, daß dies eine Lektion für alle war, die sich neu kodieren ließen. Wenn wir unsere Macht wiedererlangen wollen, wird die dunkle Seite auf uns aufmerksam. Wir sind so daran gewöhnt, mit Angst und Wut zu leben, daß wir die Dunkelheit im Alltag nicht mehr wahrnehmen. Wir müssen uns auf Liebe und Freude konzentrieren und begreifen, daß es unser göttliches Recht ist, zu lieben und uns zu freuen. Wir müssen uns selbst vor den Kräften schützen, die uns davon abhalten wollen, negative Gewohnheiten abzuschütteln. Ich gab Wendy ein paar Tips, wie sie sich und ihre Tochter schützen konnte, bevor sie zu Kim fuhr, um die ägyptische Energie loszuwerden.

Ich werde wieder gedruckt

Mir boten sich immer mehr Gelegenheiten, Informationen über die Neukodierung zu verbreiten. Eine zweite esoterische Zeitschrift, die im ganzen Land verkauft wurde, wollte Artikel von mir veröffentlichen. Sofort rief ich N an, um ihr die gute Nachricht zu überbringen, und ich fragte sie, ob sie inzwischen auf Stufe sechs sei. Wir hatten vereinbart, daß sie mir jedesmal einen Überblick gab, wenn sie eine neue Stufe erreichte. Dann wollte ich mit Laramus die Einzelheiten besprechen und für jene Leute aufschreiben, die mich um Informationen baten. Ich hatte meine Helfer gefragt, warum N mir voraus war, obwohl ich offenbar die Informationen über die einzelnen Stufen erhielt und verbreitete. Sie sagten, mein geringes Vertrauen in meine medialen Fähigkeiten könne Zweifel an den Informationen wecken. Um meine Schwäche zu umgehen, schickten sie mir die ersten Informationen über N.

N hatte tatsächlich die sechste Stufe erreicht. Sie hieß „Besitze deine Macht". Später erfuhr ich von meinen Helfern, daß wir auf der sechsten und auf den folgenden Stufen unsere wahre Macht wiedererlangen – allerdings nur, wenn wir ganz auf unseren Seelenvertrag eingestimmt sind. Darum wird nach der fünften Stufe eine Pause eingelegt, um vollständige Harmonie zwischen der Neukodierung und unserem Seelenvertrag herzustellen.

Das gefiel mir nicht so ganz, weil ich der Meinung war, daß ich selbst bestimmen mußte, wie ich lebe. Gewiß, ich wollte mich neu kodieren lassen, um ein besserer Mensch zu werden und die Energie in meiner Umwelt auf ein höheres Niveau zu heben. Aber ich hatte keine Lust, mein Leben aufzugeben. Die Zeit, als man die Erleuchtung auf einem abgelegenen Berg erlangte, war vorbei. Meiner Meinung nach würden die Menschen sich nur dann neu kodieren lassen, wenn sie im täglichen Leben davon profitierten, wenn sie *leben* durften und nicht auf die Lebensweise ihrer Wahl verzichten mußten, um sich spirituell weiterzuentwickeln. Was mich betraf, so hatte ich mit meiner Marktforschungsfirma mehr Erfolg, weil meine Energie dank der Neukodierung leichter geworden war. Ich nahm an, daß die Neukodierung uns das gibt, was wir uns wünschen, sofern wir unsere Forderungen klar formulieren und damit die Absicht verfolgen, dem Planeten mehr Licht zu bringen.

Ich rief die Redakteurin der Zeitschrift an, die meine Artikel als erste angenommen hatte, und machte sie auf einen Fehler aufmerksam, der mir aufgefallen war. Sie war zufällig am Telefon, anstatt den Anrufbeantworter einzuschalten. Als ich sie über unsere Arbeit in Kansas City informierte, wurde sie ganz aufgeregt. Sie sagte, sie habe sich die zwölf Stränge gewünscht, seit sie die Botschaften Kryons (*Das Zeiten-Ende*) gelesen habe. Dort ist davon die Rede, daß wir das Kryon-Implantat brauchen, um uns vom irdischen Karma zu befreien und aufzusteigen. Sie wußte aber nicht, wie sie vorgehen sollte. Ich versprach, ihr zu helfen, wenn sie an der Neukodierung interessiert sei, und freute mich darauf, meine Arbeit über Kansas City hinaus auszuweiten. Wir vereinbarten, daß ich ihr per Fax das Material schickte, das ich von Laramus erhalten hatte. Sie sollte es durchlesen und mich anrufen, damit wir mit ihren geistigen Helfern arbeiten und von ihnen weitere Informationen erhalten konnten. Dann würden wir ihren Antrag dem sirianisch-plejadischen Rat senden. Sie sagte, sie werde meine Bemühungen gerne mit ihrer Zeitschrift unterstützen. Innerhalb von acht Stunden war ich Mitarbeiterin von zwei esoterischen Zeitschriften geworden. Ich hatte es zum großen Teil meinen Helfern zu verdanken, daß ich die Öffentlichkeit über die Neukodierung informieren konnte. Ich brauchte nur konzentriert zu arbeiten und zu warten.

Keine Angst vor Medialität!

Pat besuchte mich, um mit mir an ihrem Channeling zu arbeiten. Ich hatte festgestellt, daß es den meisten Neukodierten, die Stufe drei erreicht hatten (Hellhören), schwerfiel, ihr drittes Auge zu öffnen und mediale Botschaften zu empfangen. So ging es auch mir, bis Kim mir riet, das Alpha- und das Omegachakra zu stimulieren, die wie Sender und Empfänger waren. Bei den meisten Menschen, die mehrere Inkarnationen hinter sich haben, ist die Zirbeldrüse auf die Größe einer Erbse geschrumpft, obwohl sie eigentlich groß wie ein Golfball sein sollte. Zudem leiden viele unter der gesellschaftlichen Konditionierung und unter seelischem Ballast. Pats ehemaliger Mann hatte sich über ihre Behauptung lustig gemacht, sie besitze übersinnliche Fähigkeiten, und Pat hatte gelernt, ihr natürliches Talent zu unterdrücken, um sich zu schützen.

Pat und ich beseitigten diese Energieblockaden durch ein *Repatterning*. Danach war sie bereit zu channeln. Ich erklärte ihr, daß wir üben mußten und daß sie sich drauf konzentrieren mußte, welches Wesen sie in ihren Körper holen wollte. Beginnen wollten wir nicht mit einem Channeling in Trance, sondern mit bewußtem Channeling. Sie würde also eine Stimme hören und deren Botschaft mit ihrer eigenen Stimme wiederholen.

Pat setzte sich in einen bequemen Sessel und spürte die Energie eines Indianers, der durch sie sprechen wollte. Ich stellte ihm einige Fragen und erhielt einige nützliche Informationen und einige, die ich nicht für wahr hielt. Das erinnerte mich an meinen ersten Versuch mit dem automatischen Schreiben. Ich hatte eine Genauigkeit von achtzig Prozent erreicht. Meine Mentorin Venessa sagte damals, wir könnten bestenfalls mit einer Genauigkeit von fünfundneunzig Prozent rechnen. Dafür gibt es zwei Gründe: 1. Wenn nicht verkörperte Wesen versuchen, durch ein verkörpertes Wesen zu sprechen, sind gewisse Fehler unvermeidlich. 2. Unsere Sprache hat erheblich weniger Wörter als die alten Sprachen. Das Wort „Liebe" kann beispielsweise in alten Sprachen wie Hebräisch oder Sanskrit viele Bedeutungen und Nuancen haben, in unserer Sprache aber nur wenige. Pat hatte eine fünfundsiebzigprozentige Genauigkeit erreicht, was für das erstemal sehr gut war.

Aus eigener Erfahrung weiß ich, daß die Fähigkeit, Botschaften zu empfangen und zu übersetzen, rasch zunimmt. Darum versicherte ich Pat, daß die Botschaften ihr künftig zuströmen würden, weil sie jetzt offen war, und daß ihre Genauigkeit sich im Einklang mit ihrem Selbstvertrauen schnell verbessern werde. Aber wir erhalten unsere medialen Fähigkeiten nicht über Nacht zurück, denn wir haben sie viele Jahre lang unterdrückt. Die Neukodierung setzt zwar einen drastischen Wandel in Gang; dennoch müssen wir noch einen Heilungs- und Verjüngungsprozeß durchmachen.

Zusammenfassung

Lehren aus der Neukodierung im Juni

- Die DNS-Neukodierung ist vor allem für Sterngeborene bestimmt, weil sie ihnen am leichtesten fällt. Diese Wesen haben die fünfte oder sechste Dimensionen bereits erlebt; bei ihnen ist die Neukodierung ein Prozeß, der ihnen Zugang zu dem Wissen verschafft, auf das sie freiwillig verzichteten, als sie sich auf der Erde inkarnierten.
- Diese Art der Neukodierung wurde bis heute an keinem dreidimensionalen Wesen vollzogen. Obwohl die Gentechniker uns keine Schmerzen zufügen wollen, müssen sie ihre Instrumente an jedes Individuum anpassen, weil jeder

Körper anders ist. Sie bemühen sich aber, uns so wenig Unannehmlichkeiten zu bereiten wie möglich.

- Viele glauben, daß sie bereits neu kodiert werden; aber die meisten spüren nur die körperlichen Symptome, die mit den Vorbereitungen auf die Neukodierung einhergehen. Bei der eigentlichen Neukodierung werden die DNS-Implantate entfernt.
- Neukodierte sollten nicht allein bleiben. Die Liebesfrequenz verstärkt die Energie der zwölf Stränge erheblich. Wenn der Partner sich nicht neu kodieren läßt, ist eine harmonische Beziehung oft schwierig, weil die beiden Energien nicht zusammenpassen. Das heißt nicht, daß die Beziehung zerbrechen muß. Manchmal kann eine schwierige Situation die Partnerschaft sogar festigen und die beiden Energien aneinander angleichen.
- Neukodierte haben ein kollektives Unbewußtes, das aus höherer Energie besteht und ihnen Freude und Liebe schenkt. Es unterscheidet sich sehr vom Massenbewußtsein mit seinen Frequenzen der Wut und der Schuldgefühle.
- Wenn ein Neukodierter sexuelle Beziehungen mit einem Partner aufnehmen will, der sich nicht neu kodieren läßt, muß er sein Energiefeld mit einem goldenen Schirm schützen. Andernfalls dauert es lange, bis die unverträgliche Energie des Partners das Energiefeld des Neukodierten vollständig verlassen hat, so daß dessen Entwicklung sich verlangsamt.
- Jedem, der sich neu kodieren läßt, wird ein neuer geistiger Helfer zugeteilt, nämlich ein Gentechniker. Er leitet das Team, das die zwölf DNS-Stränge miteinander verbindet. Mediale Fähigkeiten sind wichtig, damit wir während der Neukodierung mit dem Gentechniker sprechen können.
- Die Neukodierung verbessert die medialen Fähigkeiten erheblich. Das ist notwendig, damit wir die Informationen empfangen können, die auf den zwölf Ebenen verfügbar sind. Wir müssen diese Gabe nutzen, um unseren Seelenvertrag zu erfüllen und andere über die Neukodierung zu informieren. Andernfalls dürfen wir die restlichen Stufen wahrscheinlich nicht durchlaufen, weil die Gefahr besteht, daß wir unsere höhere Energie mißbrauchen.
- Stufe fünf – „Integration" – ist besonders wichtig, weil die abschließenden vier Stufen darauf aufbauen. Manche ziehen

es vor, auf diese Stufe zu verzichten, weil sie voraussetzt, daß wir unseren Seelenvertrag als Teil unseres Lebens akzeptieren. Das kann dazu führen, daß wir unsere Lebensweise ändern müssen, wenn sie nicht zum Vertrag paßt. Manche Menschen sind nicht einmal zu positiven Änderungen bereit.

4
Juli 1996

Mehr über die Stufen eins bis fünf

Gestern Abend, am Sonntag, gaben Anu und Joysia während einer Channeling-Sitzung ihr Debut. Von den vierzig Personen, die ich eingeladen hatte, waren fünfundzwanzig gekommen. Die Sitzung begann mit Anu, dann folgte ein kurzer Besuch eines Wesens namens Antron, und schließlich meldete sich Joysia. Ich hatte eine 120 Minuten lange Kassette gekauft, um die Sitzung aufzuzeichnen, und wie ich erwartet hatte, endete sie nach 120 Minuten.

Anu gab uns Hintergrundinformationen über die Beziehung zwischen Nibiru und der Erde. Ich merkte, daß viele Gäste darüber verstört waren. Anu berichtete von der Erschaffung der Lulus, der ersten zweisträngigen DNS-Kreaturen, in denen eine tierische Seele wohnte und die sich nicht fortpflanzen konnten. Später wurden sie durch die Adamis ersetzt, die verbesserten menschlichen Körper, die wir bewohnen und die uns aus der Schöpfungsgeschichte vertraut sind. Anu schilderte, wie er als Führer Nibirus seinen beiden Kindern Ninurshag und Enki erlaubt hatte, ihr gentechnisches Wissen zu nutzen, um ein friedliches, hart arbeitendes Wesen zu erschaffen, das in den Minen der Erde Gold schürfen sollte. Die Nibiruaner brauchten dieses Metall, um sich und ihren Planeten vor der Strahlung zu schützen, einer Folge ihrer Atomkriege. Die nibiruanischen Arbeiter wollten nämlich nach Hause zurückkehren. Die Lulus waren eine Kreuzung aus den zweibeinigen, affenähnlichen Geschöpfen, die wir *Homo erectus* nennen, und plejadischen Genen. Ursprünglich wurden sie vermehrt, indem man plejadische Frauen künstlich befruchtete. Aber die Plejadier waren stolz auf ihre Lulus und erlaubten ihnen schließlich, sich selbst fortzupflanzen. Daraus entstand die spätere Version, die wir als Adam und Eva kennen.

Anu erklärte auch, daß er mit den irdischen Wesen, die seine Familie einst zu ihrem persönlichen Nutzen manipulierte, karmisch verbunden war. Es sei seine Aufgabe, den beim Übergang von der dritten zur fünften Dimension zu helfen und ihnen zurückzugeben, was er ihnen genommen habe. Es gehöre aber auch zum göttlichen Plan der galaktischen Föderation, zehn DNS-Stränge des *Homo erectus* zu entwirren, weil dadurch seine Entwicklung beschleunigt werde. Anu sagte, zwölf Stränge hätten den Körper des *Homo erectus* zerstört. Er nannte viele Einzelheiten – Namen, Daten und Ereignisse – und beantwortete Fragen aus der Gruppe zur Rolle der Nibiruaner in der Schöpfungsgeschichte. Viele dieser Informationen werden in Sitchins Buch *Der zwölfte Planet* untermauert.

Anu versicherte, es gäbe eine erste Ursache, eine göttliche Energie, mit der sich niemand in der Galaxis vergleichen könne. Außerdem erwähnte er, daß sein Enkel Marduk, der derzeitige Führer Nibirus, die Erde negativ beeinflusse. Er sei nicht daran interessiert, den Erdbewohnern ihre zwölf Stränge zurückzugeben, und er benutze Angst, Wut und Schuldgefühle, um die Menschen seinem Willen zu unterwerfen. Niemand könne unter diesen Bedingungen sein Bewußtsein erweitern. Bald werde Nibiru, dessen Umlaufbahn um die Sonne 3600 Jahre betrage, sich wieder der Erde nähern, und Marduk habe vor, den Planeten erneut zu beherrschen. Das wollte Anu verhindern, indem er uns half, dank der zwölf Stränge unsere Freiheit zu erlangen.

Danach besuchte uns Antron kurz und berichtete, es gäbe Tausende von Wesen, die uns derzeit beobachteten und schützten. Sie hätten jahrelang auf diesen Augenblick gewartet, und viele Wesen im ganzen Universum verfolgten unsere erste Begegnung. Zu diesen Wesen gehörten vor allem die Andromedaner, Sirianer und Plejadier, weil diese Planetenräte zur Zeit am meisten mit der Erde befaßt seien.

Zum Schluß sprach Joysia zu der Gruppe. Zunächst beantwortete er Fragen zur Neukodierung, dann ging er noch einmal die Informationen über die ersten fünf Stufen durch, die ich gesammelt und verteilt hatte, und fügte einige Angaben zur sechsten Stufe hinzu. Er sagte, die Stufen seien nicht an eine bestimmte Reihenfolge gebunden; man könne z. B. von Stufe vier zu Stufe eins zurückkehren und diese abschließen. Das liege daran, daß die Kodes für die Neukodierung im ganzen Körper verstreut seien. Der Gentechniker arbeite am astralen oder spirituellen Körper, während wir schliefen, und diese Eingriffe würden später in den physischen Körper integriert, so wie aus einem Bauplan letztlich ein Gebäude entstehe. Bei dieser Integration könne es zu Störungen auf einer früheren Stufe kommen, und daher müßten die Gentechniker ständig an allen Stufen arbeiten. Angst könne einen Teil der Arbeit zunichte machen; sie sei ein Instrument Marduks, der die Menschen von der Quelle ihrer Macht abschneiden wolle. Darum sei es sehr wichtig, während der Neukodierung einen starken Glauben zu bewahren und Angst aus dem Körper zu entfernen. Wenn Marduk zurückkehre, werde er sein Möglichstes tun, um die Erdbewohner durch Angst und Schuldgefühle zu schwächen.

Sobald sich Furcht einstelle, sollten wir uns von ihr lösen, da sie zu Blockaden führe. „Konzentriert euch nicht mehr auf das, was ihr nicht wollt, sondern auf das, was ihr wollt", riet er uns, „dadurch könnt ihr die Blockaden beseitigen und die negative Energie neutralisieren."

Joysia erklärte auch, manche Menschen seien der irrigen Meinung, sie würden neu kodiert, weil sie seltsame körperliche Empfindungen hätten. Aber niemand könne neu kodiert werden, der keinen Antrag gestellt habe. Er bat mich, den Antragstext zu verlesen, den mir Laramus vor einigen Monaten diktiert hatte, und er fügte hinzu, die meisten Menschen, die glaubten, sie befänden sich bereits in der Neukodierung, erlebten lediglich eine vorbereitende Stufe, in der alle negative Energie aus dem Körper entfernt werde. Niemand werde zur Neukodierung zugelassen, der seinen Körper nicht vom größten Teil der negativen Energie befreit habe, andernfalls könne die Neukodierung unangenehm werden. Es sei wichtig, möglichst viele seelische Blockaden zu beseitigen, weil diese körperliche Reinigung nicht von Dauer sei. Wenn seelische Blockaden vorhanden sind, kann der Körper sich heute von seiner Wut lösen, aber morgen erneut Wut speichern.

Joysia gab uns eine Liste von Mitteln und Methoden, mit denen wir uns auf die Neukodierung vorbereiten können. Sie lösen negative Energiemuster auf und beseitigen Gifte:

- Energiearbeit wie Reiki und kraniosakrale Therapie
- Akupunktur und Akupressur
- Töne (*Toning*)
- Augentherapie (die Augen sind die Fenster der Seele)
- *Holographic Repatterning*
- Massage
- Soda- und Salzbäder
- Leberreinigung
- die Aktivierung von Kristallen im Kronenchakra durch Massage
- Chiropraktik
- Stretching
- Atemübungen

Joysia erwähnte die Ernährung nicht, aber Laramus gab mir dazu die folgenden Erläuterungen. Es ist hilfreich, wenn wir möglichst wenig Fleisch, Geflügel und Fisch essen, um den Körper zu reinigen. Diese Produkte enthalten nämlich Hormone, Antibiotika und Umweltgifte, die der Körper ständig ausscheiden muß. Wer unbedingt Fleisch essen will, sollte darauf achten, daß es frei von Antibiotika und Hormonen ist. Außerdem enthalten Tiere, die zum Schlachten gezüchtet werden, negative Energie, die wir mit dem Fleisch aufnehmen und hinterher beseitigen müssen. Und schließlich erzeugt Fleisch eine schwere Energie im System, während die Neukodierung das Energiefeld ja leichter machen soll.

Zu den Stufen eins bis fünf machte Joysia noch einige zusätzliche Angaben:

- „Wut loslassen": Die Reinigung der Leber trägt sehr dazu bei, die erste Stufe rasch zu bewältigen, da der größte Teil der Wut in der Leber gespeichert wird. Auch die Reinigung des Dickdarms hilft, Gifte zu entfernen.
- „Der Umgang mit Wut": Wer Wut in sich hineinfrißt, fühlt sich bei der Neukodierung unwohl, weil er die negative Energie, die er losgelassen hat, neu erzeugt. Wir dürfen Gefühle in Konfliktsituationen nicht unterdrücken, sonst

lösen sie Hals- und Rückenschmerzen, Knochenverschiebungen, grippeähnliche Symptome und Lustlosigkeit aus, und zwar so lange, bis die negative Energie abgebaut ist. Das kann einen Tag oder zwei Wochen dauern. Wenn Betroffene mich um Rat fragen, empfehle ich ihnen mehr Ruhe, mehr Vitamine (bei Bedarf als Ergänzungspräparat), *Holographic Repatterning,* Tiefenmassage, Einläufe, Reiki und kraniosakrale Therapie.

- „Hellhören": Wenn dieser Kanal sich zu öffnen beginnt, verspüren wir möglicherweise Schmerzen in dem Ohr, das wir für die mediale Kommunikation benutzen. Es ist unerläßlich, Elektrosmog zu meiden, weil er Störungen und Unbehagen hervorruft. Erst nach Stufe vier ist der Kanal geöffnet. Wenn wir fernsehen oder Radio hören, nehmen wir negative Energie auf, die unsere Entwicklung hemmt. Musik kann heilen, aber elektrische Geräte sind schädlich. Wenn wir Musik hören, müssen wir das Gerät vom Herzchakra fernhalten. Am besten öffnen und entwickeln wir die Kanäle in der Natur. Die Gentechniker können schneller arbeiten, wenn kein Elektrosmog sie stört. Auf den Stufen drei und vier beginnen sie die DNS-Stränge im Astralkörper zu entmagnetisieren. Daran können wir uns jedoch nicht erinnern, und das ist auch besser so; denn wir würden es sonst vorziehen, ein Geistwesen zu bleiben, anstatt uns mit dem anstrengenden Wechsel von einem zweisträngigen zu einem zwölfsträngigen Wesen herumzuschlagen.
- „Hellsehen": Wenn das dritte Auge sich öffnet und wir vierdimensionale Wesen zu sehen beginnen, die geliebte Menschen umgeben, werden wir meist ängstlich. Aber Angst hindert uns daran, diese Stufe zu bewältigen.
- „Integration": Manche Probleme lassen sich auf den Stufen eins bis vier nicht lösen, weil die Kristalle, die unseren Kode enthalten, überall im Körper verstreut sind. Deshalb ist es notwendig, zurückzugehen und alles zu integrieren. Oft ist es auch unmöglich, jede Stufe am Astralkörper vollständig abzuschließen, weil das für den physischen Körper zu beschwerlich wäre. Dann müssen die Gentechniker warten, bis der physische Körper bereit ist. Auf dieser Stufe versorgen sie den physischen Körper mit einer Kopie des Astralkörpers, weil sie mit dem eigentlichen immer wieder längere Zeit arbeiten müssen, manchmal bis zu zwei Tage.

> Wir müssen diese Kopie erst „trainieren", damit sie richtig arbeitet. Die Integration ist aufregend, weil wir damit beginnen, in andere Dimensionen zu reisen, und uns der Existenzen bewußt werden, die wir dort führen, während wir gleichzeitig auf der Erde leben. Während dieser Zeit kann es sein, daß wir Informationen in lebhaften Träumen erhalten. Auf Stufe fünf müssen wir außerdem die Gentechniker davon überzeugen, daß wir bereit sind, unseren Seelenvertrag zu erfüllen; nur dann erhalten wir größere Macht. Manche verzichten auf diese Stufe, weil sie keinen planetaren Vertrag mit allen seinen Folgen eingehen wollen.

Zum Schluß gab Joysia uns ein paar Informationen über die sechste Stufe. Zu diesem Zeitpunkt sind unsere Helfer zu achtundneunzig Prozent davon überzeugt, daß wir unseren Seelenvertrag nicht brechen, und darum geben sie uns mehr Macht. Auf der sechsten Stufe manifestieren unsere Gedanken sofort, was wir uns wünschen. Joysia ermahnte uns, nur reine und positive Gedanken zu haben, weil sie sich rasch verwirklichen und negative Gedanken unseren Fortschritt hemmen.

Mark, der Mann, den ich vor einer Woche umstrukturiert hatte, wollte etwas über die Zusammenhänge wissen, die ich ihm beschrieben hatte. Ich war überrascht, als Joysia ihn an mich verwies: „Davon versteht Lahaina mehr als ich, du mußt dich an sie halten." Ich wußte nicht, welche Informationen er meinte, aber ich flüsterte Mark zu, ich würde mich später darum kümmern. Ich erkannte, daß wir sehr wenig darüber wissen, wer wir wirklich sind und was wir vor dieser begrenzten, linearen Realität erlebt haben. Dennoch erstaunte es mich, daß ich auf einem Gebiet mehr wußte als Joysia.

Ich fragte Joysia, warum ich auf Stufe vier keine dunklen Formen oder Wesen gesehen hätte. Er fragte: „Hast du nicht Bilder in deinem Geist gesehen, die dir Auskunft gaben?" Ich lachte, weil ich seit einiger Zeit viele Visionen hatte. Er sagte, jeder Mensch erlebe die einzelnen Stufen anders, und das gelte erst recht für mich, weil ich „anders beschaffen" sei. Daß das zutraf, wußte ich seit der dritten Stufe. Damals hatte ich festgestellt, daß Elektrizität meine medialen Fähigkeiten nicht störte. Um ganz sicher zu sein, hatte ich trotzdem aufgehört fernzusehen und mied Elektrosmog.

Ich war ganz aufgeregt, als ich diese neue Information erhielt, und beschloß, einen Artikel darüber zu schreiben, um andere über die Neukodierung zu unterrichten. Wie viele Teilnehmer an dieser Sitzung würden wohl ein zweites Mal kommen? Ich wußte, daß meine Zukunft geformt war, und einige der Menschen, die wir in die Neukodierung eingeführt hatten, würden die Schallmauer durchbrechen und die Neukodierung sowohl den Sterngeborenen als auch den ursprünglichen Bewohnern der Erde zugänglich machen.

Der Umgang mit der neuen Energie

Nachdem ich ein Problem gelöst hatte, das meinen Seelenvertrag und meine Marktforschungsfirma betraf, erreichte ich Stufe sechs. Obwohl ich eine erfolgreiche Unternehmerin war, machte meine Arbeit mir nicht mehr soviel Freude wie zu Beginn. Als ich mich selbständig gemacht hatte, freute ich mich sehr darauf, mein Schicksal selbst in die Hand zu nehmen. In den letzten vier Jahren hatte ich wöchentlich sechzig bis achtzig Stunden gearbeitet. Aber ich fand nicht mehr die Erfüllung, die ich früher empfunden hatte.

Dennoch forschte ich weiter und machte mir die Arbeit dadurch leichter, daß ich mir angenehme Klienten suchte und anderen Menschen half, sich weiterzuentwickeln. Meine Klienten waren großartig, und es machte mir Spaß, mit ihnen zu arbeiten. Dann gab ein neuer Klient eine Studie in Auftrag. Leider arbeiteten diese Leute für eine Firma mit einer sehr negativen Ausstrahlung. Die Mitarbeiter fühlten sich zu ihr hingezogen, weil sie selbst negative Gefühle hatten und daher gut zu dem Betrieb paßten.

Nach einiger Zeit behauptete der neue Klient, ich arbeite nicht objektiv und beeinflusse womöglich das Ergebnis der Studie. Ich war empört, weil ich als Marktforscherin nach der Wahrheit suche und bald bankrott wäre, wenn ich meine eigenen Ansichten nicht davon trennen könnte. Warum hatte ich diese negative Energie angezogen? Später bat ich Nephras um eine Erläuterung.

Nephras erklärte mir, daß die Energie einer Neukodierten für negative Kräfte eine Bedrohung darstellt. Ich „sah" meine

Klienten im Konferenzzimmer sitzen, umgeben von dunklen Formen, welche die einzelnen Personen begleiteten. Das war also das „mediale Sehen" der vierten Stufe, von dem Joysia gesprochen hatte. Wenn Träger der dunklen Energie die starke Energie eines Lichtarbeiters spüren, bekommen sie Angst. Darum fürchteten sich meine Klienten in meiner Gegenwart, einerlei, was ich sagte oder tat, und darum mißtrauten sie mir.

Ich fragte Nephras, was ich daraus lernen solle. Sie sagte, ich müsse mir meiner wachsenden Macht und der Reaktionen darauf bewußt werden und meinen Einfluß dämpfen. Das bedeutete, daß ich meine Meinungen vor allem dann äußern sollte, wenn ich danach gefragt wurde, anstatt die Führungsrolle zu übernehmen, an die ich gewöhnt war. Wenn ich „das Kommando führte", empfanden andere meine intensive Energie als bedrohlich, und es bestand die Gefahr, daß ich sie eher einschüchterte als heilte. Es war ohnehin Zeit, daß die Menschen in ihrem Inneren nach Lösungen suchten, anstatt die Energie ihrer Mitmenschen anzuzapfen. Das war ein ausgezeichneter Rat. Ich brauchte also nicht mehr viel Energie nach außen abzustrahlen, zumal ich außer meiner wachsenden Macht auch noch viele mächtige Helfer hatte. Es war erstaunlich, wieviel ich selbst in einem ungeliebten Beruf lernen konnte.

Außerdem erfuhr ich, daß es zu meinem Seelenvertrag gehörte, meine Marktforschungsfirma unbegrenzte Zeit weiterzuführen, um mein Licht in die Geschäftswelt zu bringen. Ich war für andere offenbar ein Katalysator, weil ich ihnen die wachsende Energie einer Neukodierten „vorführte". Würde ich mich nur mit Lichtarbeitern umgeben, die für die Neukodierung reif waren, hätte ich keine Gelegenheit, mit vielen Menschen aller Art zusammenzukommen. Ich sah, wie die dunklen Energien in meiner Gegenwart reagierten: Sie dämpften die Begeisterung meiner Klienten. Sie wußten, daß die Neukodierung das Licht stärkt. Ich fragte Nephras, wie ich diese Klienten von der dunklen Energie befreien und dem Licht näherbringen konnte. Sie brachte mir bei, die dunklen Wesen vorübergehend zu verscheuchen. Meine Klienten würden dann empfänglicher für die Energie des Lichts sein. Allerdings könne eine Seele die dunklen Kräfte zurückrufen, da sie ja einen freien Willen besitze.

Ich verbrachte einige Zeit damit, die dunklen Wesen zu vertreiben, denn nun wußte ich ja, daß ich mein Geschäft nicht so bald aufgeben würde, da es ein Teil meines Seelenvertrages war. Aber ich hatte keine Lust, mich immer wieder in solche Situationen zu begeben. Wurde ich erneut geprüft? Ich konnte entweder auf nicht verkörperte Wesen hören und ihnen erlauben, mein Leben zu lenken, oder eigene Entscheidungen treffen. Also sagte ich Nephras, ich würde mit der Marktforschung aufhören, sobald ich nicht mehr mit dem Herzen dabei sei. Außerdem bat ich meine Helfer, mich bei der Arbeit zu unterstützen, damit ich den finanziellen Druck lindern konnte, unter dem ich stand.

Ich erkannte, daß ich die fünfte Stufe erreicht hatte. Mein Konflikt mit den negativen Kräften hatte mein Bewußtsein erweitert. Ich spürte, daß diese Stufe nur kurz war, und Nephras bestätigte, daß ich nur etwa zwei Wochen dafür brauchen würde. Gut! Ich wollte rasch zur sechsten Stufe übergehen, damit ich leichter Geld manifestieren konnte!

Die Hallen von Amenti

Ich hatte vor ein paar Wochen zum erstenmal etwas über die Hallen von Amenti gelesen und wußte noch nicht genau, worum es sich handelte. Ursprünglich hatte die Zusammensetzung dieses Energiekerns mein Interesse geweckt. Er befindet sich jetzt im Zentrum unseres Planeten, schwebte jedoch einst dreitausend Kilometer über der Erdoberfläche. Die Hallen von Amenti wurden von zweiunddreißig Wesen geschaffen – von sechzehn Sirianern und sechzehn Nibiruanern. Ich war erschüttert, als ich das las; denn ich wußte ja, daß ich halb Sirianerin, halb Nibiruanerin war. Nephras bestätigte, daß ich etwas mit Amenti zu tun hatte, und erklärte, die Hallen von Amenti seien ein reinster Bewußtseinsort. Ich würde ihre Bedeutung auf den höheren Stufen der Neukodierung verstehen. Sie sagte, ich sei in den Hallen von Amenti der Grundpfeiler gewesen. Man habe jemanden benötigt, der die sirianische mit der nibiruanischen Energie habe vereinigen können. Als dreiunddreißigste sei ich das Band zwischen den zweiunddreißig anderen und schon zu diesem Zweck geschaffen worden. Sie fügte hinzu, daß ich in kristalliner Form immer noch in den Hallen von Amenti lebte, neben meiner Existenz auf der Erde. Ich wußte ja bereits, daß ich als Lahaina ein Mitglied des nibiruanischen Rates war. Das alles klang verrückt, da es für uns selbstverständlich ist, nur einmal zu leben. Aber ich existierte an drei verschiedenen Orten gleichzeitig! Zum Glück mußte ich nur einen Terminkalender führen – den für mein irdisches Leben!

Ich spürte, daß es zwischen den Hallen von Amenti und meinem Leben in der Kristallstadt Sedona eine Verbindung gab und daß auch ein Zusammenhang mit den Informationen bestand, die ich für Mark beschaffen sollte, wenn Joysia recht hatte. Nephras bestätigte meine Vermutung und sagte, ich könne die Hallen von Amenti durch ein Tor im Boynton Canyon in Sedona erreichen. Dort hätte ich vor der Vernichtung der Stadt die Kodes versteckt.

Ich hatte sie vor den Invasoren verborgen, weil man mit ihrer Hilfe Wesen aus dem ganzen Universum miteinander verbinden konnte. Sie waren ein Teil der galaktischen Entwicklung hin zur göttlichen Einheit; denn erst wenn wir ein Ganzes sind, können wir zur Quelle zurückkehren. Das ist ein großes, ein sehr großes Projekt, und die Erde spielt dabei eine Schlüsselrolle.

Die Hallen von Amenti befinden sich in der Erde, weil sie dazu dienen, dreidimensionale Wesen auf eine höhere Bewußtseinsebene zu heben. Die dritte Dimension hemmt derzeit die Entwicklung des ganzen Universums zum Gottesbewußtsein, weil sie so dicht ist. Die Evolution wird enorme Sprünge nach vorne machen, sobald die Menschen das fünfdimensionale Bewußtsein erreichen. Die Hallen von Amenti tragen dazu bei, ein universelles Bewußtsein zu schaffen. Kein Wunder, daß ich die Kodes versteckt hatte. Hätten die dunklen Wesen diese Energiequelle bekommen, hätte das große Projekt einen empfindlichen Rückschlag erlitten; jede Gruppe von Geschöpfen, jedes Sternsystem und jeder Planet wären getrennt worden, und die Dunkelheit hätte sie beherrscht. Aufgeregt rief ich Mark an und berichtete ihm. Er arbeitete offensichtlich am Projekt mit und sollte dreidimensionale Wesen mit seiner Energie auf die nächste Ebene heben.

Nephras warnte mich vor einem Besuch Sedonas. Ich war zusammen mit Julia und Bobbie eingeladen worden, nach der

Konferenz über *Holographic Repatterning* in Phoenix im August einen Abstecher nach Sedona zu machen. Aber ich hatte von Anfang an gezögert. Jetzt wußte ich, warum. Nephras sagte, meine wachsende Macht könne das Tor aufsprengen, wenn ich mich in der Nähe der Stadt aufhalte. Ich dürfe erst nach Abschluß der Neukodierung nach Sedona zurückkehren, um zu vollenden, was während des Sedona-Projekts begonnen worden sei.

Bevor ich die Sitzung mit Nephras beendete, bat ich sie, mir den Seelennamen meines künftigen Gefährten zu verraten. Ich wußte zwar, daß ich Lahaina hieß, kannte aber seinen Namen nicht. Meiner Meinung nach konnte ich mich besser auf ihn konzentrieren, wenn ich wußte, wie er hieß. Nephras erkundigte sich, ob seine Energie sich der Frequenz der Erde hinreichend genähert habe; andernfalls hätte ich die Energieübertragung gestört. Nachdem sie erfahren hatte, daß ein genügend großer Teil seiner Energie in Kansas City war, nannte sie mir seinen Namen – Asalaine. Lahaina und Asalaine – ein harmonischer Akkord! Als ich die Namen aussprach, spürte ich die Resonanz deutlich. Unsere Namen bestätigten, daß wir zusammengehörten.

Der Ursprung der Seele und ihr Einfluß auf die Neukodierung

Ich besuchte N, um mit Anu über meine Fortschritte bei der Neukodierung zu sprechen. Anu wollte mir zunächst mehr über meine Herkunft sagen. Ich erfuhr, daß es zwei Gruppen von Sirianern gibt: die Schöpfer von Sirius A mit einem katzenähnlichen Aussehen und die galaktischen Menschen von Sirius B. Die Schöpfer arbeiten mit den spirituellen Hierarchien jedes Planeten zusammen, indem sie die Planeten genetisch besäen. Sie haben auf der Erde ihre Spuren hinterlassen: die geflügelten Löwen und Sphingen, die in der ägyptischen Kunst und Architektur so reichlich vorkommen. Diese Katzenwesen arbeiteten mit einem Carianer, einer vogelähnlichen Kreatur, zusammen, dessen Symbol der Phoenix war. Die Carianer beschützten die Wesen, die von den Sirianern erschaffen worden waren. Bevor meine Seele eine physische

Gestalt annahm, hatten die Carianer sich zu ätherischen Wesen entwickelt, die sich nicht mehr fortpflanzten. Ich erhielt mein carianisches Erbe und meine Abstammung von Sirius A von meiner Mutter, die eine Kreuzung zwischen Carianern, Plejadiern und Katzenwesen war. Anu erwähnte auch, daß Joysia, unser Chefgenetiker, von Sirius B stammte. Auch mein Vater kam von Sirius B, der galaktischen menschlichen Kultur. Anu sagte, ich verdanke meiner edlen Abstammung besondere Fähigkeiten, die ich während der Neukodierung entdecken würde.

Ich fragte, warum ich nur zwei Wochen auf der fünften Stufe verbringen würde. Immerhin mußten Joysia und seine Mitarbeiter während dieser Zeit herausfinden, ob ich zu achtundneunzig Prozent mit meinem Seelenvertrag harmonierte, und erst dann durften sie mir meine wirkliche Macht zurückgeben. Anu erwiderte, ich befände mich bereits auf meinem Seelenpfad und könne Stufe fünf daher schnell bewältigen. Er versicherte, daß ich meine Firma zunächst weiterführen würde, um das Geld zu verdienen, das ich brauchte, um Jerry auszuzahlen. Außerdem bestätigte er, daß meine künftige Beschäftigung eher spiritueller Art sein werde und daß ich mühelos Geld verdienen würde.

Ich freute mich darauf, anderen helfen zu dürfen, die ihr Bewußtsein erweitern wollten, und ich hatte sogar schon ein neues Logo entworfen und mir einen Firmennamen ausgedacht. Mein neues Unternehmen sollte *InterLink* heißen, und das Logo war eine schöne blaue Pyramide mit einer Kugel auf der Spitze, beide durch ein Sonnenrad miteinander verbunden. Ich fragte Anu, warum ich nicht durch einen großen Gewinn zu Geld kommen konnte und statt dessen Marktforschung betreiben müsse. Er sagte, mir fehle derzeit noch der Glaube an den großen Gewinn.

Dann wollte ich wissen, warum ich die dunklen Formen nicht direkt sehen konnte, sondern die Augen schließen mußte. Er erklärte, ich unterscheide mich von anderen und könne Informationen auf einem geistigen Bildschirm sehen. Um mir direktes Sehen zu ermöglichen, müßte meine DNS innerhalb der Zellen verändert werden, was meine anderen einzigartigen Fähigkeiten zerstören würde. Diese Fähigkeiten seien jedoch für meine künftige Arbeit notwendig. Während ich diese Information verdaute, beendete Anu die Sitzung, und ich verabschiedete mich von diesem körperlosen Wesen, das zu einem wichtigen Teil meines Lebens geworden war.

Stufe sechs beginnt

Mein Sohn und ich machten mit meiner Familie Urlaub in Colorado. Wir beschlossen, an einem Ausflug nach Pagosa Springs mit Führung teilzunehmen. Ich hatte keine große Lust, weil ich lieber auf eigene Faust umherstreifte. Aber die anderen wollten vom Wissen des Reiseführers profitieren und baten mich mitzugehen. Ich willigte ein, weil sie versprochen hatten, einige Tage später mit mir die Mesa Verde zu besuchen. Das war kein vergnüglicher Ausflug, weil dort im Sommer die Touristen zusammenströmten. An Pagosa Springs war ich nur interessiert, weil es in der Nähe der Mesa Verde lag, eines heiligen Ortes der Indianer.

Die Tour gefiel mir besser als erwartet – eine sanfte Erinnerung daran, daß wir keine heiligen Orte aufsuchen müssen, um erleuchtet zu werden. Am Morgen fuhren wir durch herrliche Landschaften und plauderten mit dem Reiseführer. Nachmittags fuhren wir auf einer staubigen Straße etwa fünfundzwanzig Kilometer nach Silver Falls. Der Himmel war dunkel, und es sah aus, als werde es gleich regnen. Dennoch stiegen wir aus dem Bus und begannen den Berg zu erklimmen.

Während wir wanderten, fing es an zu regnen, und der Boden wurde sehr matschig, und da wir uns 2100 Meter über dem Meer befanden, machte die dünne Luft uns zu schaffen. Ein heftiges Gewitter kam noch hinzu. Während viele Teilnehmer sich in den Bus flüchteten, kämpfte ich mich auf den Felsen in der Umgebung des Wasserfalls rutschend und stolpernd weiter und erreichte schließlich den Gipfel unter einem Himmel, an dem die Blitze zuckten. Ich hatte keine Angst. Normalerweise hätte mich schon der Gedanke, naß zu werden, in den Bus getrieben; aber an diesem Tag hatte ich das Gefühl, ganz hinauf klettern zu müssen.

Auf dem Gipfel setzte ich mich mit dem Reiseführer unter einen Felsen und ließ mich vom Wassernebel und vom Lärm berieseln. Ich spürte, wie Energie mich durchströmte. Meine Finger und Fingerspitzen vibrierten vor Energie und pulsierten so schnell, wie ich es nie zuvor erlebt hatte. Ich wußte, daß ich die sechste Stufe erreicht hatte, und meine geistigen Helfer bestätigten meine Ahnung. Ich hatte angenommen, diese Tour sei langweilig im Vergleich zur Mesa Verde, und nun befand ich mich an einem ganz besonderen, heiligen Ort mitten in Pagosa Springs. Die Erleuchtung kann uns überall erwischen, selbst in einer Touristengruppe!

Aus Kriegern werden Friedensstifter

Während ich Urlaub machte, rief die Redakteurin der esoterischen Zeitschrift, die meine Artikel veröffentlichen wollte, im Büro an. Sie hatte den Tonbandmitschnitt unserer ersten Channeling-Sitzung erhalten und wollte wissen, wann sie mit ihrer Neukodierung anfangen könne. Meine Assistentin gab ihr meine Telefonnummer. Die Journalistin hatte eine harte Woche hinter sich, weil sie und ihr Mann, der Verleger, beschlossen hatten, einen Teil Ihres Geschäftes aufzugeben. Sie mußten ein neues Kapitel ihres Lebens aufschlagen, kannten aber seinen Inhalt noch nicht, und das belastete sie.

Ich fragte meine Helfer, um ihr einige Auskünfte über ihren Seelenvertrag geben zu können und sie auf den förmlichen Antrag vorzubereiten. In einem Teil ihres Unternehmens waren dunkle Kräfte am Werk, und ihre geistigen Helfer hatten mit einem Großreinemachen begonnen, bevor sie und ihr Mann mit der Neukodierung begannen. Die beiden waren ebenfalls inkarnierte Mitglieder des nibiruanischen Rates und hatten die Aufgabe, andere über die Neukodierung zu informieren.

Die Redakteurin fragte, warum sie dunkle Energie angezogen hätten, obwohl sie als Lichtwesen auf die Erde gekommen seien, um Gutes zu tun. Nephras erklärte mir, sie und ihr Mann hätten seit Äonen gegen die dunklen Kräfte gekämpft, auch gegen den berüchtigten Marduk auf Nibiru, der andere durch Angst beherrsche und aus einem Reich des Lichts ein Reich der Finsternis mache. Zu diesem gemeinsamen Kampf hätten die beiden sich in ihrem Seelenvertrag verpflichtet. Ich sah, daß sie viele Leben lang dunkle Kräfte angelockt hatten, um sie zu entlarven. Nun aber war es Zeit für sie, ihre Mission als Krieger zu beenden und zu Friedensstiftern zu werden, damit sie sich neu kodieren lassen konnten.

Die Journalistin war erleichtert, weil sie bereit war, etwas Neues zu unternehmen. Ich bat sie, den Text des Antrages zu wiederholen, den ich ihr am Telefon vorlas. Doch nichts geschah. Das war ungewöhnlich, weil ich mir immer im voraus bestätigen lasse, daß ein Antrag angenommen wird, ehe ich jemandem den Text gebe. Trotzdem war er nicht angenommen worden. Nephras sagte, meine neue Freundin müsse zuerst formell beantragen, ihren anderen Seelenvertrag aus der Akasha-Chronik zu löschen, erst dann könne ihr neuer Vertrag akzeptiert werden. Wir erfuhren, daß alle Versuche, höheres Bewußtsein auf die Erde zu bringen, bisher gescheitert waren, weil die Dunkelheit das Licht bekämpft hatte. Dieses Mal sollten wir als Lichtarbeiter wirken, ohne uns um die dunklen Kräfte zu kümmern. Sie durften tun, was sie wollten, und wir durften das ebenfalls. Es werde keinen Kampf mehr geben und keinen Versuch, das Dunkle durch das Licht zu unterwerfen – denn letztlich sei die Dunkelheit nur die Abwesenheit des Lichts. Wir würden Erfolg bei denen haben, die sich für das Licht entschieden hätten, und diejenigen in Ruhe lassen, die einen anderen Weg bevorzugten. Endlich verstand ich, warum unsere Helfer uns schnell auf die neunte Stufe bringen wollten: Vor Marduks Rückkehr sollte es auf der Erde ein höheres Bewußtsein geben. Andererseits wurde nichts gegen Marduks Rückkehr unternommen.

Die Dunkelheit und das Böse sind insofern Illusionen, als das Licht die Unwissenheit und Unduldsamkeit vertreibt und dadurch dem Einfluß der Dunkelheit entgegenwirkt. Da wir alle vom göttlichen Schöpfer abstammen, der Quelle des Lichts, kann es keine Dunkelheit geben. Ich glaube, die Dunkelheit ist ein natürlicher Bestandteil des spirituellen Pfades. Sie sorgt für Kontraste, so daß wir uns für das Licht entscheiden können. Wir machen von der Dunkelheit soviel Aufhebens, weil wir sie fürchten.

Ich übermittelte der Redakteurin die zusätzlichen Worte, die sie sprechen mußte, um ihren anderen Vertrag aufzuheben, und jetzt wurde ihr Antrag angenommen. Sie fragte, wann ihr Mann das gleiche tun könne, und ich riet ihr, ihn über unser Gespräch zu unterrichten, damit er seinen alten Seelenvertrag aufheben lassen könne. Am nächsten Abend solle er mich anrufen und den Antragstext lesen. Außerdem empfahl ich ihr, deutlich zu machen, daß sie und ihr Mann als Team zusammenbleiben wollten, jedoch unter dem neuen Vertrag. Sie versprach mir, die Neukodierung zu unterstützen und meinen Artikel zu veröffentlichen.

Hinnehmen statt vergeben

Wie erwartet, rief der Verleger mich an. Bevor er seinen Antrag las, wollte ich aber noch herausfinden, warum seine Zeitschrift in den letzten Monaten so große Schwierigkeiten hatte. Die Herausgabe der letzten Nummer hatte sich immer wieder verzögert, weil ein Problem nach dem anderen aufgetreten war. Er sagte, es gäbe große Schwierigkeiten mit einem Artikel über Vergebung, den er geschrieben habe. Ich bat Nephras um Erläuterungen.

Nephras erklärte, Vergebung sei kein Bestandteil der höchsten Wahrheit, weil sie voraussetze, daß jemand einen Fehler begangen habe. Aber Urteile wie „richtig" und „falsch" seien die Folge der Polarität dieses Planeten und trennten die Seelen voneinander. Deshalb könne die Liebe nicht wachsen, und wir würden schwächer. Ein höherer Wert als die Vergebung sei die *Vermehrung des Lichts*, weil es allen Wesen erlaube, zu existieren und auf ihre Weise zu lernen. Wer sich neu kodieren lassen wolle, müsse diese Wahrheit akzeptieren, denn früher hätten die dunklen Kräfte alle Bemühungen vereitelt, das Licht zu vermehren. Jetzt sollte jeder seinem Ruf folgen, dem der Dunkelheit oder dem des Lichts, weil Akzeptanz der Schlüssel zum Erfolg sei. Sie gewährleiste auch, daß keine Furcht in uns sei, die den Erfolg der Neukodierung verhindern würde. Wenn die Macht der Lichtarbeiter zunähme, könnten sie die Dunkelheit zum Licht ziehen – nicht durch Kampf, sondern durch ihr Vorbild.

Jetzt las er seinen formellen Antrag. Alles paßte nun zusammen, und ich wartete auf weitere Informationen.

Eine unerwartete DNS-Verschmelzung

Während unseres Urlaubs im Südwesten von Colorado schlug meine Mutter vor, den Lion Canyon zu besuchen, einen heiligen Pueblo der Utah-Indianer in der Nähe der Mesa Verde. Ursprünglich hatten wir geplant, zur Mesa zu fahren, aber dann hörten wir, daß sich zwischen Juni und August dort 700 000 Touristen tummeln und vom Frieden der heiligen Stätte nicht viel zu spüren ist. Der größte Teil der heiligen Energie hatte sich offenbar verflüchtigt. Was den Lion Canyon betraf, so waren dort nur 5 000 Besucher im Jahr zugelassen, weil die Indianer die Integrität des Platzes erhalten und es anderen dennoch ermöglichen wollten, mehr über ihre Kultur zu lernen. Also schlossen wir uns einer Tour für zwanzig Personen an.

Unterwegs erzählte der Reiseführer uns von den Berglöwen, die den Canyon einst durchstreiften und ihm seinen Namen gaben. Da ich wußte, daß Löwen mit den Katzenwesen von Sirius A verwandt sind, fragte ich Nephras, welche Beziehung ich zum Canyon hätte. Es ist wirklich praktisch, ein Geistwesen zur Hand zu haben, das Fragen sofort beantwortet. Bevor die Indianer den Canyon besiedelten, erklärte Nephras, war das ganze Gebiet mit Sedona verbunden, wo ich als Kristallgöttin gelebt hatte. Ich wußte, daß dies nicht mein erster Versuch war, einen dreidimensionalen Planeten in die fünfte Dimension zu heben. Den vorherigen Versuch hatten Reptiliengeschöpfe vereitelt, die gekommen waren, um sich das Wissen zu verschaffen, das in den Hallen von Amenti aufbewahrt wurde. Wir brauchen dieses Wissen, wenn der ganze Planet transformiert wird. Die Sirianer hatten die Löwen als Wächter ihrer Energie zurückgelassen, ehe sie abgereist waren. Heute ist dort kaum noch ein Berglöwe zu finden, weil die Zivilisation die ganze Gegend umringt.

Als wir uns dem Canyon näherten, ahnte ich, daß ich an diesem Tag etwas Unerwartetes erleben würde, und dachte dabei an mein sirianisches Erbe. Gab es einen besseren Ort, um an mir zu arbeiten, als diesen Canyon, der von der Energie meiner Ahnen erfüllt war? Meine Erwartung nahm zu. Ein goldener Adler erhob sich aus dem Gestrüpp und flog einige hundert Meter vor unserem Bus her. Es war herrlich, hinter diesem prächtigen Geschöpf her zu fahren, das eine

Spannweite von einem Meter achtzig hat. Unser Reiseführer war entzückt, da es in der Umgebung nur noch wenige Adler gab und sie sich in dieser Jahreszeit gewöhnlich nicht blicken ließen.

Der Lion Canyon war in der Tat ein einzigartiges Erlebnis. Die Utah-Indianer glauben, daß der Mensch alles so lassen soll, wie er es vorfindet, weil jedes lebende Wesen und jedes unbelebte Objekt Teil eines Kreislaufs sind, den wir nicht durchbrechen sollten. Wir betraten die Ruinen auf denselben schmalen Wegen, die einst ihre Bewohner benutzt hatten, und mit Hilfe von langen Leitern, die sich in der Mittagssonne heiß anfühlten. Im Canyon war es dagegen angenehm kühl. Man hatte die Ruinen nicht renoviert, und wir durften Bruchstücke von Knochen, Maiskolben und Keramikscherben anfassen, mußten sie aber zurücklegen. Was für ein Genuß! Unser indianischer Führer war der Sohn des Verwalters der Reservation. Er war wundervoll, weil er uns erlaubte, den Canyon ohne Einschränkungen zu erleben. Er verlangte nur Respekt vor der Umwelt.

Wir wanderten eineinhalb Kilometer zum Adlernest, dem höchsten Felsen des Canyons. Jeder wählte sein Tempo selbst, so daß die Gruppe sich auseinanderzog. Ich wanderte jede Woche in den Bergen und hatte mich an die Höhe gewöhnt; darum geriet ich nicht außer Atem wie einige andere. Aber nach knapp einem Kilometer bekam ich einen heftigen Schwindelanfall, brach in kalten Schweiß aus und verlor kurz das Bewußtsein. Meine Mutter, die damals fünfundsechzig war, hatte keinerlei Probleme, abgesehen von leichten Atembeschwerden. Das also war das unerwartete Ereignis! Ich fragte Laramus, was mit mir los sei, und er teilte mir mit, daß meine acht DNS-Stränge soeben verbunden worden seien. Die Energie im Canyon sei dafür hervorragend geeignet. Nun ja, vielleicht – aber ich fühlte mich lausig! Ich brauchte eine Weile, um meine Mutter und den Führer, der zu uns aufgeschlossen hatte, davon zu überzeugen, daß ich weitergehen konnte. Zunächst war ich etwas wackelig auf den Beinen, erholte mich aber schnell und genoß den Rest der Wanderung.

Neukodierung außerhalb von Kansas City

Wir fuhren nach Durango, um zu tun, was alle guten Touristen tun, wenn Sie den Südwesten der USA besuchen: Wir kauften Kunsthandwerk der Indianer. In Durango machten wir einen Bummel, stöberten in den Läden und besichtigten Hotels, die im Stil des alten Westens renoviert worden waren. Ich fand nichts, was mich zum Kauf gereizt hätte, zumal fast nur Schmuck und Kleider angeboten wurden und ich mehr an spirituellen Relikten interessiert war. Am Nachmittag gingen wir in ein kleines Geschäft mit Waren, wie ich sie mochte – schöne Tierskulpturen, Traumfänger und Fetische, die nicht wie Massenprodukte aussahen. Einer der Traumfänger fiel mir sofort auf. Er war mit Kristallen, Tierfellen und anderen natürlichen Objekten gefüllt – ein sehr mächtiges Stück.

Ich fragte die Frau im Laden nach dem Preis für den Traumfänger. Er kostete etwa hundert Dollar mehr, als ich ausgeben wollte, aber ich sagte, ich würde es mir überlegen. Der Traumfänger ging mir den ganzen Nachmittag nicht mehr aus dem Kopf. Ich wußte, daß ich ihn kaufen mußte. Also ging ich wieder in das Geschäft, wo die Eigentümerin mich anlachte. Sie hatte eben einen anderen Interessenten abgewiesen, weil sie wußte, daß ich zurückkommen würde! Ich war erstaunt darüber, daß sie ein Geschäft wegen eines künftigen Geschäfts abgelehnt hatte und bedankte mich für ihr Vertrauen in mein Interesse trotz meines anfänglichen Zögerns. Wir plauderten ein wenig, und sie überreichte mir ihre Visitenkarte. Sie hieß Donna. Als ich ging, umarmte sie mich und wünschte mir viel Freude mit dem Traumfänger. Das kam mir seltsam vor, weil wir uns überhaupt nicht kannten. Aber als sie mich umarmte, spürte ich sofort ihre nibiruanische Energie. Dann eilte ich zu meinen Eltern, um mit ihnen nach Pagosa Springs zurückzufahren.

Meine Helfer plagten mich auf dem ganzen Rückweg: „Ruf Donna an! Ruf Donna an! Ruf Donna an!" Ich konnte sie nicht loswerden. Was sollte ich ihr sagen? Sollte ich etwa eine Fremde anrufen und ihr mitteilen, sie sei Nibiruanerin? Wie würde sie es aufnehmen? So etwas war mir noch nie vorgekommen, und ich wußte nicht, was ich tun sollte. Aber anrufen würde ich sie, weil ich den „Lärm" in meinem Kopf nicht aushielt. Nun, ich wollte ja unbedingt channeln – jetzt hatte ich manchmal mehr Gesellschaft, als mir lieb war!

Als wir im Hotel waren, rief ich Donna an und fragte sie, ob sie den Ausdruck „Sterngeborene" kenne. Sie bejahte. Ich fragte, ob sie wisse, daß sie eine Sterngeborene sei, und sie erzählte mir, sie habe zwar einen Verdacht gehabt, sei sich aber nicht sicher gewesen. Ich informierte sie darüber, daß sie von Nibiru stammte und meine geistigen Helfer mich zu diesem Anruf bewogen hätten. Ich kam mir dabei ein wenig sonderbar vor – aber so weit, so gut. Dann fragte ich sie, ob sie von der Neukodierung gehört habe, und sie sagte, sie habe einige Bücher darüber gelesen. Zum Glück bereiten unsere Helfer uns gut vor! Ich erklärte ihr, welche Rolle ich dabei spielte, und versprach, ihr meine Aufzeichnungen über die neun Stufen und die Aufnahme unserer ersten Channeling-Sitzung zu schicken. Wenn sie interessiert sei, könne sie mich gerne anrufen.

Donna rief einige Monate später an und sagte, sie wolle mit mir in Verbindung bleiben. Ich arbeitete spirituell mit ihr, hielt mehrere mediale Sitzungen mit ihr ab und vollzog eine Seelenreinigung, wie ich sie beim Workshop in Colorado gelernt hatte. Donna brachte mich telefonisch mit einer Gruppe von Menschen zusammen, die in Durango lebten und sich für die Seelenreinigung und die Neukodierung interessierten. Ich arbeite mit allen, und so ist ein Netzwerk von Neukodierten in einem anderen Landesteil entstanden. Was für ein merkwürdiges Erlebnis – erst hatte ich Donna kennengelernt und dann mit ihren Freunden gearbeitet! Ich wußte nie, wann ich anderen Sterngeborenen begegnen und wie ich sie erkennen würde. Aber ich hatte gelernt, meinen Helfern zu vertrauen. Sie würden mich nicht in eine peinliche Lage bringen, und sie bereiteten andere auf den Kontakt vor. Wieder einmal nahm ich mir vor, weniger zu analysieren und meinen Helfern mehr zu vertrauen.

Schöpferische Macht

N rief an, um zu berichten, daß sie Stufe sieben erreicht habe – „Illusionen beseitigen" – und mir einige vorläufige Informationen geben könne. Neugierig bat ich sie, mir zu sagen, was sie wußte, und sie gab mir folgende Erläuterungen:

Man spürt die Anwesenheit eines Lichts am Ende eines langen Tunnels, der unsere Aufgabe auf Erden symbolisiert, und man muß den Tunnel durchqueren, um das Licht zu erreichen. Die persönliche Macht ist die Fackel, die den Weg erleuchtet. Jedesmal, wenn ein Hindernis auftaucht, entlarvt die Fackel es als Illusion.

Später bat ich meine Helfer um weitere Informationen über die siebte Stufe, weil das Tor geöffnet worden war. Sie erklärten, daß wir auf Stufe sechs lernen, etwas zu machen, und auf Stufe sieben, etwas zu erschaffen. Schöpfer manifestieren alles, was sie wollen, weil sie erkannt haben, daß sie ihre Welt erschaffen, indem sie ihre Aufmerksamkeit auf das richten, was sie haben wollen. Wenn sie auf ein Hindernis treffen, wechseln sie in eine günstigere Realität – sie konzentrieren sich auf das, was sie wollen, nicht auf das, was sie nicht wollen. Leider sind wir auch dann Schöpfer, wenn wir uns dafür entscheiden, ein Hindernis als Problem zu betrachten. Als Schöpfer können wir eine andere Wirklichkeit erschaffen, und darum müssen wir immer positive Entscheidungen treffen.

Macher und Helfer

Stufe sieben verwirrte mich, und schließlich bat ich Laramus um Aufklärung. Er sagte, ich müsse zuerst Stufe sechs verstehen. Das sei schwierig, weil wir uns von da an nicht mehr auf unsere Helfer verlassen, sondern selbst manifestieren sollten. Für die meisten von uns war das neu, denn wir hatten bisher mit Hilfe der schöpferischen Visualisierung manifestiert. Man hatte uns beigebracht, Affirmationen in der Gegenwartsform zu sprechen und dann unsere Helfer zu bitten, unsere Wünsche mit ihrer Energie zu erfüllen. Doch seit der sechsten Stufe ermahnten meine Helfer mich freundlich (bisweilen auch weniger freundlich), meine eigene Energie zu benutzen.

Wenn ich mir beispielsweise genügend Geld wünschte, mußte ich spüren, daß die Fülle bereits da war, und die damit verbundenen Gefühle hervorrufen. Wer reich sein will, muß sich reich fühlen. Wenn ich wollte, daß mein Lebensgefährte Asalaine zu mir kam, mußte ich mich als Sender betrachten, der meinem künftigen Partner Botschaften sandte; ich mußte die Energie spüren, die ich in seine Richtung ausstrahlte. Außerdem mußte ich diese Signale durch Gefühle unterstützen, die ich in seiner Gegenwart haben würde. Je intensiver die Gefühle waren, desto schneller konnte ich das Gewünschte manifestieren.

Das erinnerte mich an Alvin in *The Tales of Alvin Maker*, weil wir jetzt die Macher sind und nicht mehr passiv empfangen, was unsere Helfer für uns tun. Bisher hatte ich meine Affirmationen gesprochen und von meinen Helfern erwartet, daß sie mir beistand, anstatt meine eigene Energie zu nutzen. Nun war ich dabei zu werden, was meine Helfer stets für mich gewesen waren! Aber ich wußte, daß ich sie immer um Unterstützung bitten durfte. Von sich aus konnten sie nicht eingreifen. Jetzt waren sie also richtige Helfer, und ich war die „Macherin"! Sobald wir das verstanden haben, sind wir für die siebte Stufe bereit, weil unangenehme Ereignisse uns nicht mehr umhauen. Wir wissen, daß wir sie in unseren Erfahrungsschatz aufnehmen oder verändern und erträglicher machen können. Wir sind für alles, was wir erleben, voll und ganz verantwortlich.

Das war eine aufregende Information, denn ich wußte zwar, daß ich manifestieren konnte, nicht aber, wie ich die Energie freisetzen sollte. Ich beschloß, meine Manifestationen feinstofflich zu erfahren und mich auf die Manifestation meines Lebenspartners zu konzentrieren.

Seelengruppen und Ursprung

Ich bat N, die männliche Energie zu channeln, die für meine Entstehung verantwortlich war. Dieser Sitzung verdanke ich eine Fülle von Informationen, auch über meine Herkunft. Da ich eine „Veränderliche" bin – eine Seele, die mit allen Wesen der Galaxis kommunizieren kann –, vermutete ich, daß meine Ahnen Reptilien waren. Wie hätte ich sonst herausfinden können, daß die Reptilien die Kristallstadt Sedona angreifen wollten? In früheren Sitzungen hatte ich nur erfahren, daß ich von Sirius A und B stammte, aber auch sirianisch-plejadische Vorfahren hatte. Ein Wesen namens Natara konnte meine Fragen beantworten.

Natara sagte, er stamme von Sirius A, von den Katzenwesen, die sich als Älteste oder Schöpfer bezeichnen, weil sie auf anderen Planeten neue Zivilisationen gründen, nachdem sie diese Aufgabe in ihrem Universum bereits erfüllt haben. Ich fragte, ob er etwas mit dem Lion Canyon zu tun habe, den ich kürzlich in der Reservation der Utah-Indianer besucht hatte. Er bestätigte, dieser Ort sei ein Energiepunkt für Sirius A und meine Helfer hätten dort an meiner Energie gearbeitet, weil seine Frequenz der ihren sehr nahe sei.

Ich fragte Natara, wieso er von Sirius A komme, obwohl mein Erzeuger doch ein galaktischer Mensch von Sirius B sei. Er sagte, mein Vater von Sirius B – sein Name sei Gunnaia – habe mich gezeugt, aber eigentlich sei ich ein Fragment von ihm, Natara. Er erläuterte, der göttliche Schöpfer habe den Wunsch gehabt, mehr Aspekte des Lebens kennenzulernen, und daher Teile von sich selbst losgelöst, damit sie mehr Erfahrungen in verschiedenen Dimensionen sammeln konnten. Ich erkundigte mich, wie viele solche Fragmente es gäbe, und Natara sagte, es seien so viele, daß niemand sie zählen könne. Außerdem wollte ich wissen, wie die Fragmente zum Schöpfer zurückkehren, und er erklärte, das geschehe nach einem Plan, der für jedes von ihnen aufgestellt worden sei.

Natara sagte, er habe sich als elfdimensionales Wesen mit einer sechsdimensionalen Frau vereinigt, um meine Seele hervorzubringen, denn er arbeite durch die sechste Dimension, die Ebene der Schöpfung für alle Zivilisationen. Nachdem die beiden Fragmente meine Seele geschaffen hätten, habe Gunnaia, mein Vater von Sirius B, sie gezeugt. Jetzt war ich verwirrt, und Natara versicherte mir, das Ganze sei kompliziert und übersteige mein derzeitiges Begriffsvermögen. Ich wollte wissen, wie mein reptilisches Erbe zustande gekommen sei, und er sagte, mein physischer Körper sei mit der DNS geprägt worden. Die Seele meines Sohnes Drew stamme ebenfalls von Natara, sie sei jedoch ohne Zutun einer weiblichen Energie entstanden. Ich fragte ihn, ob diese Seelenpaarungen etwas mit Liebe oder mehr mit künstlichen Befruchtungen zu tun hätten. Er versicherte, Liebe sei immer ein wesentliches Element, weil die Frequenz der neuen Seele ohne Liebe nicht vollständig wäre. Natara sagte, Asalaine, der als mein Lebenspartner auf die Erde kommen werde, gehöre zu meiner Seelengruppe, zu einer Gruppe von Wesen, die auf derselben Frequenz schwingen und sich verpflichtet haben, denselben evolutionären Weg zu gehen. Seelengruppen können groß sein wie die nibiruanische Kultur oder sich als Untergruppe einer größeren Seelengruppe zusammenschließen. Von Natara erfuhr ich, daß sich derzeit nicht alle Mitglieder meiner Seelengruppe auf der Erde befinden, daß wir aber eines Tages zusammenkommen würden, da wir am selben Projekt arbeiteten. An diesen Plan würde ich mich zur rechten Zeit erinnern; jetzt aber sei mein Gedächtnis noch blockiert, weil die Versuchung zu groß wäre, daß ich die Erde verlassen würde, wenn ich mich erinnern könnte. Darum wollte er mir nur sagen, daß meine Helfer mich bei der Erfüllung meines Seelenvertrages unterstützten und mir die Erinnerung zurückgeben würden, sobald sie sicher seien, daß ich auf der Erde bleiben würde. Wenn wir auf höheren Frequenzen schwingen, sind wir imstande, durch ein Tor der Dimensionen und zurück zu unserem Ursprung zu gehen.

Ich fragte Natara, ob ich nach der Erfüllung meines Vertrages in eine höhere Dimension „befördert" würde. Ein anderes Wort fiel mir nicht ein, aber er verstand mich. Er sagte, ich würde nach dem Verlassen der Erde in eine höhere Dimension aufsteigen – welche das sei, hänge von meiner Fähigkeit zu dienen ab. Das war problematisch, weil ich immer noch nicht genau wußte, welche Aufgabe ich hatte. Natara versicherte, ich mache ihm mit meiner Arbeit Ehre, denn ich sei ein Teil von ihm, und die Teilnehmer an ihrer Mission würden nicht leichtfertig ausgesucht. Es habe ihm Freude gemacht, mit mir zu sprechen, aber jetzt sei Anu an der Reihe.

Anu sagte: „Du wärst erstaunt, wenn du wüßtest, wie viele Beschützer du derzeit hast!" Dann verabschiedete er sich, und N kehrte zurück.

Noch mehr „Platztauscher"

Meine Mitbewohnerin Julia entdeckte, daß sie mit einer anderen Seele den Körper getauscht hatte, und zwar erst vor kurzem. Das erschütterte sie sehr. Ich hatte das gleiche durchgemacht und dachte darüber nach, welche Charakterzüge ich vor dem Tausch gehabt hatte und welche sich erst später herausgebildet hatten. Es gab durchaus einige deutliche

Unterschiede, aber da wir auch die Erinnerungen der ursprünglichen Seele unseres Körpers bei uns tragen, ist es schwierig, zwischen den beiden Seelen zu unterscheiden. Das ist die höchste aller Identitätskrisen!

Ich hatte einen Fernkurs über Seelenreinigung und Exorzismus absolviert und wartete mit Spannung auf ein Wochenendseminar Anfang August. Ich hatte mir Venessas Tonbänder angehört und das Begleitmaterial gelesen. Jetzt mußte ich als Hausaufgabe für fünf Menschen die Akasha-Chronik lesen und das Ergebnis an Venessa zur Beurteilung schicken.

Ich fragte Julia, ob ich zur Übung ihren Seelenvertrag lesen dürfe. Zuerst mußte ich herausfinden, ob ich die richtige Information anzapfte. Eine der ersten Fragen lautet: Hat diese Person nur eine Seele, und wohnt diese Seele in diesem Leben allein im Körper? Da Julia sich schon vor einigen Jahren einer Seelenreinigung unterzogen hatte – damals unterstützt von einer Schülerin Venessas –, erwartete sie ein Ja auf diese Frage. Doch zu unserer Überraschung bekam ich kein Ja. Wir wußten, daß in ihrem Körper nur eine Seele wohnte, andernfalls hätte sie sich anders verhalten. Ich beschloß, die Frage aufzuteilen und noch einmal zu stellen. Jetzt wurde die Frage, ob in Julias Körper eine einzige Seele wohne, mit ja beantwortet, die zweite Frage – ob sie diesen Körper schon immer bewohnt habe – wurde jedoch verneint. Sofort erkannte ich, daß Julia ihren Körper erst später übernommen hatte, und das wurde mir bestätigt.

Julia starrte mich an und protestierte. Rasch holte ich weitere Informationen ein. Sie war im vorigen Jahr „eingezogen"! Ich fragte sie, ob im vergangenen August oder September etwas Ungewöhnliches geschehen sei. Plötzlich erinnerte sie sich an eine Autofahrt nach MacPherson in Kansas. Während dieser Fahrt hatte sie immer wieder daran gedacht, daß sie sterben werde, und nach ihrer Ankunft war sie eine halbe Stunde lang ohnmächtig gewesen und ihre Freunde hatten versucht, sie wiederzubeleben. Das geschieht häufig, wenn die Seelen im einzig günstigen Augenblick wechseln. Wichtig ist, daß es sich hier nicht um Besessenheit handelt und daß die neue Seele immer einen Vertrag mit der bisherigen Bewohnerin des Körpers geschlossen hat.

Julia war verstört und versuchte zu verstehen, welcher Teil von ihr Julia und welcher Teil eine andere Seele war. Ich setzte mich mit ihren Helfern in Verbindung, um weitere Auskünfte zu erhalten. Wir fanden heraus, daß Julia in einer Seelenvierergruppe geboren worden war. Eine dieser Seelen war ihr Mann, von dem sie sich gerade scheiden ließ, die zweite war die ursprüngliche Julia, die dritte war die jetzige Julia, und die vierte war der Mann, der ihr künftiger Lebensgefährte sein sollte. Die ursprüngliche Julia hatte sich in ihrem Vertrag zu einer schweren Kindheit und einer schwierigen Ehe verpflichtet, sollte aber die Verbindung zur Familie und zum Mann nicht abbrechen. Die neue Seele sollte Julias physischen Körper übernehmen, ohne sich daran zu erinnern, wer sie war. Sie hatte die Aufgabe, Julia zu befreien. Auch das ist typisch. Die neue Seele muß Karma loswerden, ihren Seelenvertrag erfüllen und der ursprünglichen Seele bei der Erfüllung ihres Vertrages helfen. Die meisten Seelen, die den Platz einer anderen einnehmen, sind hoch entwickelt, weil sie in einer einzigen Inkarnation eine doppelte Aufgabe übernehmen müssen. Es überraschte mich nicht, daß Julia diese Informationen am 22. Juli erhielt – an dem Tag, als sie die Scheidung einreichte. Dadurch wurde nämlich der Vertrag beider Seelen erfüllt.

Ich erkundigte mich nach dem Namen der neuen Seele und erfuhr, daß sie Pelauria hieß und daß die Erzengel-Ebenen und Seelengruppen der alten und der neuen Julia völlig verschieden waren. Pelauria hatte eine andere Seelenprägung und andere Erfahrungen als Julia. Pelauria mußte sich selbst kennenlernen.

Die Last der Polarität

Wieder war ich mit meinen Hausaufgaben im Rahmen der Seelenreinigung beschäftigt, und diesmal bat ich meinen Sohn Drew, mit mir zu arbeiten. Nach dem Erlebnis am Vortag wußte ich nicht, was mir bevorstand; aber ich wußte, daß ich Übung brauchte. Ich stellte fest, daß zwischen Drew und einer dunklen Energie aus einem früheren Leben eine Verbindung bestand, obwohl er ein Lichtwesen war. Diese dunkle Energie mußte beseitigt werden, da sie ihn in einen dunklen Wirbel zerren konnte.

Heute habe ich viele Seelenreinigungen hinter mir und weiß, wie viele dunkle und karmische Verbindungen wir in unserer Seele mit herumschleppen. Als Fragmente des göttlichen Schöpfers haben wir die Quelle verlassen, um Erfahrungen zu sammeln und gleichzeitig den Erfahrungsschatz des Schöpfers zu vergrößern. Das bedeutet, daß wir sowohl dunkle als auch lichtvolle Existenzen hinter uns haben, um die Polarität kennenzulernen. Wenn wir in der Dunkelheit leben, knüpfen wir manchmal Bande, die nie zerschnitten werden, auch nicht, wenn wir im Licht leben. Das kann zu Problemen führen, die wir auf der bewußten Ebene nicht lösen können. Hätte Drew mit dieser Verbindung zur dunklen Seite weitergelebt, wäre sein Leben dadurch vielleicht negativ beeinflußt worden. Ich durchtrennte das Band und war glücklich, ihn von der dunklen Energie zu befreien; aber ich wußte nicht, welche Folgen diese Tat für mich hatte.

Ein medialer Angriff

Nachdem ich meinen Sohn Drew von der Verbindung befreit hatte, die zwischen ihm und einigen dunklen Wesen bestand, lernte ich etwas über die Lektionen meines Lebens. In der folgenden Nacht träumte ich, daß böse, erbarmungslose Kreaturen mich verfolgten. Sie sahen aus wie eine Mischung aus Krebs, Skorpion und Schlange. Ich wehrte mich und trat mit aller Kraft nach ihnen. Dabei spürte ich, daß sie das Gewicht eines Hundes hatten. Plötzlich wachte ich auf und erkannte, daß ich nicht träumte und daß diese Geschöpfe tatsächlich durch meine Füße in mich eindringen wollten. Mein Herz klopfte wild, als ich versuchte, weißes Licht durch meinen Körper zu leiten. Aber ich hatte zuwenig Energie, weil sich bereits zuviel dunkle Energie in mir befand. Außerdem waren meine Arme und Beine gelähmt, und mir war, als werde mein Kopf unter einer gewaltigen Last zerquetscht. Ein Teil meines Astralkörpers war noch fort, weil Laramus, mein Gentechniker, nachts an ihm arbeitete. Er war teilweise zurückgekehrt, um mich zu schützen, aber Laramus hatte ihn noch nicht vollständig zurückschicken können.

Ich war also ein Gemisch aus meinem Selbst und einer Kopie, die meinen physischen Körper in Gang hielt, während mein Astralkörper mich im Schlaf verließ. Obwohl die Kopie eine andere Energie hatte, wohnte sie im physischen Körper und steuerte meine Programme. Darum *fühlte* ich mich mit der Kopie anders. Sie reagierte anders als ich, weil sie nie Angst empfunden hatte – bis zu diesem Augenblick.

Sofort rief ich nach Jesus und den Erzengeln Michael und Gabriel und bat sie, die dunklen Wesen aus meinem Körper zu vertreiben. Ich spürte, wie meine Energie zurückkehrte und die dunkle Energie verdrängte. Es ging mir immer noch miserabel, aber ich war auch wütend. Warum hatten meine Helfer mich nicht beschützt? Ich hatte ihnen vertraut! Offensichtlich hatte meine Kopie nicht denselben Schutzinstinkt. Ich verbot meinen Helfern, weiter an meinem Astralkörper zu arbeiten, wenn sie mich nicht ausreichend schützten. Sie entschuldigten sich für den Vorfall, aber ich hatte den Eindruck, daß er mir eine Lehre sein sollte – ich mußte an meiner Macht festhalten. Auch für sie war es eine Lehre: Sie mußten den Kopien beibringen, die negative Energie zu bekämpfen, die wir als Neukodierte anlocken, und den Körper nicht im Schlaf zu verlassen und dadurch hilflos zu machen.

Am nächsten Morgen fragte ich Bobbie um Rat. Sie wußte nicht, daß ich „durchs Universum reiste", um Seelen zu reinigen. Eigentlich, sagte sie, müsse mir doch klar sein, daß ich dunkle Kräfte nicht angreifen dürfe, ohne mich im Schlaf zu schützen, weil ich im Schlaf besonders verletzlich sei. Nun ja, das war mir nicht bekannt gewesen, aber ich schwor, mich nie wieder so zu entblößen. Sie riet mir, zusammen mit meinen Helfern mehrere Tage lang heilende Energie durch meinen Körper zu leiten, weil immer noch Spuren der dunklen Energie vorhanden seien. Auch ihr waren diese Wesen während ihrer medialen Arbeit begegnet, und sie bestätigte, daß sie heimtückisch waren. Sofort bat ich meine Helfer um Unterstützung, und meine Füße prickelten den ganzen Tag, als sie mich mit Energie durchfluteten. Ich hatte Kopfschmerzen, erholte mich aber langsam.

Es ist wichtig, daß wir uns während der Neukodierung schützen. Wir locken nämlich dunkle Energien an, denen es Spaß macht, gegen starke Lichtwesen zu kämpfen. Ich habe mich immer vor der dunklen Seite gefürchtet und wollte nichts mit ihr zu tun haben. Aber wenn ich meine ganze Macht zurückgewinnen will, muß ich meine Angst überwinden, auf der körperlichen und auf der feinstofflichen Ebene. Ich fragte meine Schutzgeister, wie ich verhindern könne, daß dunkle Energien mich im Schlaf überfielen. Sie erklärten mir, wie ich ein undurchdringliches Kraftfeld errichten konnte, das meinen Körper einhüllte: Ich visualisierte zwei Energiefelder aus weißem Licht, die mich kugelförmig umgaben. Die Grenze zwischen beiden bildete eine Barriere für dunkle Kräfte. Dennoch schlief ich einige Tage lang schlecht. Ich war den ganzen Tag über nervös, und meine Kopfhaut prickelte, als streiften sie unsichtbare Energien. Auch die heimtückischen Skorpione gingen mir nicht aus dem Sinn, und ich schauderte, wenn ich daran dachte.

Illusionen werden entlarvt

Nachdem ich mich davon überzeugt hatte, daß die dunklen Kräfte mir nichts mehr anhaben konnten, trat ich in die siebte Stufe ein. Auf dieser Stufe geht es darum, sich seine eigene Realität zu erschaffen und Illusionen zu entlarven. Die Skorpione waren meine erste scheinbar reale Illusion der dunklen Energie gewesen, und nach der Begegnung hatte ich schlecht geschlafen. Ich war in einem Hotel in Charlotte in North Carolina, wo ich für einen Klienten gearbeitet hatte. Als es Schlafenszeit war, merkte ich, wie sehr ich mich davor fürchtete einzuschlafen, obwohl ich jetzt wußte, wie ich mich schützen konnte. Ich spielte mit dem Gedanken, Bobbie anzurufen und um Hilfe zu bitten, aber es war nach Mitternacht und ich wollte sie nicht aufwecken. Also beschloß ich, tapfer zu sein. Im Grunde war ich gar nicht allein, weil meine Helfer immer da waren. Ich bat sie, während der Nacht bei mir zu bleiben und mich zu beschützen.

Dann wurde mir klar, daß ich darüber hinwegkommen mußte. Wenn ich meine Macht zurückbekommen wollte, durfte ich nicht im Bett wimmern und aus Angst vor den dunklen Mächten die Augen offen lassen. Jede Energie hat ein Muster, und dieses Muster können wir manipulieren, je nachdem, wie wir unsere eigene Energie manifestieren. Ich durfte mich nicht vor der dunklen Energie verkriechen und sie für mächtiger halten als mich selbst. Ich mußte daran glauben, daß ich mich ohne die Hilfe meiner Freunde schützen konnte. Also beschloß ich, meinen Schutzschirm aufzubauen und einzuschlafen. Ich vertraute darauf, daß die Skorpione oder andere Wesen dieser Art nicht an mich heran konnten, wenn ich es ihnen nicht erlaubte. Außerdem wollte auch Laramus, daß ich einschlief, damit er die Arbeit vollenden konnte, die in der vorigen Nacht so abrupt unterbrochen worden war. Ich wußte zwar nicht, wie tief ich schlafen würde, aber ich schütze mich und versenkte mich in Schlaf, wenn auch nur für einige Stunden.

Als ich erwachte, vibrierte ich am ganzen Körper. Meine Füße prickelten, und ich war von oben bis unten verspannt. Zuerst war ich enttäuscht und fragte meine Helfer, warum sie nicht besser gearbeitet hätten. Sie versicherten mir, sie hätten einige Reparaturen vorgenommen, und jetzt erkannte ich, daß ich vibrierte, weil meine Energie leichter geworden war. Ich war auf der siebten Stufe. Ich hatte die Illusion von Gefahr und Angst mit meinem Licht aufgelöst.

Ich beglückwünschte mich selbst und fragte mich, ob ich die sechste Stufe wirklich beendet hatte. Immerhin mußte ich noch Geld und Asalaine manifestieren. Aber ich verstand jetzt allmählich, daß die einzelnen Stufen eine kumulative Wirkung haben und daß wir die vorigen Stufen nicht unbedingt abschließen müssen. Mit anderen Worten: Ich war auf der siebten Stufe, um an bestimmten Aspekten dieser Stufe zu arbeiten, obwohl ich die sechste Phaase noch nicht ganz hinter mir hatte. Ich mußte noch lernen, sofort und präzise zu manifestieren. Jetzt konnte ich also gleichzeitig am Manifestieren und am Erschaffen arbeiten.

Ich lag im Bett und spürte die Krämpfe, die meine neue Schwingungsfrequenz hervorrief. Ich fragte meine Helfer, wie lange diese Krämpfe anhalten würden, und sie sagten: „Immer." Diese Krämpfe traten nämlich auf, weil meine dreidimensionale Energie leichter wurde, und sie ließen sich nicht unterdrücken. Ich war enttäuscht, weil dieses Symptom sehr unangenehm war. Dann erkannte ich, daß sie mir immer noch die Lektionen von Stufe sieben zur Schöpferkraft beibrachten. Nichts dauert ewig, wenn wir es nicht zulassen. Also trug ich ihnen auf, sofort ans Zeichenbrett zurückzukehren, und eine bessere Lösung zu suchen. Sie lachten und waren entzückt darüber, daß ich meine neue Rolle verstanden hatte. Die Krämpfe hörten noch am selben Tag auf!

Stufe acht beginnt

N kam zu mir, um unsere zweite Channeling-Sitzung am Sonntag zu besprechen. Sie hatte eben mit der achten Stufe begonnen – „Angst loslassen" –, und ich bat sie, mir zu erzählen, was sie bisher erlebt hatte. Sie erklärte, auf der achten Stufe gehe es vor allem um die Informationsverarbeitung des Gehirns. Wenn wir in diese Stufe eintreten, sind die meisten DNS-Stränge im Astralkörper verschmolzen und aktiviert worden. Bei mir waren acht Stränge verbunden, und ich befand mich auf der siebten Stufe. Wenn das Gehirn umprogrammiert wird, ist die DNS in der Lage, die zusätzlichen Informationen durch den ganzen physischen Körper zu befördern. Sobald diese Arbeit beendet ist, arbeiten alle Synapsen anders als vorher.

N sagte, ihr Leben sei unglaublich einfach geworden. Sie entdeckte an jeder Ecke neue Chancen, sowohl geschäftliche als auch persönliche. Während wir auf der sechsten Stufe unsere Macht zurücknehmen und zu verstehen beginnen, daß wir „Macher" sind, ermöglicht uns die achte Stufe, sofort zu manifestieren. Wir haben gelernt, unsere Energie zu nutzen, und sind nicht mehr darauf angewiesen, daß unsere Helfer für uns manifestieren. Wenn wir die Macht des eigenen Willens erkannt haben, können wir Wunder vollbringen.

Der Umgang mit Kopien

Die Reaktionen auf die Neukodierung sind immer noch interessant. Manche fühlen sich stark zu ihr hingezogen und ergreifen jede Gelegenheit, mehr darüber zu erfahren. Andere sind nur beiläufig interessiert, sehen darin aber kein Schlüsselereignis des Lebens. Und einige versuchen wohl, die einzelnen Stufen zu bewältigen, schwanken aber, wenn die

Herausforderungen zunehmen. Ich arbeitete voller Hingabe und half anderen Leuten, ihren Seelenvertrag zu akzeptieren und für die Neukodierung zugelassen zu werden. Aber ich hatte auch Verständnis für jene, die diesen Weg anstrengend fanden.

Manchmal wünschte ich mir, wieder ein ruhigeres Leben zu führen. Und gelegentlich kam ich mir verrückt vor, weil ich häufiger mit Wesen sprach, die physisch nicht anwesend waren, als mit den Menschen, die mir im Alltag begegneten. Dann dachte ich an das banale Leben, das mich erwartete, wenn ich mich nicht neu kodieren ließ: ein Leben voller Furcht, Wut und Langeweile anstatt voller Freude, Liebe und Flexibilität. Außerdem erinnerte ich mich daran, daß selbst ein schlichtes Leben gefährlich ist, wenn unser Planet die Dimension wechselt.

Ich hatte Stufe sieben hinter mir, und es war bisher die schwierigste Stufe gewesen. Auf dieser Stufe müssen wir unsere wachsende Macht nutzen, um den Weg durch die illusionären Hindernisse zu erleuchten. Mein Kampf gegen die dunklen Mächte war offenbar ein Teil dieser Stufe. Aber es gab auch andere Rückschläge, die ich nicht so gut bewältigte. Zum Beispiel rief mich die Redakteurin an, der ich bei der Neukodierung geholfen hatte, und berichtete, sie und ihr Mann hätten beschlossen, ihren Verlag zu verkaufen. Leider wurden deshalb alle Artikel zurückgestellt, die ich in der folgenden Ausgabe der Zeitschrift zu finden gehofft hatte. Ich war niedergeschlagen, weil ich so hart gearbeitet hatte, um die Artikel in kurzer Zeit fertigzustellen. Es war mir noch nicht ganz gelungen, ohne Widerstand zu leben und mich mit dem zu beschäftigen, was ich wollte, anstatt mit dem, was ich nicht wollte.

Auch auf Stufe sieben wird der Astralkörper für längere Zeit abgelöst. Die Gentechniker müssen zwei oder drei Tage hintereinander an uns arbeiten, weil sie nicht alles während des kurzen Schlafes bewältigen können. Sie stellen uns jedoch eine Kopie des Astralkörpers zur Verfügung, die allerdings ihre Mängel hat, wie ich erfahren mußte. Vor allem muß man sie ausbilden, damit sie nicht tut, was sie will. Sonst tut sie vielleicht gar nichts, wenn ich einen wichtigen Termin einhalten muß, oder sie stürzt sich auf Süßigkeiten, nachdem ich zwei Jahre gebraucht habe, um mich von meiner Zuckersucht zu heilen. Diese Kopien sind offenbar junge Seelen, die nie in der dritten Dimension gelebt haben. Sie kommen auf die Erde, um Erfahrungen zu sammeln, damit sie sich weiterentwickeln können. Darum war meine Kopie nicht mit der Angst vertraut, als die Skorpione mich angriffen. Außerdem haben Kopien keine Gefühle, weil sie an dieser Ebene gar kein Interesse haben. Sie stellen sich ziemlich dumm an, und das fiel allen auf, die mich gut kennen.

Während unserer zweiten öffentlichen Channeling-Sitzung berichtete Joysia ausführlich über unsere unangenehmen Erfahrungen mit den Kopien und riet uns, sie zu „trainieren", weil sie sonst eher faulenzen, als sich um ihre Pflichten zu kümmern. Zuerst sollten wir uns schützen, indem wir uns morgens und abends in ein Netz aus goldenem Licht hüllen. Damit spielte er auf mein nächtliches Erlebnis an – dunkle Kräfte hatten meine Kopie überwältigt. Kopien haben die negative Energie nie kennengelernt und wissen daher nicht, wie sie mit ihr umgehen sollen. Wenn ich meinen physischen Körper schützte, nutzte ich mein Wissen über die dunkle Seite, um einen Schutzschirm zu errichten. Die Kopie konnte das gleiche tun, weil ich eine Schablone geschaffen hatte. Wichtig ist es auch, daß wir unserer Kopie erlauben, unsere Aufzeichnungen zu lesen, denn das ist niemandem ohne unsere Zustimmung gestattet. Wenn sie unsere Aufzeichnungen kennen, reagieren sie in bestimmten Situationen eher so wie wir. Joysia empfahl außerdem, für unsere Kopie eine Liste mit Anweisungen zu erstellen, damit sie ihre Aufgaben erfüllt, während wir „verreist" sind.

Meine Kopie hieß Kryona, und ich versuchte, ihr bei der Ausbildung zu helfen. Nach einem emotional leeren, lethargischen Wochenende mit meiner Kopie beschloß ich, mit ihr zu reden. Alle meine Freunde fragten mich, ob etwas mit mir nicht in Ordnung sei! Sie merkten, daß ich mich „anders" verhielt. Ich wußte, daß Kryona ihr Bestes gab, aber es fiel mir schwer, auf die Freude zu verzichten, die sich eingestellt hatte, als meine Energie leichter wurde. Sie sollte versuchen, während ihres Aufenthalts auf der Erde jeden Tag Freude zu empfinden und etwas Konstruktives zu tun. Ich erklärte ihr auch, daß ich sehr hart daran gearbeitet hatte, meine Zuckersucht zu überwinden, und daß sie ihren Appetit zügeln müsse. Sie versprach es. Sie schlug sogar vor, mich ganz zu „übernehmen", während ich mich um meine Marktforschung kümmerte, damit die Arbeit an meinem Astralkörper schneller abgeschlossen werden konnte. Aber das traute ich ihr doch nicht ganz zu.

Also kamen wir darin überein, ich würde ihr erlauben, mich zu fünfundsiebzig Prozent zu übernehmen und einen Bericht zu schreiben. Wenn der Bericht gut ausfallen sollte, würde es in den nächsten paar Wochen bei diesen fünfundsiebzig Prozent bleiben, damit die Arbeit an meinem Astralkörper abgeschlossen werden konnte. An den Wochenenden wollte ich vollständig anwesend sein, denn ich empfand seit Beginn der Neukodierung eine Lebensfreude, die ich in meiner Freizeit nicht verlieren wollte. Außerdem bat ich Kryona, alles besser zu machen als ich, was sie ihrer Meinung nach besser machen konnte, und auch schlechte Gewohnheiten zu beseitigen. Warum sollte ich die Talente einer anderen Seele nicht nutzen? Leider konnte ich sie nicht auffordern, energischer zu werden. Kopien haben nämlich wenig Energie, vielleicht weil sie mit der Dichte dieses Planeten nicht vertraut sind. Also machte ich während meines Arbeitstages kurze Nickerchen, was gar nicht zu meiner dynamischen Lebensweise paßte. Aber ich mußte mich mit dem geringen Energieniveau abfinden, weil Kryona nichts dagegen tun konnte, solange sie sich nicht an die Dichte gewöhnt hatte.

Kryona schrieb einen recht guten Bericht für mich, obwohl einige Einzelheiten fehlten. Insgesamt betrachtet, war sie ein befriedigender Ersatz für meinen Astralkörper. Ich verließ die Stadt mit fünfundsiebzig Prozent von ihr und fünfundzwanzig von mir, denn ich wollte zumindest teilweise anwesend sein, um keine Kunden zu verlieren. Ich fühlte mich wie eine Sibylle, weil ich zahlreiche Gespräche in meinem Kopf führte – mit meinen Helfern, mit meinem Gentechniker und nun auch mit Kryona. Ich war froh darüber, daß ich keine intime Beziehung hatte (Asalaine war noch nicht angekommen), weil das einfach zuviel gewesen wäre, und ich war auch dankbar dafür, daß mein Sohn drei Wochen in einem Ferienlager war, weil ich Menschen, die mich kannten, nur schwer davon überzeugen konnte, daß alles in Ordnung war. Ich fragte meine Helfer, wie lange ich meine multiple Persönlichkeit erdulden müsse, und sie sagten, sie würden die Arbeit innerhalb von zwei dreitägigen Perioden abschließen. Das war nicht zuviel verlangt, wenn man die positiven Folgen der Neukodierung bedenkt.

Zusammenfassung

Lehren aus der Neukodierung im Juli

- Alle Wesen im Universum sind in irgendeiner Weise mit der Erde verbunden, weil sie erst dann zum göttlichen Schöpfer zurückkehren können, wenn die dreidimensionalen Wesen ihre Frequenz steigern.
- Die Neukodierung ist wichtig, weil sie den Einfluß Marduks auf diesen Planeten verringert. Es kann sein, daß Marduk noch zu unseren Lebzeiten zurückkommt, um wieder Angst zu verbreiten. Je höher die Energiefrequenz auf dem Planeten ist, desto größer ist die Chance der Erde, in den erleuchteten 2 000-Jahre-Zyklus einzutreten, den die alten Kulturen vorhergesagt haben.
- Angst kann die Wirkung der Neukodierung aufheben. Wir müssen unbedingt daran denken, daß Angst eine Illusion ist, die auf der Erde eingeführt wurde, damit die dreidimensionalen Wesen ihr wahres Potential nicht erkennen.
- Neukodierte müssen ihre negative seelische Energie zum größten Teil loswerden, vor allem Wut und Angst aus diesem Leben und aus früheren Existenzen. Es kann sein, daß wir während der Neukodierung etwas Unbehagen verspüren, wenn wir vorher zuwenig negative Energie abgebaut haben. Leberreinigungen sind zu empfehlen, um Wut aus dem Körper zu entfernen; denn Wut wird meist in der Leber gespeichert.
- Während der Neukodierung sollten wir möglichst wenig Fleisch, Geflügel und Fisch essen, um den physischen Körper zu reinigen. Fleisch und Geflügel enthalten Antibiotika und Hormone, Fisch enthält Umweltgifte. Diese Chemikalien stören die Körperreinigung und erzeugen ständig negative Energie, die entfernt werden muß.
- Wenn wir auf einen Menschen wütend sind, müssen wir ihn loslassen. Das ist wichtiger als Vergebung. Vergebung ist kein Teil der göttlichen Wahrheit, weil sie voraussetzt, daß der eine etwas Falsches und der andere etwas Richtiges getan hat.
- Auf Stufe drei beginnt sich der Kanal zu öffnen, der uns das Hellhören ermöglicht. Wenn wir uns gegen das, was wir hören, wehren, empfinden wir möglicherweise Schmerzen im rechten oder linken Ohr, je nachdem, welches Ohr wir

für die mediale Kommunikation benutzen. Es ist wichtig, Elektrosmog zu meiden, weil er die Medialität stört und Schmerzen oder Übelkeit auslösen kann.

- Nicht jeder Neukodierte sieht nach der vierten Stufe Wesen mit einer höheren Frequenz mit dem bloßen Auge. Manche sehen sie mit dem dritten Auge.
- Während der fünften bis siebten Stufe wird der Astralkörper einige Male durch Kopien ersetzt, weil die Gentechniker längere Zeit am Astralkörper arbeiten müssen. Es ist wichtig, für die Kopie eine Liste mit Anweisungen zu erstellen, damit sie ihre Aufgabe erfüllen kann. Kopien sind junge Seelen, die das Leben in der dritten Dimension kennenlernen wollen. Sie haben keine echte Verbindung mit unserem Leben und sind eher neutral und passiv. Es ist hilfreich, wenn wir ihnen erlauben, unsere Aufzeichnungen zu lesen, damit sie mehr Anhaltspunkte bekommen, nach denen sie sich richten können.
- Stufe fünf – „Integration" – ist aufregend. Wir können damit beginnen, uns in andere Dimensionen zu versetzen und gleichzeitig mehrere Existenzen zu erleben. Durch Träume und Déjà-vu-Erlebnisse können wir einen Blick in andere Existenzen werfen.
- Auf der sechsten Stufe – „Besitze deine Macht" – sind die geistigen Helfer zu achtundneunzig Prozent davon überzeugt, daß der Neukodierte nicht mehr von seinem Weg abkommt. Wir beginnen unsere größere Macht zu spüren und können mit dem Geist rasch manifestieren, was wir haben wollen. Jetzt ist positives Denken wichtig, denn negatives Denken ist immer noch möglich. Die Helfer sind jetzt keine „Macher" mehr, sondern „Unterstützer". Die Rolle des Machers übernehmen wir. Allerdings sind in diesem Stadium noch weniger als die Hälfte der DNS-Stränge miteinander verbunden, so daß unsere Fähigkeit zu manifestieren noch eingeschränkt ist.
- Die siebte Stufe heißt „Illusionen beseitigen". Jetzt werden Schichten mit unterschiedlicher Dichte abgeschält wie bei einer Zwiebel, und wir werden leichter. Auf der sechsten Stufe haben wir gelernt, „Macher" zu sein, auf der siebten werden wir zum Schöpfer. Dies ist eine schwierige Stufe. Auf Stufe sechs haben wir erkannt, daß wir selbst die Quelle der Macht sind; jetzt müssen wir mit dieser Macht umgehen lernen.

- Von der siebten Stufe an werden wahrscheinlich dunkle Kräfte auf uns aufmerksam. Sie werden von unserer Lichtenergie angelockt, weil sie davon schmarotzen können. Darum müssen wir uns jeden Tag schützen.
- Stufe acht heißt „Angst loslassen". Jetzt ist der größte Teil der Arbeit vorbei, was die Informationsverarbeitung des Gehirns betrifft. Die meisten DNS-Stränge im Energiekörper sind verschmolzen und aktiviert. Die Synapsen des Gehirns arbeiten jetzt anders. Die DNS programmiert das Gehirn um, so daß es die neuen Informationen in den ganzen Körper befördert.

5
August 1996

Unwohlsein während der Neukodierung

Die siebte Stufe – „Illusionen beseitigen" – war für mich die schwierigste, weil ich nicht wußte, ob in bestimmten Situationen ich oder meine Kopie reagierte. Seit Kryona sich um meinen Körper kümmerte, fühlte ich mich apathisch. Meine Kopie hatte keine Gefühle für ein Leben, das sie nicht selbst lebte. Ich war da und trotzdem weit weg.

Ich hatte mit Kryona vereinbart, daß sie mich am Wochenende verließ, damit ich meine Freizeit genießen konnte. Ich vermißte das angenehme, leichte Gefühl, das ich empfand, wenn ich ganz war. Kryona war nicht imstande, dieses Gefühl hervorzurufen. Als ich von meiner Geschäftsreise am Freitag zurückkam, stellte ich jedoch fest, daß ich einschlafen mußte, damit meine Kopie mich verlassen konnte. Aber Kryona hatte beschlossen, nicht zu gehen – die Erde gefiel ihr, und sie wollte mehr erleben! Ich war zu einer Kunstausstellung eingeladen worden und hatte zwischen meiner Ankunft auf dem Flughafen und meinem Treffen mit den Freunden gerade noch Zeit, zu duschen und mich umzuziehen. Ich konnte also nicht einschlafen, um Kryona wegzuschicken. Also ging ich in unserem Fünfundsiebzig-zu-fünfundzwanzig-Prozent-Zustand zur Ausstellung, fühlte mich aber verwirrt und hatte Mühe, den anderen zu folgen.

Auf dem Weg nach Hause lieh ich mir ein Video aus, weil ich wußte, daß ich nicht schlafen konnte, teils weil Kryona mehr Zeit haben wollte, teils weil ich klopfende Kopfschmerzen hatte, die das Einschlafen verhinderten. Zu Hause nahm ich ein heißes Bad und hoffte, es werde mich so entspannen, daß ich schlafen konnte. Dann schaute ich bis zwanzig nach eins den Film an. Danach war ich immer noch wach, und meine Kopfschmerzen hatten sich an die Seite des Halses verlagert. Ich nehme selten Medikamente, aber ich wußte, daß Kryona erst gehen würde, wenn ich eingeschlafen war; darum schluckte ich zwei extra starke Aspirintabletten und hoffte, am nächsten Morgen wieder ganz ich selbst zu sein. Gegen zwei Uhr schlief ich endlich ein.

Als ich aufwachte, war ich sehr niedergeschlagen und hatte keine Energie. Ich dachte, Kryona sei vielleicht noch da, aber dann merkte ich, daß sie fort war. Warum also war ich so deprimiert? Plötzlich wurde mir klar, daß ein großer Teil meines Selbst fast eine Woche lang bei meiner „wahren Familie" gewesen war und daß ich Heimweh hatte, obwohl ich mich nicht daran erinnerte. Ich verbrachte fast den ganzen Tag im Schwimmbecken und versuchte, mich zu orientieren. Mit der Neukodierung war ich ebenfalls unzufrieden. Zehn DNS-Stränge waren verbunden worden, und ich fragte mich, wann ich mich „anders" fühlen würde. Meine Freunde konnten das nicht verstehen, denn sie wußten, wie medial ich in den letzten Monaten geworden war und wie schnell ich materialisieren konnte. Trotzdem hatte ich mehr erwartet. Wie konnte ein Wesen auf dem Weg in die fünfte Dimension sich so schlecht fühlen?

Am Sonntagmorgen sprach ich mit N, weil meine düstere Stimmung immer noch nicht abgeklungen war und ich mir immer größere Sorgen machte. Sie fühlte mit mir, weil die siebte Stufe auch für sie schwierig gewesen war. Auf dieser Stufe werden alle übriggebliebenen Ängste bloßgelegt, so daß wir gezwungen sind, uns ihnen zu stellen und sie zu überwinden. Wenn wir auf die Erde kommen, tragen wir karmische Implantate in uns, die uns helfen zu lernen, was wir hier lernen sollen. Einige dieser Implantate verstärken bestimmte Ängste, um den Lernvorgang zu fördern. Ich vermute, wir bestehen die Prüfung *magna cum laude,* wenn wir mit solchen Ängsten fertig werden. Ein dreidimensionales Wesen mag das für unfair halten, aber ich nehme an, daß wir als nicht verkörperte Wesen von Herausforderungen begeistert sind.

Auf der siebten Stufe werden wir mit den tiefsten Ängsten konfrontiert, die wir auf der Erde überwinden sollen. Aber wir können sie beseitigen. Ich hatte noch Angst davor, von anderen Wesen mental oder körperlich besessen zu sein. Nun ja, insofern hatte man mich vor einer Woche gründlich geprüft. Auch die Kopie, die nicht gehen wollte, war ein Test. N riet mir, alles „loszulassen" und Stufe sieben abzuschließen. Ich wußte allerdings nicht, was „loslassen" in diesem Zusammenhang bedeutete, aber ich versuchte, negative Energien aufzulösen, sobald sie entstanden, und so positiv wie möglich zu bleiben.

Ein Besuch in den Hallen von Amenti

Jeanne und Mark, das Paar, dem ich beim Antrag auf Neukodierung geholfen hatte, kam zu mir, um mich bei einem Experiment zu unterstützen: Ich wollte die Hallen von Amenti besuchen. Jeanne kann Menschen in andere Dimensionen bringen, und ich hatte sie gebeten, mit mir die Hallen von Amenti zu besuchen, weil ich herausfinden wollte, was ich mit ihnen zu tun hatte. Außerdem war Mark ein Teil des Energierasters gewesen, das in die Hallen integriert worden war und eines Tages die Erde aus der dritten in die fünfte Dimension heben wird. Darum hatte er ein Leben in einer Gesellschaft mit Gruppenbewußtsein verbracht, obwohl diese Erfahrung für ihn nicht angenehm war. Er mußte jedoch lernen, die Energien von Individuen zu bündeln und in eine andere Dimension zu lenken, vor allem die Energien dreidimensionaler Wesen, die scheinbar völlig getrennt voneinander leben. Ich hatte den beiden berichtet, was ich über die Hallen von Amenti und Marks Rolle wußte, und sie waren ebenso sehr wie ich daran interessiert, diesen heiligen Ort zu erforschen.

Jeanne fragte mich, ob es mir erlaubt sei, die Hallen auf der feinstofflichen Ebene zu besuchen. Sie wußte, daß ich Sedona derzeit nicht aufsuchen durfte, weil die Kodes in meinem Körper möglicherweise die Tore von Amenti öffnen würden. Aber ich hatte die Erlaubnis bereits erhalten, weil eine Astralreise die Energie der Hallen nicht beeinflussen würde. Wir legten uns hin und faßten uns an den Händen. Mark lag in der Mitte. Jeanne versetzte uns in einen meditativen Zustand und brachte uns an den Eingang der Kristallstadt, die ich oft über der heutigen Stadt Sedona hatte schweben sehen. Wir überquerten einen herrlichen, gewundenen Kristallfluß, gefüllt mit exotischen Fischen, deren Farben den heutigen Tropenfischen glichen. Das Wasser nahm Energie aus Kristallen auf, die am Haupttempel angebracht waren, und die Menschen benutzten das Wasser zum Trinken und Baden, als Quelle körperlicher und seelischer Gesundheit.

Jeanne führte uns durch den Tempel und auf den Weg zu den Hallen von Amenti. Rechts neben dem Tempel stand eine Pyramide mit einer schwebenden Kugel auf der Spitze. Ich japste nach Luft – denn so sah mein neues Firmenlogo aus! Wir betraten die Pyramide und gingen die Treppe hinter einem Podest hinunter. Sie führte zum Tor der Hallen von Amenti. Dort trennten wir uns. Jeanne sagte: „Wir gehen jetzt durch einen langen, engen Korridor und dann durch die richtige Tür, die zweite von rechts." Ich unterbrach sie und sagte: „Ich werde durch den Korridor gehen, aber danach in den Raum, der genau geradeaus liegt." Mark ging in den Raum zu seiner Linken.

Jeannes Raum war mit Steintafeln in schimmernden Schubladen gefüllt, die einem Tresor ähnelten. Mein Raum strahlte in weißem Licht, das mich in die eigentlichen Hallen von Amenti brachte. Anfangs überraschten uns diese Unterschiede, da wir ja zusammen gereist waren. Später erkannten wir, daß wir in der Kristallstadt verschiedene Rollen gespielt hatten. Jeanne war die Hüterin der Gesetzesbücher gewesen, die auf Kristalltafeln festgehalten wurden. Mark war eine Kristallgottheit in den Hallen von Amenti, ich ihr Eckstein. Jeanne vesprach, mir an mein Ziel zu folgen. Ich betrat einen ovalen Raum, in dem zweiunddreißig Kristallgottheiten ringsum standen. Einer von ihnen war Mark. Alle trugen den ägyptischen Kopfschmuck, den ich auf Büsten von Nofretete und Tutenchamun gesehen hatte. Oben waren die Wände mit einem Fries bemalt, das die Energie der Gottheiten bündelte. Ich setzte mich in die Mitte und nahm Kontakt mit ihnen auf. Jeanne bat diejenigen von ihnen, die wir in ihrer irdischen Inkarnation kannten, vorzutreten. Mark war dabei, aber auch vier andere, die wir nicht erkannten. Es war Marks Aufgabe, diejenigen Gottheiten zu identifizieren, die inkarniert waren, und ihnen ihre Doppelexistenz bewußtzumachen.

Jeanne führte uns aus den Hallen hinaus, und wir erwachten aus der Trance. Dieses Erlebnis war ehrfuchtgebietend, vor allem deshalb, weil wir drei durch unsere Arbeit in der Kristallstadt miteinander verbunden waren, ohne es zu wissen, als wir uns trafen. Jeanne und Mark hatten sich im vorigen Jahr auf einer Veranstaltung ihrer Kirchengemeinde kennengelernt. Es war erstaunlich, welche Folge von Ereignissen uns in physischer Gestalt zusammengeführt hatte. Außerdem war ich noch nie mit anderen auf der astralen Ebene gereist und hatte dabei dasselbe gesehen wie sie.

Die Feinheiten der siebten, achten und neunten Stufe

Ich machte einen langen Spaziergang im Wald, um mich mit meinen Helfern zu unterhalten, ohne von Elektrosmog beeinträchtigt zu werden. Trotz meiner Schwierigkeiten hatte ich jetzt zehn neu ausgerichtete DNS-Stränge, die mit meinem Astralkörper verschmolzen waren. Warum fiel mir die siebten Stufe nicht leichter, obwohl ich jetzt so viele Stränge hatte?

Mir war klar, daß wir auf Stufe sechs – „Besitze deine Macht" – unsere neuen Fähigkeiten akzeptieren. Wir bitten nicht mehr körperlose Wesen um Hilfe, sondern begreifen, daß wir selbst Macht besitzen und daher manifestieren können. Aber die noch nicht verbundenen DNS-Stränge begrenzen unsere Fähigkeit, Energie von der nichtkörperlichen auf die körperliche Ebene zu leiten. Auf Stufe sieben – „Illusionen beseitigen" – müssen wir unsere neuen Fähigkeiten auf die Probe stellen. Dabei werden wir mit zahlreichen Hindernissen konfrontiert: mit Ängsten aus früheren Zeiten, die wir noch mit herumschleppen. Wir haben die Wahl, das Hindernis zu akzeptieren oder es als Illusion zurückzuweisen. Wenn wir unsere Lektion auf Stufe sechs gut gelernt haben, begreifen wir, daß wir unser Schicksal selbst gestalten und daß wir jede Wirklichkeit erschaffen können, die wir uns wünschen. Die siebte Stufe ist schwierig, weil wir die Erkenntnis, daß wir unsere eigene Kraftquelle sind, in die Tat umsetzen müssen. Für mich war die siebte Stufe beendet, als ich sagte: „Jetzt reicht es. So will ich nicht leben." Das war das „Loslassen".

Auf der achten Stufe – „Angst loslassen" – beseitigen wir die Illusionen aus der siebten Stufe und beherrschen das

Manifestieren. Sämtliche Implantate, die Angst auslösen, werden entfernt. Sie wurden uns eingepflanzt, bevor wir auf die Erde kamen, damit wir die dritte Dimension – in ihr ist Angst die vorherrsche Emotion – intensiver erleben. Diese Implantate dienen aber auch unserem Schutz; denn Wesen aus höheren Dimensionen wissen nicht, was Angst ist – wahrscheinlich deshalb, weil der Tod ihnen nichts bedeutet, da sie sich an die Vergangenheit ebenso erinnern wie an die Gegenwart und an die Zukunft. Auf der achten Stufe haben wir zehn DNS-Stränge und wissen, daß wir unseres Schicksals Schmied sind. Wir haben erkannt, daß die Überwindung von Angst unsere Neigung zur Gewalt beseitigt und daß unsere Fähigkeit, reine Gefühle zu manifestieren, uns schützt. Wir sind dem Geist näher denn je, obwohl wir auf der Erde, in der dreidimensionalen Wirklichkeit, leben.

Ich hatte angenommen, die zusätzlichen DNS-Stränge würden mir zusätzliche Fähigkeiten verleihen. Manche Leute glauben, sie könnten auf dem Wasser wandeln wie Jesus, wenn sie die neun Stufen hinter sich haben. Anu hatte das vorausgesagt. Er hatte erklärt, wir könnten nach der Neukodierung Berge versetzen, aber wir müßten erst lernen, unsere Energie anzuwenden. Natürlich ist ein Leben ohne Angst schon fast das Höchste, was wir auf diesem Planeten erreichen können, aber ich hatte wohl mehr erwartet. Ich war sehr medial geworden, und es kam kaum vor, daß ich auf eine wichtige Frage keine Antwort bekam. Zudem konnte ich schnell und leicht manifestieren. Aber etwas fehlte mir. Mir schien, als hätte ich zwei Flügel bekommen, aber keinen Flugunterricht.

Ich hatte das Gefühl, als müsse ich all meine neue, höhere Energie auf ein bestimmtes Gebiet konzentrieren. Ich wollte anderen beibringen, wie sie manifestieren können. Ich wollte durch Seelenreinigung und Umstrukturierung Blockaden beseitigen, die andere Menschen am Manifestieren hindern. So viele Menschen auf diesem Planeten glauben nicht, daß sie alles haben können, was sie wollen. Ich wollte anderen das Manifestieren beibringen, damit sie mehr Freude im Leben empfinden. Mir war klar, daß die neun Stufen nur ein Anfang sind, und als ich beschloß, dennoch Freude daran zu haben, glitt ich auf Stufe acht.

Mehr über den Umgang mit Kopien

So sehr ich Kryonas Hilfe schätzte, war ich doch erleichtert, als ich sie nicht mehr brauchte. Die restliche Arbeit ließ sich nämlich bewerkstelligen, während ich schlief. Meine Freunde und Bekannten, die sich neu kodieren ließen, konnten sich noch schwerer an ihre Kopie gewöhnen. Julia war unglücklich, erschöpft und lethargisch. Sie war froh, von ihrem Mann getrennt zu sein und hatte angefangen, mit anderen Männern auszugehen. Aber ihre Kopie hatte ihr jede Freude genommen, weil sie an Julias Leben gar nicht interessiert war. Meine Freundin Pat nannte ihre Kopie „Rachel" und versuchte, gut mit ihr auszukommen. Aber auch Rachel war gefühlsarm und hatte keine Lust zu arbeiten, so daß Pat ihren Zeitplan nicht einhalten konnte. Beide Frauen hatten Anfälle von Freßsucht, obwohl sie schon seit längerer Zeit gesund gelebt hatten. Trotzdem waren sie entschlossen durchzuhalten – zwölf neu ausgerichtete und miteinander verbundene DNS-Stränge waren den vorübergehenden Ärger wert.

Ich riet Julia und Pat, die Kopien ihre Aufzeichnungen lesen zu lassen, was unsere Bodysitter ohne unsere Erlaubnis nicht dürfen. Wenn sie die Aufzeichnungen gelesen haben, können sie sich im Alltag leichter wie wir verhalten und verstehen auch unsere Gefühle besser. Gefühlsarm bleiben sie dennoch, weil sie schlichte Kopien ohne besonderes Interesse an unserem Leben sind.

Ich erzählte Julia und Pat, daß ich anfangs nur ungern auf einen Teil meines Selbst verzichtet und eine andere Seele in meinen Körper gelassen hätte. Auch für sie war es eine unangenehme Erfahrung, deren Ende sie herbeisehnten. Ihren Freunden fiel auf, daß sie „anders" geworden waren, und sie machten Bemerkungen über ihre schwankende Stimmung und ihren seltsamen Blick. Ich versicherte ihnen, die Kopie werde zum Glück nur für kurze Zeit gebraucht. Im Grunde tat meine Kopie mir einen Gefallen, weil ich dank ihrer Hilfe mehrere Tage lang „verschwinden" konnte und meine DNS deshalb schneller zurückbekam. Zur Belohnung versuchte ich, Kryonas Abenteuer in der dritten Dimension lehrreicher zu gestalten, und ermunterte sie, möglichst viele Erfahrungen zu machen. Ich erklärte Julia und Pat, daß ich mit Kryona vereinbart hatte, nur noch zu einem Viertel anwesend zu sein, und trotzdem mit ihr durch die Stadt gebummelt war. Außerdem hatte ich ihr erlaubt, mir alles abzunehmen, was sie besser konnte als ich, solange es in meinem Interesse war.

Die zwölf feinstofflichen Stränge sind verschmolzen

Ich freute mich und war ständig in Hochstimmung. Das war eine neue Erfahrung. Offenbar waren alle meine zwölf Stränge neu ausgerichtet und miteinander verbunden worden. Seit kurzem befand ich mich auf der neunten Stufe, obwohl die Gentechniker noch an den Schaltkreisen meines Gehirns arbeiteten, die im Einklang mit den Strängen arbeiten müssen. Ich war sehr stolz darauf, daß ich den ersten Teil meines Seelenvertrages erfüllt hatte.

Stufe neun heißt „Freiheit von Schuldgefühlen". Jetzt werden alle zwölf DNS-Stränge neu ausgerichtet und miteinander verschmolzen. Ich empfand reine Freude, als auf der achten Stufe sämtliche Implantate entfernt wurden, die Angst und Schuldgefühle auslösen. Zum erstenmal in meinem Leben traf ich Entscheidungen, die nicht auf diesen Emotionen beruhten. Obwohl ich immer noch in der dichten dreidimensionalen Welt lebte, war meine Energie spürbar leichter, weil ich mit einer höheren Frequenz schwang. Mir war, als dirigiere ich die Ereignisse, da ich Energie schneller und leichter bewegen konnte. Das fiel sogar fremden Leuten auf, weil ich dank meiner höheren Schwingungsfrequenz innerlich und äußerlich glühte. Ich genoß jede Minute der neunten Stufe und fand es zunehmend leichter, Entscheidungen zu treffen und mit den Problemen der dreidimensionalen Wirklichkeit fertig zu werden. Selbst wenn etwas nicht reibungslos verlief, blieb ich gelassen, weil ich wußte, daß alles ist, wie es sein soll.

Ich hatte die Neukodierung in der Rekordzeit von fünf Monaten abgeschlossen, obwohl wir ursprünglich mit neun Monaten gerechnet hatten. Joysia wies jedoch darauf hin, daß nicht alle derart schnelle Fortschritte machen. Ich war sehr motiviert, weil ich mich in meinem Seelenvertrag dazu verpflichtet hatte, der Erde die Energie der zwölf Stränge zu bringen, und weil ich kaum Angst gehabt hatte. Hinzu kam, daß

Joysia mir dieses hohe Tempo erlaubt hatte, damit er und sein Team daraus lernen konnten. Sie wollten, daß ich die Neukodierung bald beendete, um Gentechniker ausbilden zu können. Außerdem hatte das *Repatterning* mich rasch von negativen Energien befreit, die bei der Neukodierung störten. Es hätte länger gedauert, diese Blockaden durch Introspektion und positives Denken zu beseitigen.

Joysia hatte mich gebeten, ihn zu verständigen, bevor ich Neukodierte durch *Holographic Repatterning* von negativer Energie reinigte, damit ihr Prozeß nicht beschleunigt wurde. Er riet mir, anderen zu erklären, warum sie für die Neukodierung länger brauchen würden als ich. Ich mußte ihre Bereitschaft und ihr Engagement anerkennen, aber auch die Notwendigkeit, Blockaden zu beseitigen. Ein langsameres Tempo macht die Neukodierung erträglicher. Mir fiel auf, daß diejenigen, die sich nach mir neu kodieren ließen, länger auf den einzelnen Stufen verweilten und daß die Gentechniker an mehreren Stufen gleichzeitig arbeiteten. Ihre Kopien blieben nicht so lange im Körper, um ihnen Unannehmlichkeiten zu ersparen. Anfangs hatten Anu und Joysia sich darüber gefreut, daß ich so rasche Fortschritte machte; aber weil es mich so angestrengt hatte, gingen sie mit meinen Nachfolgern behutsamer um.

Wechselwirkungen zwischen den zwölf Ebenen

Ich flog nach Colorado, um mit Venessa die Seelenreinigung zu üben. Das war eine faszinierende Arbeit, die mir zusätzliche Einsichten vermittelte. Da ich wußte, daß es in meinem Seelenvertrag um die Neukodierung ging, wunderte ich mich über mein großes Interesse an der Seelenreinigung. Venessa erklärte es mir schon am ersten Tag: Seelen, die auf die Erde kommen, um ihr zu dienen, können nicht in ihre Heimat zurück oder in höhere Dimensionen wechseln, wenn sie dunkle Energien aus früheren Existenzen mit sich herumtragen. Sie dürfen diese Quarantäne nicht brechen, weil ihre negative Energie den Lichtwesen auf den reinen Ebenen schaden kann. Die Seelenreinigung dient der Entgiftung; sie beseitigt negative Energie in einer Sitzung.

Ich wußte, daß ein Mensch dunkle Energie in sich bergen kann, ohne es zu wissen. Ich war beispielsweise als Kind von Außerirdischen entführt worden. Sie hatten mir Monitore eingepflanzt, um mich zu überwachen. Mit diesen Implantaten hätte ich nicht nach Hause zurückkehren dürfen, weil sie mich mit bösartigen Wesen verbanden, die sie später hätten mißbrauchen können. Aber ich hatte erst vor einigen Jahren während der Seelenreinigung von diesen Implantaten erfahren. Danach hatte mein Leben sich drastisch verändert; denn die Implantate befanden sich im dritten Auge und blockierten meine Fähigkeit, zu meditieren und mediale Botschaften zu empfangen. Kurz nach meiner Seelenreinigung fing ich an, automatisch zu schreiben. Dank meiner Arbeit mit Neukodierten weiß ich, daß viele von ihnen einem dunklen Einfluß unterliegen, den man beseitigen muß. Es kann sich um einen Fluch, um eine emotionale Bindung an ein dunkles Wesen oder etwas anderes handeln. Manchmal muß auch ein Seelenvertrag aufgehoben werden.

An den Abenden nach dem Workshop channelte Venessa ein Wesen namens Maria, damit wir von ihr lernen und uns unterhalten konnten. An unserem ersten gemeinsamen Abend sprachen wir zunächst kurz über die Energie der Göttin; dann erkundigte Maria sich, ob jemand Fragen habe. Natürlich hatte ich in diesen Tagen immer Fragen! Trotzdem hielt ich mich höflich zurück und ließ den anderen den Vortritt. Als ich an der Reihe war, stellte ich mich als Anne vor. Maria erwiderte sofort, dieser Name passe nicht zu meiner Energie. Ich war verdutzt, beschloß aber, ihr den Namen Lahaina zu nennen. „Ach so, Lahaina", sagte Maria, als kenne sie mich seit Jahrtausenden. Das war für mich eine wundervolle Bestätigung, da ich Venessa nie meinen Seelennamen verraten hatte. Ich bat Maria, sich meine zwölf DNS-Stränge anzusehen, weil ich meine Fortschritte noch einmal bestätigt haben wollte. „Ja, du hast zwölf Stränge", antwortete sie in einem Ton, der ihre Gedanken widerspiegelte: „Weißt du das nicht, du Dummerchen?"

Ich fragte Maria, warum ich mich mit zwölf Strängen nicht anders fühlte als mit zwei und wie ich andere auf die Neukodierung vorbereiten sollte. Maria erklärte, ein dreidimensionales Wesen habe mit seinen zwei DNS-Strängen Zugang zu zwei Bewußtseins- und Informationsebenen, während ich mit meinen zwölf Strängen weitere zehn Ebenen erreichen könne. Später sprachen Venessa und ich darüber, wie die zwölf Stränge in den physischen Körper integriert werden. Unserer Meinung nach dauerte das einige Zeit, weil bei einer plötzlichen Integration wahrscheinlich die Schaltkreise eines dreidimensionalen Wesens durchbrennen würden. Venessa vermutete sogar, daß dieses Leben dafür nicht ausreicht. Als zweisträngige Wesen können wir die Energie im Astralkörper, nicht aber im physischen Körper ertragen. Wir sind nicht für zwölf physische DNS-Stränge gemacht. Bei künftigen Generationen wird dies anders sein.

Venessa meinte, wir hätten die Aufgabe, die höhere Energie auf diesen Planeten zu bringen, damit ihn eines Tages zwölfsträngige Wesen bewohnen könnten. Aber auch bei Menschen mit zwölf feinstofflichen Strängen sei eine Integration in gewissem Umfang möglich. Wenn das elektromagnetische Feld der Erde nach unserem Übergang vom dreidimensionalen zum fünfdimensionalen Bewußtsein lichter wird, müßte eine Seele in einem zweisträngigen physischen Körper mehr und mehr von den zwölf Strängen in ihrem Energiefeld profitieren, weil sich dann die Wechselwirkung zwischen den physischen und feinstofflichen Energiefeldern verbessert. Erst später erfuhr ich, daß wir die Energie der zwölf Stränge mit Hilfe des endokrinen Systems anzapfen können.

Da ich nun über zusätzliche Informationen verfügte, schrieb ich die Broschüre um, die ich für Interessenten zusammengestellt hatte. Laramus und Joysia, meine Gentechniker, halfen mir dabei. Wer sich neu kodieren lassen möchte, sollte wissen, daß er nach Abschluß der neun Stufen weder auf dem Wasser gehen noch Wasser in Wein verwandeln kann. Diesen Text fügte ich meinen Erläuterungen hinzu:

„Wenn ein dreidimensionales Wesen zwölf DNS-Stränge zurückerhält, dann befinden diese sich im Astralkörper, weil der dreidimensionale physische Körper derzeit noch zu dicht ist, um die höhere Energie zu ertragen, die ein Wesen mit zwölf Strängen benötigt. Das ist der erste Schritt auf dem Weg zum vollen Bewußtsein für Erdbewohner. Auf der nächsten Stufe verbinden wir die zwölf feinstofflichen Stränge mit dem endokrinen System. Später, wenn das Energiefeld der Erde lichter wird, werden die zwölf Stränge in den physischen Körper integriert. Wer die zwölf feinstofflichen DNS-Stränge besitzt und Kinder zeugt, kann dadurch einer Seele eine höhere Energie mit auf den Weg geben, so daß ihr physischer Körper imstande ist, zwölf DNS-Stränge zu halten. Schon bevor es soweit ist, leben wir jedoch angenehmer, weil wir Zugang zu zwölf Ebenen des Bewußtseins und der Information erhalten und weil alle Implantate entfernt werden, die Angst und Schuldgefühle auslösen. Durch die Neukodierung kann ein dreidimensionales Wesen trotz Erddichte dem vollen Bewußtsein nahekommen. Wir dürfen die Neukodierung aber nicht mit der Fähigkeit einer Seele verwechseln, ihre Merkabah zu aktivieren und bewußt zwischen den Dimensionen hin und her zu reisen. Allerdings sorgt die Neukodierung dafür, daß wir diese Gabe eines Tages besitzen werden; denn nur voll bewußte Wesen können die Merkabah aktivieren."

Die Macht des Erzengels Camael

Es gibt sieben Erzengel-Ebenen, die daran mitwirken, Erdbewohner zu unterrichten. Als Sterngeborene bin ich mit einem Geschenk von einer bestimmten Erzengel-Ebene auf die Erde gekommen: mit der Fähigkeit, zu helfen und zu dienen. Ich bin vor allem mit der Ebene Gabriels vertraut. Das ist die Ebene des Unterrichts und der Kommunikation. Das hat mir immer Spaß gemacht. Während unserer Ausbildung brachte Venessa uns bei, unsere Empfänglichkeit für alle sieben Erzengel-Ebenen einzuschätzen. Wir sollen nicht nur das Wissen unserer primären Ebene nutzen, sondern auch das der anderen Ebenen. Was die Ebene Gabriels betraf, so war sie mir zu hundert Prozent zugänglich, die Ebene Camaels, die Ebene der Macht, jedoch nur zu dreiundfünfzig Prozent.

Während der Mittagspause machte ich einen langen Spaziergang in den Bergen. Es war wundervoll, weil ich ganz allein war und kein Elektrosmog mich störte, so daß ich meine Helfer deutlich verstehen konnte. Ich fragte sie, warum die Ebene der Macht mir zur Hälfte verschlossen sei, obwohl ich doch ein Gefühl der Macht brauchte, um wichtige Aufgaben wie die Neukodierung bewältigen zu können. Sie erklärten mir, ich habe mir selbst einen Teil meiner Macht genommen, weil ich ihr nicht traute. Als ich in der Kristallstadt große

Verantwortung getragen und an meine Macht geglaubt hätte, sei ich zu Entscheidungen gezwungen gewesen, die mein Volk ausgelöscht hätten. Jetzt hindere Angst mich daran, meine Macht zurückzugewinnen und wieder die Verantwortung für schwierige Entscheidungen zu übernehmen. Ich weinte, als ich erkannte, wie sehr ich mich selbst gefesselt hatte. Meine Helfer fragten mich erneut, ob ich meine volle Macht wiederhaben wolle; aber ich lehnte ab. Bestand nicht die Gefahr, daß ich andere erneut verletzen würde?

Dann wurde mir klar, daß ich meine Aufgabe in diesem Leben nie erfolgreich beenden konnte, wenn ich meine Macht nicht akzeptierte. Weinend schob ich meine Bedenken beiseite und erklärte mich bereit, meine volle Macht und die damit verbundene Verantwortung zu akzeptieren. Aber diesmal war ich nicht allein. Ich profitierte von der Kraft meiner Helfer und des göttlichen Schöpfers. Damit war gewährleistet, daß ich den kürzesten Weg zu meinem Ziel finden und die richtigen Entscheidungen treffen würde. Ich spürte, wie eine gewaltige Last von meinen Schultern genommen wurde. Sie wich dem Gefühl der Ruhe und der Verantwortung. Ich wußte, daß ich ein großes Hindernis beseitigt hatte. Jetzt war ich frei von der Angst, die ich nach jenem schicksalhaften Erlebnis in den Hallen von Amenti viele hundert Leben lang mit mir herumgeschleppt hatte.

Platz für Asalaine

Venessa channelte Maria erneut. Diesmal fragte ich sie, wann ich meinen Lebenspartner Asalaine kennenlernen würde, und sie sagte, ich müsse mein Energiefeld erst von „diesem anderen Mann" befreien. Das überraschte mich, weil ich mir große Mühe gegeben hatte, meinen Expartner Jerry loszulassen. Maria sagte, ich hätte zwar meine Probleme gelöst, aber Jerry habe einen „Keil" unter die Tür geschoben, die zu Asalaine führe. Ich hatte geglaubt, unsere Beziehung sei zu Ende; aber Jerrys Gefühle existierten immer noch. Als ich daran dachte, wie intensiv ich mich auf der feinstofflichen Ebene gereinigt hatte, fragte ich mich, wie andere Menschen sich nach einem Todesfall oder nach einer Scheidung jemals voneinander lösen können. Wahrscheinlich bestehen zwischen ihnen noch jahrelang starke Bindungen. Später entwickelte ich ein Ritual, das solche Bindungen auflöst, und meine geschiedenen Klienten waren mir sehr dankbar dafür.

Ich fragte Maria, was ich tun sollte, um Jerrys Band zu lösen. Sie sagte, ich müsse es mit Liebe tun, und riet mir, eine Tür mit einem Keil darunter zu visualisieren. Der Keil symbolisierte die feinstoffliche Blockade, die Jerry errichtet hatte. Ich müsse mich mit dem göttlichen Schöpfer verbinden, weißes Licht in mein drittes Auge leiten und die Hand auf das dritte Auge legen. Dann solle ich die Hand zum Herzchakra führen und meine Absicht, das Band zu lösen, klar und deutlich im Geist formulieren. Anschließend müsse ich die Herzenergie – reine Liebe – zum Keil unter der Tür lenken und ihn auflösen. Instinktiv streckte ich die Hand aus, um den Keil wegzuziehen; aber Maria unterbrach mich. „Mit Gewalt kannst du ihn nicht entfernen", sagte sie. „Gewalt erzeugt Widerstand und vereitelt dein Vorhaben. Du mußt den Keil mit reiner Liebe auflösen." Ich zog meine Hand zurück und schickte reine Liebe in den Keil. Es gab eine kleine Explosion, und er verschwand. Als ich die Augen öffnete, fragte ich Maria, wann ich Asalaine treffen würde. Sie antwortete: „Heute, morgen ... wann immer du willst!"

In der Mittagspause ging ich wieder in den Bergen spazieren und fragte meine Helfer, wohin ich gehen solle, um Asalaine zu begegnen. Sie sagten: „Geh in einen Park, in dem die Leute Hunde ausführen." Ich lachte und entgegnete: „Ich habe keinen Hund." Sie erwiderten: „Geh trotzdem!" Ende August war ich fast immer auf Reisen. Leichten Herzens beschloß ich, nach dem Tag der Arbeit durch „Hundeparks" zu schweifen.

Lahainas Übersetzungsfehler

Am Sonntagmorgen channelte Venessa Maria zum letzten Mal. Da ich jetzt alle Informationen über Asalaine hatte, die ich brauchte, und zwölf DNS-Stränge besaß, beschloß ich, nach meiner Rolle in den Hallen von Amenti zu fragen. Obwohl ich in der Lage war, mir solche Informationen selbst zu beschaffen, nutzte ich gerne andere Informationsquellen, vor allem Medien, die nicht wußten, was ich in den letzten paar

Monaten erlebt hatte. Venessa war darüber kaum unterrichtet, und Maria war ein neues Wesen, das sie erst seit kurzem channelte.

Maria sagte, sie müsse um Erlaubnis bitte, die Tore der Hallen von Amenti zu öffnen. Geduldig wartete ich, bis sie uns mitteilte, sie dürfe die Tore nur für einige Minuten aufmachen. Dann bestätigte sie, daß ich nicht nur in dreidimensionaler Gestalt auf der Erde lebte, sondern gleichzeitig in den Hallen, und daß ich der Eckstein des Projektes gewesen sei.

„Ich muß ein anderes Energiefeld nutzen, um Kontakt aufzunehmen", sagte Maria. „Du bist hier und in den Hallen zugleich. Darum haben deine ‚Kleider' (die Energiekörper) nicht ganz gepaßt; aber innerhalb der nächsten paar Monate wird das behoben. Du mußt die Qualität beider Orte durch die Arbeit mit dem Körper anheben – nicht, damit dieser Ort zu jenem oder jener zu diesem wird, sondern um die kodierte Information beider Orte miteinander zu verbinden. In deinem Seelenvertrag geht es nicht um spirituelle, sondern um physische Arbeit. Das körperliche Problem, mit dem du zu tun hast, ist der Übersetzungsfehler in den Informationen, die durchkommen. Sorge dafür, daß deine Kleider passen, und das Problem löst sich von selbst. Du bist der Eckstein dieses Projekts. Es ist eines von vielen großen Projekten auf der Erde. Du besitzt ein besonderes Wissen in einer anderen feinstofflichen Übersetzung. Du hast es anderen Welten gebracht. Es ist eine ähnliche Arbeit wie in der Kristallstadt Sedona, aber es ist mehr. Es ist deine Ausbildung für viele, viele, viele Übersetzungen und viele Welten, damit du einer anderen Welt mit dem gleichen Bedürfnis ein bestimmtes Wissen bringen kannst. Du mußt deinem Seelenplan folgen. Es fällt mir schwer, das zu lesen. Das liegt an der Art der Sprache, die du auf die Erde bringen willst. Das System des Planeten will sich nicht weiterentwickeln, aber natürlich wird er sich weiterentwickeln. Derzeit kannst du aber die Tür nicht längere Zeit offenhalten, um die Entwicklung zu fördern. Es ist Zeit, sie darum zu bitten, damit sie sich wenigstens ein bißchen auftut, weil sich dann alle weiterentwickeln. Frage, wie du die Tür wenigstens ein klein wenig öffnen kannst. Selbst wenn du sie nur einen Spalt öffnest, kann die Energie einströmen. Du mußt den Energiewirbel richtig einstellen, damit die Tür sich öffnet, weil er Informationen mit einer Schwingungsenergie bringt, die der

Planet Erde nicht so leicht akzeptiert. Aber du hast das schon in anderen Systemen gemacht. Du hast Erfahrung."

Ich fand diese Mitteilung mysteriös und hoffte, sie nach meiner Arbeit mit den Toren der Hallen von Amenti besser zu verstehen. Als die Sitzung zu Ende war, kam Kay, eine Seminarteilnehmerin, zu mir und fragte: „Verstehst du, was Maria mit dem Übersetzungsfehler gemeint hat?" Ich verstand es nicht und bat sie um eine Erklärung. Maria sagte, ihrer Meinung nach sei dieser Übersetzungsfehler auf das Fehlen von Herzenergie in den Hallen von Amenti zurückzuführen. Die Energie sei für die Erde blockiert, weil deren Frequenz auf der Herzenergie gründe, also auf einer Substanz, die der fünfdimensionalen Wirklichkeit fremd sei. Tatsächlich hatte ich vor allem darum kämpfen müssen, meine Herzenergie zu öffnen, als ich versuchte, mich diesem Planeten anzupassen. In den letzten zehn Jahren hatte ich unter Schmerzen Schicht um Schicht abgetragen, um zum Kern zu gelangen: zu dem Grund, warum ich auf diesen Planeten gekommen war.

Jetzt war mein Herz endlich offen, und darum wußte ich, daß sie mir Asalaine senden würden, eine männliche Energie, die ebenfalls ein offenes Herz hatte und mich unterstützen würde, ohne in unserer Beziehung Karma abarbeiten zu müssen. Kay sagte, wenn ich die Hallen von Amenti betreten wolle, müsse ich Energie übertragen – die Energie der Hallen in mich aufnehmen und meine Herzenergie nach außen projizieren. Die Tore würden sich aber nur kurz öffnen, und darum müsse ich rasch handeln. Nach einiger Zeit würden die Tore länger offenbleiben, weil die Energien der beiden Orte sich vermischten.

Der Weg zu Asalaine

Meine Freundin Wendy besuchte mich zu einer Heilsitzung. Wir unterhielten uns, und sie erwähnte einen Mann, der ihr im Park in der Nähe ihres Hauses begegnet sei. Er habe dort seinen Hund ausgeführt. Sie traf ihn jeden Tag, weil sie mit ihrem Hund zur gleichen Zeit ausging. Sie sagte, er sei sehr gefühlsintensiv und seine weibliche Seite sei gut entwickelt. Er war ihr angenehm vertraut, auch aufgrund seiner Spiritualität, und sie fühlte sich nicht von ihm bedrängt. Er lehre sogar polynesische Spiritualität und Huna-Techniken und sei zudem Chiropraktiker und Ernährungsberater. Vor kurzem sei er geschieden worden, und er habe sie gefragt, ob sie mit ihm ausgehen wolle. Das wollte sie zwar nicht, weil seine Intensität sie rasch ermüdete, aber sie dachte daran, ihn ihrer Freundin Sharon vorzustellen.

In meinem Kopf schrillten Alarmglocken. Immer wieder dachte ich: „Das könnte Asalaine sein!“ Ich erkundigte mich nach dem Hund, und sie sagte, er sei groß und sie kenne die Rasse nicht. Obwohl ich mit einem Nein rechnete, fragte ich meine Helfer, ob dieser Mann Asalaine sei – und die Antwort war ja! Ich war wie gelähmt, teils ungläubig, teils voller Vertrauen darauf, daß sich alles so entwickelte, wie es mir versprochen worden war. Ich sagte zu Wendy: „Du kannst diesen Mann nicht mit Sharon verkuppeln. Das ist mein Mann. Er ist Asalaine!“ Wendy starrte mich an und fragte: „Wer in aller Welt ist Asalaine? Dieser Mann heißt David!“

Ich erzählte ihr, was ich über Asalaine wußte, und Wendy wurde ganz aufgeregt, weil sie zwei Lebenspartner zusammenbringen durfte, die vollkommen miteinander harmonierten. Wir überlegten, was wir tun sollten, da David an Wendy interessiert war und mich gar nicht kannte. Ich konnte nicht einfach zu ihm hingehen und sagen: „Hallo, David, unsere geistigen Helfer haben mir gesagt, daß wir perfekte Lebensgefährten sind und den Rest unseres Lebens zusammen verbringen sollen!“ Wendy wußte, daß David tagsüber nicht zu Hause war; also beschlossen wir, daß sie eine recht vage Nachricht auf seinen Anrufbeantworter sprechen würde. Sie rief an und bat ihn, eine Freundin von ihr anzurufen, die wie er am medial empfangenen Abraham-Material interessiert sei. Ich lachte, weil ich damals nichts über diese Botschaften wußte. Wie sollte ich mich herausreden, falls David mich anrief?

Ich hatte gehofft, entweder am Samstag oder am Sonntagmorgen von ihm zu hören, weil ich ihn am Sonntagnachmittag hätte treffen können. Ich wollte endlich den Mann kennenlernen, der die gleiche Rasterstruktur hatte wie ich. Natürlich war ich auch nervös, denn ich wußte ja nicht, ob ich ihm gefallen würde. Ich nahm an, daß wir uns gegenseitig stark anziehen würden, wenn er wirklich Asalaine war. Um elf Uhr morgens verließ ich das Haus und verpaßte Davids Anruf – er meldete sich fünf Minuten nach elf. Er sagte, er rufe auf Empfehlung seiner Freundin Wendy an und würde am Montag gerne mit mir reden, wenn er von einer Konferenz zurückkomme.

Um ihn auf unser Gespräch vorzubereiten, sprach ich eine Nachricht auf seinen Anrufbeantworter. Ich erklärte, daß ich mit den Abraham-Bändern nicht vertraut sei, daß meine geistigen Helfer mir aber geraten hätten, mit ihm zu reden, weil wir ähnliche geschäftliche Interessen hätten. Es ist ungünstig, mehr zu wissen als der andere. Ich hegte bestimmte Erwartungen und wollte nicht die gleichen Erwartungen in David wecken, um ihn nicht nervös zu machen oder unter Druck zu setzen. Der Hinweis auf eine mögliche Zusammenarbeit schien mir ausreichend, um eine Begegnung zu rechtfertigen. Dann würden wir nach wenigen Minuten wissen, ob sich mehr daraus entwickeln konnte. Ich wartete auf seinen nächsten Anruf.

Asalaine und Lahaina

David rief mein Büro um halb elf an. Meine Assistentin nahm den Anruf entgegen und verständigte mich: „Ein Dr. David ... auf Leitung eins." Das Herz schlug mir bis zum Hals, und ich begann zu schwitzen. Ich wußte, daß es dumm von mir war, wie ein Teenie zu reagieren, aber ich konnte meine Nervosität nicht unterdrücken. Was sollte ich zu einem Lebensgefährten sagen, den ich nie gesehen hatte? Wenigstens wußte ich von Wendy, daß er groß, körperlich fit und gutaussehend war. Er war noch schlechter dran, weil er gar nichts von mir wußte.

Ich nahm den Hörer ab, sagte „Hallo!" und wiederholte, was ich bereits auf seinen Anrufbeantworter gesprochen hatte: Meine Helfer hätten mir geraten, mit ihm zusammenzuarbeiten und mich mit ihm zu treffen. Ich erklärte ihm, ich hätte schon vor einigen Monaten erfahren, daß ich einen Chiropraktiker um die Fünfzig kennenlernen würde, der in Kansas City lebe, mit Heilen zu tun habe, gut mit Esoterik vertraut sei und natürlich einen Hund habe. Sein Seelenname sei Asalaine. Ich fragte ihn, ob er diesen Namen je gehört habe. Er verneinte, und ich merkte, daß er nicht warm geworden war und mir noch nicht traute. Mir war, als benutze ich einen billigen Trick, um ein Gespräch in Gang zu bringen, z. B. „Was sind Sie für ein

Sternzeichen?" Sein Tonfall verriet mir, daß er das gleiche Gefühl hatte. Was sollte ich sagen, um das Eis zu brechen? Plötzlich meldeten sich meine Helfer: „Sag ihm deinen Seelennamen. Sag ihm, daß du Lahaina bist." Also fragte ich ihn, ob er schon einmal den Namen „Lahaina" gehört habe. Ich spürte sofort eine Energieveränderung. Er fragte: „Wer sind Sie? Bei mir hat es eben klick gemacht."

David sagte, er habe den Namen Lahaina schon gehört und er bedeute ihm etwas. Er habe mit der fernen Vergangenheit zu tun. Ich fragte, ob er an die Stadt in Hawaii denke, und er sagte, er lehre polynesische Esoterik und das sei vielleicht die Verbindung. (Später erfuhren wir, daß wir eine unserer glücklichsten gemeinsamen Existenzen als Polynesier in Hawaii verbracht hatten. Damals hieß ich Lahaina.) Ich schlug David vor, uns eine Stunde zu unterhalten, um herauszufinden, ob zwischen uns wirklich eine „geschäftliche" Zusammenarbeit möglich sei. Er war einverstanden, und wir kämpften eine Weile mit unseren Terminkalendern. Ich wollte die Stadt für eine Woche verlassen, und er war mit seinen Patienten beschäftigt. Außerdem moderierte er jede Woche ein Rundfunkprogramm über alternative Medizin. Wir vereinbarten, uns am kommenden Samstag um drei Uhr nachmittags – nach seinem Auftritt beim Rundfunk – in einem Restaurant zu treffen. Er wies darauf hin, daß er nur eine halbe, höchstens eine Stunde Zeit habe. Mir war klar, daß er auf Nummer Sicher gehen wollte, und ich machte ihm keine Vorwürfe. Ich war enttäuscht, weil ich noch eine Woche warten mußte; aber ich wußte, daß er oder ich auf der feinstofflichen Ebene noch etwas zu erledigen hatten – andernfalls hätten wir uns früher getroffen. Ich hängte ein und bereitete mich auf das Warten vor.

Die letzte Verbindung mit Jerry wird gelöst

Ich mußte Jerry anrufen, weil einige finanzielle Angelegenheiten noch nicht geregelt waren. Damit gab ich den Anstoß für einige emotionale Gespräche, und die Folge war, daß wir uns vollständig voneinander lösten. Das war schwierig, aber auch eine große Erleichterung. Wir hatten beide geglaubt, wir seien Dualseelen und Partner für das ganze Leben und unsere

Liebe sei ewig. Es war schwer zu akzeptieren, daß Seelengefährten nicht unbedingt für immer zusammenbleiben. Meine Helfer erklärten mir später, daß Seelengefährten oft leidenschaftliche Beziehungen eingehen, weil die beiden Partner viel Karma aus früheren Existenzen abzuarbeiten haben. Diese Arbeit können die meisten Paare ohne leidenschaftliche Gefühle nicht bewältigen. Jerry und ich waren Seelengefährten gewesen und hatten unsere karmische Beziehung aufgearbeitet. Jetzt waren wir frei und konnten unseren Lebenspartner suchen.

Dank der Gespräche an diesem Tag lernten wir einander verstehen. Wir wußten unsere gemeinsame Zeit nach wir vor zu schätzen, aber wir fanden uns damit ab, daß es uns nicht bestimmt war, Lebenspartner zu sein. Es blieben keine negativen Gefühle zurück, nur ein Gefühl des Friedens. Am Ende des letzten, sehr emotionalen Gesprächs wußte ich, daß wir einander vollständig losgelassen hatten. Darum also hatte ich Asalaine am vorigen Wochenende noch nicht treffen können. Manchmal müssen wir erst mit uns selbst ins reine kommen, bevor wir einen Schritt nach vorne machen können. Das gilt vor allem dann, wenn wir emotional gebunden sind.

Später rief mich Wendy an und erzählte mir von einem Gespräch mit David am Morgen im Park. Offenbar hatte er mir die „geschäftlichen Gründe" für meinen Anruf nicht ganz abgekauft. Wenn eine unbekannte Frau anruft und behauptet, ihre geistigen Helfer hätten ein Treffen vorgeschlagen, dann riecht das nach Anmache. Heute weiß ich, daß ein paar Frauen mit dieser Taktik bei David abgeblitzt waren und daß er deshalb Verdacht geschöpft hatte. Immerhin berichtete Wendy, er habe an diesem Morgen mehr über mich als über berufliche Themen gesprochen.

Wendy sagte zu ihm, er schulde ihr etwas, weil keine ihrer Freundinnen so sexy sei wie ich. Das gefiel mir nicht, weil ich es zu schmeichelhaft fand. David hatte auch von seiner Exfrau erzählt, die er bei der Konferenz getroffen hatte. Als er sie sah – noch vor meinem Anruf –, spürte er, daß die emotionalen Bande dieser Beziehung gelöst waren. Auf der Heimfahrt hatte er das Gefühl, als sei ihm eine schwere Last von den Schultern genommen worden, und er begann zu singen. Er sagte Wendy, er sei jetzt für einen anderen Menschen frei, für die ideale Partnerin, die er nie gehabt habe. Als er zu Hause war, sah er das Lämpchen am Anrufbeantworter blinken. Er war seit genau vierzig Minuten von emotionalen Bindungen frei! Später wunderte er sich darüber, wie gut alles zusammengepaßt hatte.

Mit gemischten Gefühlen hörte ich, daß David glaubte, mir gehe es nicht nur um Geschäfte. Einerseits war ich der Meinung, daß wir uns beide mit gleichen Absichten und mit offenen Augen treffen sollten. Andererseits hatte ich den Eindruck, daß überall auf dem Spielfeld Steine herumlagen, die uns beide stolpern ließen. Ich konnte es kaum erwarten, ihn zu sehen und meine Neugier zu befriedigen.

Die Abschlußprüfung

Ich ging zum Arzt, um noch einmal einen Abstrich machen zu lassen. Wegen meines vollen Terminkalenders hatte ich die Untersuchung immer wieder verschoben, und ich wußte, daß meine Helfer dagegen waren. Aber ich wollte die Sache abschließen. Ich wartete fast eine halbe Stunde und rechnete mir aus, daß ich meinen nächsten Termin verpassen würde, wenn ich nicht bald an die Reihe kam. Die Arzthelferin versicherte mir, es werde nicht mehr lange dauern. Also setzte ich mich wieder hin und wartete weitere zehn Minuten. Dann verlor ich die Geduld und verlangte meine Chipkarte zurück.

Die Arzthelferin sagte: „Einen Augenblick bitte" und ging, um die Karte zu holen, die in meiner Krankenakte lag. Als sie zurückkam, war eine Kollegin bei ihr. Diese bat mich in ein Untersuchungszimmer, wo sie sich bei mir entschuldigte. Die Verzögerung sei auf einen Fehler zurückzuführen – ich sei zu einem Abstrich bestellt worden, obwohl bei mir eine Kolposkopie notwendig sei. Ich erklärte ihr, ich hätte meine Meinung geändert, weil ich mir nicht die Gebärmutter auskratzen lassen wolle. Sie entgegnete, ein zweiter Abstrich sei wertlos, weil er den Befund des ersten nur bestätigen werde. Da ich wußte, daß ich alle Probleme gelöst hatte, die möglicherweise für den ursprünglichen Befund verantwortlich waren, bestand ich auf dem Abstrich. Mehrere Minuten lang drehte sich das Gespräch im Kreis, und schließlich fragte ich sie, was es mit diesem „unklaren" ersten Abstrich auf sich habe, denn niemand hatte sich die Mühe gemacht, es mir zu erklären. Sie sagte, sie sei nicht befugt, mit mir darüber zu reden.

Jetzt hatte ich die Nase voll. Jahrelang hatte ich den Ärzten zuviel Macht eingeräumt, und niemand konnte mir weismachen, daß man mich über das Ergebnis eines Tests erst nach einem weiteren Eingriff informieren konnte. Der Patient darf kaum eine Entscheidung selbst treffen. Ich dankte der Arzthelferin für das Gespräch und verabschiedete mich. Im März würde ich zu meinem jährlichen Abstrich wiederkommen.

Als ich die Praxis verließ, fragte ich mich, ob ich verrückt war. Setzte ich meine Gesundheit und mein Leben aufs Spiel? Aber es war der einzige Weg, den ich gehen konnte. Ich interessierte mich nicht für Operationen, Medikamente und einsilbige Arzthelferinnen. Lieber wollte ich in Würde sterben, wenn meine Zeit gekommen war. Ich rief N an, mit der ich verabredet war, und erklärte ihr meine Verspätung. Sie lachte und sagte: „Anne, du hast soeben deine Abschlußprüfung bestanden – du hast die neun Stufen bewältigt! Wie ich sehe, bist du von vielen Wesen umringt, die dir zujubeln, weil du deine Macht zurückbekommen hast. Herzlichen Glückwunsch!" Sie hatte recht. Ich hatte mich so geärgert, daß mir die unangenehme Hitze in meiner Umgebung gar nicht aufgefallen war – ich hatte die Geistwesen gespürt. Es war vollbracht! Als zweiter Mensch hatte ich die Neukodierung meiner DNS hinter mir! Ich versprach N, sofort zu kommen.

Ich hatte mehrere Fragen zu den neun Stufen, die ich zuerst mit Joysia besprechen wollte, ehe ich darüber schrieb. Außerdem wollte ich ein paar persönliche Fragen stellen, u.a. zu meiner Verabredung mit Asalaine. Joysia beantwortete meine Fragen, und die endgültige Fassung der neun Stufen ist nun in diesem Buch abgedruckt. Ich habe sie vielen Menschen gegeben, die sich neu kodieren lassen wollten. Außerdem fragte ich Joysia nach meiner Rolle bei der Neukodierung. Joysia sagte, er wolle zuerst einen Abschnitt meines Seelenvertrages in der Akasha-Chronik lesen. Dann erklärte er, ich würde anderen Menschen durch Seelenreinigung und *Holographic Repatterning* helfen, sich von negativer Energie aus der Vergangenheit zu befreien, und sie dadurch auf die Neukodierung vorbereiten. Dank meiner medialen Fähigkeiten würde ich mir die Informationen beschaffen, die ich für das *Repatterning* und die Seelenreinigung brauchte, aber ich würde mich nicht darauf spezialisieren. Er fügte hinzu, ich sei nicht dazu bestimmt, mich den ganzen Tag mit Umstrukturierungen und Seelenreinigungen zu beschäftigen; diese Methoden hätte ich gelernt, um die Neukodierung zu unterstützen.

Später wurde mir klar, wie zutreffend diese Aussage war. Ich benutzte Techniken der Umstrukturierung und der Seelenreinigung, um die zwölf DNS-Stränge mit dem Endokrinen System zu verbinden und um Polaritäten auszugleichen. Damals war ich erfreut, aber nicht überrascht, denn ich hatte unglaubliche Heilungen durch Umstrukturierung und Seelenreinigung erlebt. Die negative Energie, die viele Menschen mehrere Leben lang mit sich herumtragen, läßt sich augenblicklich beseitigen, und die Folge ist, daß das jetzige Leben erheblich besser wird. Ich war glücklich, diesen Weg gehen zu dürfen. Wann würde ich endlich begreifen, daß ich immer dort bin, wo ich sein soll?

Zum Schluß dankte ich meinen Helfern dafür, daß sie Asalaine und mich zusammengebracht hatten. Sie sagten: „Liebste, du hast ihn angezogen. Wir haben dir nur geholfen, Hindernisse zu beseitigen." Ich fragte, ob ich vor unserem Treffen noch etwas wissen sollte, und sie antworteten: „Nimm alles so hin, wie es ist." Das ist ein guter Rat für Menschen, deren dominierende Erzengel-Ebene, die von Gabriel ist; denn wir neigen dazu, uns selbst und andere zu kritisieren und nach Vollkommenheit zu streben. Dagegen müssen wir ständig ankämpfen. Ich nahm mir vor, den Rat zu befolgen ... aber was war eigentlich so unangenehm, daß ich es „hinnehmen" sollte? Vielleicht seine Kleidung? Ich halte nichts von Förmlichkeit und bevorzuge nach jahrelanger Selbständigkeit legere Kleidung.

Die Begegnung mit Asalaine

Endlich war es Samstag. Fast hätte ich David angerufen und die Verabredung abgesagt, weil ich so nervös war. Ich war nie zufrieden mit meinem äußeren Erscheinungsbild, und obendrein hatte Wendy mich als besonders sexy bezeichnet.

Im Restaurant setzte ich mich an die Bar und bestellte eine Tasse Kaffe. Mein Magen verkrampfte sich. Ich war absichtlich zu früh da, weil meine Beine sich wie Gummi anfühlten und ich nicht wollte, daß David mich beim Eintreten beobachtete. Er hatte mir gesagt, er habe eine Pferdeschwanzfrisur, darum erkannte ich ihn sofort, als er kam. Seine Augen fielen mir zuerst auf. Sie waren unglaublich ernst und leidenschaftlich. Er sah nicht so aus, wie ich es mir ausgemalt hatte, aber er übertraf meine Erwartungen. Er war eine brennende Glühbirne, überaus lebendig. Das hatte ich vermißt, als ich mit Jerry zusammenlebte. Trotz der langen Haare war er eher konservativ gekleidet – er trug ein weißes Golfhemd und eine dunkle Hose. Der Kontrast zwischen dem Haarschnitt und der Kleidung war sehr ansprechend.

Wir setzten uns und redeten, und wir hatten beide viel zu sagen. Nach einer Stunde fragte ich mich, was er von mir hielt, ob er mich anziehend fand und was in seinem Kopf vorging. Ich war ein nervliches Wrack und hoffte, er werde noch bleiben, wenn ich immer weiter redete. Plötzlich fragte er mich, ob er mein Haar berühren dürfe. Ich zögerte, dann sagte ich „klar" und wunderte mich. Als er mein Haar berührte, spürte ich einen Energieschwall im Kopf. Er sagte, er habe eine Schwäche für Locken und fasse sie gern an. Wie auch immer – ich wußte jetzt, daß er elegant, charmant, intelligent, leidenschaftlich, großzügig und aufrichtig war und sich klar ausdrückte. Ich wußte zwar nicht, was er von mir hielt, wohl aber, was ich fühlte: Ich war von ganzem Herzen davon überzeugt, daß er mein Lebensgefährte war!

David erzählte von seinem Haus und sagte, er wolle mir seinen Seminarraum zeigen. Er hielt seine Esoterik-Seminare in einem Raum im zweiten Stock ab. Das Haus war hundert Jahre alt und stand in einem historischen Stadtteil von Kansas City auf einem Energiewirbel, den er „den Brunnen" nannte. Die intensive, heilende Energie strömte durch das Haus und wurde vom Dach verstärkt, das pyramidenförmig gebaut war. Während er sprach, wurde mir bewußt, daß eine meiner Freundinnen sein Seminar besucht und mir das Haus beschrieben hatte. Ich sagte David, daß wir uns eines Tages wohl ohnehin begegnet wären, weil wir eine gemeinsame Bekannte hätten. Ich wollte seinen Seminarraum gerne sehen, mußte aber in einer nahegelegenen Buchhandlung noch ein Buch kaufen. Also hielten wir kurz vor dem Geschäft, gingen hinein – und wen trafen wir dort? Unsere gemeinsame Bekannte! Das nenne ich Synchronizität!

Sie schaute uns überrascht an und rief: „Ich habe gar nicht gewußt, daß ihr euch kennt!" Wir lachten, und unsere Heiterkeit gab mir das Gefühl, als seien wir bereits ein Paar. Wir plauderten eine Weile und fuhren dann zu Davids Haus, wo er mich herumführte. Inzwischen brummte mir der Kopf, weil sich soviel Energie zwischen uns hin und her bewegte. Ich war immer noch nervös und wußte nicht, was er von mir hielt, weil wir darüber nicht gesprochen hatten. Das Haus und der Seminarrum waren sehr schön, und Davids Schöpfungen zeigten mir, wieviel Kraft er hatte. Er fragte, ob ich mich über den „Brunnen" setzen und seine Energie spüren wolle. Ich bejahte und setzte mich auf die Bank unmittelbar über der Energiequelle. Die Energie war phänomenal, so sauber und rein. Ich spürte ein Prickeln, das mich an das Gefühl kurz vor einem Orgasmus erinnerte.

Ich platzte heraus: „Haben Sie hier schon einmal mit jemandem geschlafen? Es muß phantastisch sein." Ebensogut hätte ich sagen können: „Wann schlafen wir miteinander auf diesem Brunnen?" Zu meiner Überraschung sagte er: „Nein." Er habe nie die richtige Frau dafür getroffen. Wollte er damit andeuten, daß er sie heute getroffen hatte? Nach der Führung durch das Haus und meiner peinlichen Bemerkung wollte ich mich verabschieden. Ich wußte ja, daß er ein vielbeschäftigter Mann war, der eigentlich nur eine Stunde für mich eingeplant hatte – und wir hatten bereits drei Stunden miteinander verbracht. Er sagte: „Sie dürfen nicht gehen. Zuerst muß ich Sie zum Essen einladen." Ich war mir nicht sicher, ob mein Magen da mitmachen würde, aber ich willigte ein. Anscheinend genoß er meine Gesellschaft ebenso wie ich die seine.

Wir gingen in ein Restaurant. Jetzt waren wir drei wundervolle Stunden zusammen und hatten noch nie geschwiegen. Ich wußte, daß ich ihn in vielen Leben geliebt hatte, und fühlte mich trotz meiner Nervosität bei ihm sehr wohl. Aber ich traute mich nicht zu fragen, was er von mir hielt. Als wir die Speisekarte studierten, schaute er mir in die Augen und fragte mich, ob ich die starke Energie zwischen uns bemerkt hätte. Ich sagte, sie sei sehr deutlich zu spüren. Er gestand, daß er beim Berühren meines Haares einen elektrischen Schlag verspürt habe. Er habe es unbedingt berühren wollen, weil es meinen Kopf wie ein Heiligenschein umgäbe – wie bei einem

Engel. Außerdem gab er zu, daß er ungewöhnlich nervös und aufgeregt sei. Jetzt waren wir wenigstens zu zweit!

David fragte, ob ich wisse, warum soviel Energie zwischen uns fließe. Ich zögerte, ihm Informationen zu geben, die ihn unter Druck setzen könnten; aber er sagte, er sei ohnehin schon überwältigt und ich könne es ihm ruhig sagen. Also berichtete ich ihm, was meine Helfer mir gesagt hatten. Daß ich seit Mai versucht hatte, ihn zu manifestieren, versuchte ich allerdings herunterzuspielen. Ich erklärte ihm, daß wir die gleiche Rasterstruktur hätten, daß wir besser zueinander paßten als irgend jemand sonst und daß kein anderer Mensch auf der Erde unser Energiemuster besitze. David nahm das alles überraschend ruhig auf. Er sagte, jetzt verstehe er seine starken Gefühle für mich.

Nach dem Essen kehrten wir zu ihm nach Hause zurück und gingen mit seinem Hund spazieren. Dann setzten wir uns auf der Veranda in eine Hollywoodschaukel und unterhielten uns. Wir hatten uns immer noch viel zu sagen. Es war ein seltsames Gefühl. Mir war, als kenne ich diesen Mann mein Leben lang; dabei wußte ich so gut wie nichts von ihm. Tief in meinem Herzen erkannte ich, daß ich gefunden hatte, wonach ich mich immer gesehnt hatte, und daß wir lange Zeit zusammenbleiben würden. Warum hatte Joysia mir geraten, alles so zu akzeptieren, wie es war? Ich war überhaupt nicht ängstlich, sondern nur froh, daß ich ihn endlich gefunden hatte. Ob er wohl ähnlich dachte?

David erzählte mir, er habe sein Leben lang nach der richtigen Partnerin gesucht. Er wußte genau, was er von einer Beziehung haben wollte, und das hatte er in mehreren Ehen nicht gefunden. Er gestand mir, er habe sogar aufgeschrieben, wie seine perfekte Partnerin sein solle, und er lese diese Worte jeden Tag. Und auch er hatte versucht, sie zu manifestieren! Ich lachte, als ich erkannte, daß wir einander gleichzeitig manifestiert hatten. David erzählte mir auch, daß er sich an dem Tag von seiner letzten Frau gelöst habe, als ihn zu Hause meine Nachricht erwartet habe.

Ich bat ihn, mir die Beschreibung seiner idealen Partnerin zu zeigen, und hielt es für sehr tapfer, daß er einwilligte. Es war erstaunlich, wie sehr wir beide uns einem fremden Menschen öffneten, vor allem wenn man berücksichtigte, daß wir eine gescheiterte Beziehung hinter uns hatten. Aber im Grunde waren wir uns ja nicht fremd. Er war Asalaine, der körperliche Gestalt angenommen hatte, um bei mir zu sein. Und er hatte auf mich ebenso sehr gewartet wie ich auf ihn! David kam mit einem Blatt Papier zurück und reichte es mir. Ich las den Text. Er beschrieb mich ausgezeichnet, bis auf eine Ausnahme – David wünschte sich eine „Seglerin", und ich war erst einmal und auch nur mit einem winzigen Boot gesegelt. Aber er war davon überzeugt, daß ich eine Seglerin sei!

Es wurde dunkel, und wir gingen ins Haus. Im Wohnzimmer zog er mich an sich und küßte mich. Es war so intensiv, so überwältigend, daß wir uns setzen mußten. Dann nahm er mich an der Hand und führte mich nach oben. Das war der Anfang einer Ewigkeit, und wir wußten es beide.

Zusammenfassung

Lehren aus der Neukodierung im August

- Zur Stufe sechs – „Besitze deine Macht" – und zur Stufe acht – „Angst loslassen" – gehört auch das Manifestieren. Auf der sechsten Stufe lernen wir, unsere eigene Macht für die Manifestation zu nutzen und uns nicht auf geistige Helfer zu verlassen. Allerdings fällt uns das Manifestieren noch etwas schwer, weil noch zu wenige DNS-Stränge miteinander verbunden sind. Auf der siebten Stufe prüfen wir, ob wir uns von Ängsten lösen können, die zu mißglückten Manifestationen führen würden. Wir beseitigen also illusionäre Hindernisse. Diese Stufe ist anstrengend, weil wir unsere Macht jetzt tatsächlich anwenden müssen.
- Wenn wir Illusionen auflösen und Ereignisse manifestieren können, beginnt die achte Stufe. Jetzt beseitigen wir die Illusionen der siebten Stufe vollständig und manifestieren schnell und leicht, weil wir nun mindestens zehn von zwölf DNS-Strängen besitzen.
- Das Manifestieren muß mit unserem Seelenvertrag harmonieren; denn die ganze Macht der zwölf Stränge dient dazu, diesen Vertrag zu erfüllen. Jetzt richten wir uns darauf ein, bestimmte Aufgaben zu erfüllen. Neukodierte nutzen ihre neugewonnene Macht nicht, um jünger auszusehen oder

Wasser in Wein zu verwandeln. Aber wenn wir uns an unseren Seelenvertrag halten, profitieren wir auch auf der dreidimensionalen Ebene davon.

- Auf der achten Stufe werden alle Angst-Implantate entfernt, auf Stufe neun auch die Implantate, die Schuldgefühle auslösen. Endlich ist unser Leben von Freude und Liebe erfüllt, nicht mehr von Furcht und Schuldgefühlen. Die Implantate sollten dafür sorgen, daß wir unsere Lektionen auf Erden lernen, denn das ist das Hauptziel unseres dreidimensionalen Daseins. Nach der Neukodierung brauchen wir die Implantate jedoch nicht mehr.
- Die Kopien des Astralkörpers arbeiten besser, wenn wir ihnen erlauben, unsere Aufzeichnungen zu lesen. Sie reagieren dann in neuen Situationen ähnlich wie wir und passen sich unseren Gefühlen besser an. Zu tiefen Gefühlen sind sie nicht fähig, weil sie Kopien mit begrenzter Erfahrung in der dritten Dimension bleiben und kein echtes Interesse an unserem Leben haben.
- Die neunte Stufe – „Freiheit von Schuldgefühlen" – ist die *crème de la crème* der Neukodierung. Jetzt besitzen wir zwölf miteinander verschmolzene und neu ausgerichtete DNS-Stränge, und die Angst-Implantate sind beseitigt. Zum erstenmal in unserem Leben auf der Erde sind wir frei von Furcht und Schuldgefühlen und können unsere Energie vollständig nutzen. Wir leben zwar noch in einem dichten Körper, aber unsere Energie ist spürbar leichter geworden, weil wir auf einer höheren Frequenz schwingen. Diese Frequenz wird noch höher, wenn die Erde ihre Schwingungsfrequenz steigert; dann können wir Energie noch schneller und leichter bewegen.
- Anne hat die neun Stufen der Neukodierung in Rekordzeit bewältigt, weil die Gentechniker und der nibiruanische Rat aus ihren Erfahrungen in der dritten Dimension lernen wollten. Bei anderen wird der Prozeß länger dauern und daher auch weniger anstrengend sein. Die Frequenz der zwölf Stränge hat jetzt im Herzen der Taube (dem Gebiet zwischen Kansas City und St. Louis) einen Stützpunkt. Dort strömt die fünfdimensionale Energie ein. Anu und Joysia können die Neukodierung daher verlangsamen.

6
Neubeginn

Die formelle Vereinigung von Asalaine und Lahaina

Seit meiner Neukodierung habe ich eine wachsende esoterische Praxis und meinen idealen Lebenspartner, und ich lebe frei von Angst und Schuldgefühlen. Jeder einzelne Tag meines Lebens ist gesegnet. Es gibt so viele Wunder auf der Welt; wir müssen nur die Augen aufmachen. Wenn ich meine Geschichte erzähle, begegnen mir zwei unterschiedliche Reaktionen. Die einen sagen: „Was Anne kann, kann ich auch" und fragen mich, was sie dafür tun müssen. Andere halten mich für die glücklichste Frau auf der Welt und glauben nicht daran, daß sie ebenso glücklich sein können. Ich brauche wohl nicht zu sagen, welche der beiden Gruppen reif für eine Neukodierung ist.

David und ich sind sehr stolz auf unsere Beziehung. Alles ist einfach und vollkommen, wenn wir zusammen sind, genau wie Anu und Joysia es mir versprochen haben. Wir lieben uns sehr, und obwohl wir nicht voneinander abhängig sind, haben wir das Gefühl, daß ein Teil von uns fehlt, wenn wir allein sind. Unsere Liebe ist mächtig, aber sanft; hilfreich, aber nicht verzehrend. Wir teilen miteinander, ohne bedürftig zu sein. Und was die körperliche Liebe zwischen zwölfsträngigen Wesen betrifft, so kommt sie der Erfahrung göttlicher Liebe näher als alles andere auf dieser materiellen Ebene. Auch das haben Anu und Joysia mir vorausgesagt. Wir trafen uns am 24. August 1996 und sind seit 24. August 1997 glücklich verheiratet. Obwohl wir, wenn man unser beider Ehen zusammenrechnet, siebenmal verheiratet waren, zweifeln wir nicht daran, daß wir uns auf diese Ehe vorbereitet haben und daß sie genau das ist, was wir immer gewollt haben. Unsere heilige Verbindung ist uns kostbar, und wie danken unseren früheren Partnern dafür, daß sie uns geholfen haben zu werden, was wir heute füreinander sind. Wir freuen uns auf viele glückliche Jahre in unserer physischen Gestalt, und wir haben uns ewige Treue geschworen.

Kurz nach unserer ersten Begegnung entdeckten wir, daß David sich bereits auf der siebten Stufe der Neukodierung befand. Als ich ihm die einzelnen Stufen beschrieb, erkannte er die Stufen, die er bereits hinter sich hatte. Wir fanden nie heraus, wie er mit der Neukodierung begonnen hatte, nahmen aber an, daß er die sieben ersten Stufen vor der Übernahme seines Körpers bewältigt hatte. Asalaine war offenbar Davids Überseele, und darum ging es beim Tausch des Körpers nur noch darum, daß ein größerer Teil Asalaines eine dreidimensionale Gestalt annahm – so wie ich immer mehr zu Lahaina wurde. Dieser Transfer begann an seinem Geburtstag im Februar 1996 und war fast abgeschlossen, als ich David im August traf. Er besteht darauf, daß er immer noch David ist und daß David nicht durch Asalaine ersetzt wurde.

Trotzdem erkennen die meisten seiner ehemaligen Freunde ihn nicht wieder, weil er sich so drastisch verändert hat. Er ist viel sanfter und gelassener als früher. Einst trug er marineblaue Jacken und breite Krawatten; heute fühlt er sich in Jeans und T-Shirts wohler. Als ich ihm begegnete, behauptete er, er genieße sein Leben und werde sein Haus nie verlassen und auch seinen Tagesablauf nicht ändern. Aber im Juni des folgenden Jahres verkaufte er das alte Haus im historischen Viertel von Kansas City, das er jahrelang renoviert hatte, und zog in mein Vorstadthaus. Außerdem gab er die Chiropraktik auf, um sich voll und ganz der Ernährungsberatung zu widmen und mit mir Seminare zu leiten.

In der Lotterie habe ich immer noch nicht gewonnen. Aber ich verdiene mühelos, was ich brauche, und bin nicht mehr arbeitssüchtig. Im folgenden Jahr verdiente ich sogar genug Geld, um Jerry auszuzahlen und die Grundschuld abzulösen. Und da ich gelernt habe, meine Herzenswünsche zu manifestieren, rechne ich damit, bald die große Summe zu gewinnen – ich hatte immer das Gefühl, daß sie auf mich wartet. Ich befinde mich jetzt in einem Zustand freudiger Erwartung und möchte mit dem Geld meine esoterische Praxis erweitern und mein Leben freier gestalten. Mein Leben hat sich in sehr kurzer Zeit erheblich verändert. Ich bin jetzt Schöpferin all meiner Erfahrungen, und ich freue mich, wenn ich anderen helfen kann, das gleiche zu erreichen. Ich habe gelernt, mit meinen geistigen Helfern zu kommunizieren, und nutze meine Fähigkeiten, um mit der Fülle des Universums zu schwingen. Ich weiß, daß diese Fülle in mir ist!

Heute arbeiten viele Menschen an der Neukodierung, manche mit großem Eifer, andere weniger eifrig. Meiner Erfahrung nach ist die Neukodierung nicht für jeden geeignet. Für einige ist sie die Lösung, nach der sie gesucht haben, andere sind nicht daran interessiert oder finden sie zu schwierig, wenn sie damit begonnen haben. Diejenigen, die eine Neukodierung hinter sich haben, bestätigen, daß ihr Leben sich sehr verändert hat. Sie leben mit sehr viel weniger Angst und Schuldgefühlen, und sie haben mediale Fähigkeiten und somit Zugang zu Informationen höherer Ebene, die ihnen und anderen nützen.

Als ich die neun Stufen abgeschlossen hatte, war ich der Meinung, die Neukodierung sei für mich beendet. Dann erfuhr ich, daß es zwei weitere Stufen gibt. Zunächst war ich enttäuscht – es war ein so angenehmes Gefühl gewesen, alle zwölf DNS-Stränge zu besitzen und damit mein Ziel erreicht zu haben. Aber mir ist klar, daß die Seele nie aufhört, sich weiterzuentwickeln. Außerdem bin ich sicher, daß Lahaina in anderen Dimensionen noch viele Erfahrungen machen kann, selbst wenn Anne auf der Erde alle Ziele erreichen sollte.

Leider mußten N und ich nach den neun Stufen getrennte Wege gehen. Ihre Auffassung von der Neukodierung unterscheidet sich sehr von dem, was Laramus und Joysia mir gesagt haben. Ich wünsche ihr viel Glück; doch ich halte es für notwendig, die Informationen weiterzugeben, die ich von meinen geistigen Helfern bekommen habe, denn ihre Ratschläge waren immer zu meinem Besten.

Die Phasen II und III der DNS-Neukodierung

Joysia und Laramus nennen die zweite Phase der Neukodierung „Anschluß". Dabei wird das endokrine System harmonisiert, das Fenster zum göttlichen Geist geöffnet.

Danach „stöpseln“ die Gentechniker jeden der zwölf DNS-Stränge in eine endokrine Drüse und verbinden so die Energie des Astralkörpers mit der Energie des physischen Körpers. Ich verbrachte die letzten zwei Wochen des Jahres 1996 damit, mich auf das Anschließen vorzubereiten, und ich habe viele Neukodierte dabei beraten. Auch sie konnten nach diesem Prozeß ihre Macht noch besser nutzen.

Die dritte Phase lernte ich fast ein Jahr nach den beiden ersten Phasen kennen. Hier geht es darum, Polaritäten auszugleichen. Während wir auf der Erde leben, unterwerfen wir uns naturgemäß gegensätzlichen Kräften: gut – schlecht, richtig – falsch, links – rechts usw. Diese Kräftepaare nennen wir „Polaritäten“.

Nachfolgend beschreibe ich die drei Phasen der Neukodierung und gebe allen, die an der Neukodierung interessiert sind, nützliche Hinweise.

Viele haben mir inzwischen bestätigt, daß auch die Phasen II und III die gewünschten Ergebnisse zeigen. Das entspricht auch meiner eigenen Erfahrung. Einige Monate nach meinem Anschluß nahm ich an einem spirituellen Seminar bei Venessa teil. Eine der Übungen bestand darin, mit einem Pendel das Ausmaß der Angst, der Schuldgefühle und des Stolzes im Mentalkörper zu bestimmen, denn diese negativen Schwingungen wollten wir beseitigen. Mein Pendel behauptete, ich sei frei von Angst und Schuldgefühlen. Das konnte ich gar nicht glauben, weil die anderen Teilnehmer Werte zwischen zwanzig und dreißig Prozent ermittelten. Ich bat die Lehrerin, mein Ergebnis zu überprüfen und sie bestätigte es. Sie wollte wissen, wie ich das geschafft hätte, und ich erzählte ihr von der Neukodierung.

Eine andere Übung beim selben Seminar bestand darin, unser endokrines System zu harmonisieren. Venessa hält es für das wichtigste System des Körpers, weil es uns einen bewußten Übergang von der dritten in die fünfte Dimension ermöglicht. Sie erklärte, das endokrine System sei dabei, das Immunsystem als wichtigstes System des Körpers abzulösen; denn wir könnten keine „Abwehr“ in uns tragen und dabei harmonisch sein. Mit anderen Worten: Das Immunsystem kämpft gegen Eindringlinge und benutzt dafür eine disharmonische Energie, die uns am Aufstieg hindert. Wie sich herausstellte, waren alle meine endokrinen Drüsen zu mindestens achtundneunzig Prozent offen, während die der anderen Teilnehmer zu sechzig bis neunzig Prozent blockiert waren. Offenbar hatte ich beim „Anschließen" fast alle Blockaden beseitigt.

Außerdem arbeite ich mit Klienten, die mir immer wieder bestätigen, wie sehr ihr Leben sich seit der Neukodierung verändert hat. Das folgende Zitat aus einem Brief ist typisch:

„Ich muß sagen, daß *Holographic Repatterning* mir vieles zurückgegeben hat, was ich verloren glaubte. Ich glaube jetzt an alles, was ich sage oder tue, und das ist ein wundervolles Gefühl. Ich weiß, daß keine äußeren Kräfte mich stören können, und meine Freunde sagen immer wieder, daß ich öfter lächle und großartig aussehe und daß ich viel Selbstvertrauen ausstrahle. Es ist herrlich! Ich habe schon viele Freunde zu Anne geschickt, und auch bei ihnen habe ich tiefgreifende positive Veränderungen beobachtet." (*Julie Wells, Kansas City*)

Die Neukodierung schenkt uns Freude und seelischen Frieden. Obwohl wir aktiv am Leben teilnehmen, haben wir uns von den negativen Einflüssen der Vergangenheit befreit. Für uns ist es einfacher, in Fülle zu leben, und wenn wir auf Hindernisse stoßen, überwinden wir sie mühelos. Wer früher passiv dahinlebte, ist heute aktiv und genießt seine Erfahrungen. Wer einst autoritär war, ist jetzt umgänglicher und nutzt seine eigene Energie, um sein Schicksal zu gestalten, ohne andere beherrschen zu wollen.

Ich hoffe, Sie sind davon überzeugt, daß Wunder auch für Sie greifbar sind und daß Ihre Erfahrungen auf diesem Planeten die großartigsten Erfahrungen des Universums sind. Genießen Sie Ihr Leben, machen Sie das Beste daraus, freuen Sie sich über Ihre Kreativität. Und denken Sie daran, daß Sie nur vorübergehend hier sind! Eines Tages werden Sie zu Ihrem Ursprung zurückkehren oder zu neuen Welten aufbrechen und neue Erfahrungen sammeln. Seien Sie stolz darauf, daß Sie Ihren Aufenthalt auf Erden durch Ihre eigene Leistung bereichert haben – vielleicht dadurch, daß Sie die zwölf DNS-Stränge auf diesen Planeten gebracht haben, vielleicht durch andere, ebenso bemerkenswerte Taten. Was immer sie vollbringen – es ist genau das Richtige für Sie.

In Liebe
Anne (Lahaina)

Der Prozess –
Die drei Phasen

Phase I

Die Neukodierung

Was ist Neukodierung?

Bei der Neukodierung erhält ein dreidimensionales Wesen menschlichen Ursprungs, das zwei DNS-Stränge besitzt, auf der feinstofflichen Ebene die zwölf Stränge zurück, auf die es letztlich Anspruch hat. An diesen Strängen haben vor vielen Äonen jene herumgepfuscht, die dreidimensionale Wesen für ihre eigenen Zwecke benutzen wollten und deshalb ihre Fähigkeiten beschränkten. Wenn eine Seele alle diese feinstofflichen Schaltkreise zurückbekommt, hat sie Zugang zu zwölf Ebenen der Information und des spirituellen, emotionalen, physischen und mentalen Bewußtseins, statt nur zu den beiden Ebenen, die zwei DNS-Stränge uns eröffnen. Die Folge ist ein erweitertes Bewußtsein in einer dreidimensionalen menschlichen Gestalt. Damit sind größere übersinnliche Fähigkeiten verbunden, z. B. Hellsehen und Hellhören, die Erinnerung an vergangene körperliche und nichtkörperliche Existenzen, das Wissen um mehrfache, gleichzeitige Verkörperungen der Seele und der Zugang zur Akasha-Chronik.

Viele Menschen glauben, daß sie derzeit eine Neukodierung durchmachen. Denken Sie bitte daran, daß nur jene Wesen neu kodiert werden, die gemeinsam mit ihren geistigen Helfern oder Gentechnikern ihre DNS-Implantate desaktivieren. Diese Implantate wurden von Plejadiern eingesetzt, um zehn der zwölf DNS-Stränge zu entmagnetisieren, damit sie sich nicht mehr aneinander ausrichten können. Um die Menschen zu unterjochen, schufen sie Wesen mit zwei DNS-Strängen. Die zwölf Stränge können sich nur dann in feinstofflicher Form neu ausrichten und verschmelzen, wenn diese Implantate desaktiviert werden.

Wenn ein dreidimensionales Wesen seine zwölf DNS-Stränge zurückbekommt, so befinden sich diese zunächst in feinstofflicher Form im Astralkörper. Der dreidimensionale Körper ist derzeit noch zu dicht, um die höhere Energie zu ertragen, die wir durch weitere Stränge erhalten. Sie hätten bestimmt keine Lust, in einem Körper mit zwölf DNS-Strängen zu wohnen, weil es zu schmerzhaft wäre. Sie hätten viel mehr Energie, als Sie nutzen könnten. Die Integration der zwölf Stränge in den Astralkörper ist der erste Schritt zu einem erweiterten Bewußtsein für Menschen, weil sie eine höhere Schwingung auf unserem Planeten erzeugt. Der zweite Schritt besteht darin, die zwölf DNS-Stränge mit dem endokrinen System zu verbinden. Der dritte Schritt erfordert, mitten im Massenbewußtsein und seinem Haften an Gegensätzen (z.B. gut – böse, richtig – falsch, links – rechts) einen Zustand der Ausgewogenheit und der Ergebenheit zu erreichen. Das setzt voraus, daß wir über unseren derzeitigen Seelenvertrag neu verhandeln, so daß diese Polaritäten verschmelzen können.

Wenn Sie dieses Buch lesen, haben Sie sich wahrscheinlich in Ihrem Seelenvertrag dazu verpflichtet, der irdischen Ebene zu dieser höheren Schwingung zu verhelfen. Selbst wenn Ihr physischer Körper keine zwölf DNS-Stränge besitzt, wird Ihr Leben sich erheblich verbessern, sobald Sie Zugang zu zwölf Ebenen der Information haben, weil Sie dann mit mehr Daten arbeiten können. Hinzu kommt, daß alle Implantate, die Angst und Schuldgefühle erzeugen, desaktiviert werden. Das ist ein Teil der Neukodierung, und auch das ist ein erheblicher Fortschritt im Vergleich zum Massenbewußtsein, das von diesen Emotionen beherrscht wird. Ursprünglich sollten diese Implantate Ihnen helfen, auf der Erde Erfahrungen zu sammeln. Aber für Wesen mit erweitertem Bewußtsein sind sie nutzlos. Stellen Sie sich ein Leben vor, das von Freude erfüllt ist statt von Angst und Schuldgefühlen. Darauf erhalten Sie tatsächlich eine Garantie!

Sobald Sie die neun Stufen bewältigt haben und wieder Ihre zwölf DNS-Stränge besitzen, können Sie die Energie der zusätzlichen Stränge nutzen, um Ihren Seelenvertrag zu erfüllen. Die gesamte Energie Ihrer zwölf Stränge ist für diesen Zweck bestimmt – sie gibt Ihnen kein jüngeres Gesicht und ermöglicht es Ihnen nicht, auf Wasser zu wandeln. Denken Sie daran, daß Sie nicht zufällig ausgewählt wurden. Wenn Sie an der Neukodierung interessiert sind, haben Sie einen sehr wichtigen

Seelenvertrag zum Nutzen unseres Planeten zu erfüllen. Es geht also nicht nur darum, die zwölf Stränge auszusäen. Sie werden Experte auf dem Gebiet werden, das Ihnen in diesem Leben zugewiesen wurde, sei es Heilen, Kommunikation mit Geistwesen, Channeling, Lehren, Manifestieren oder Reinigen von Energie. Ihr Herz wird jubeln, wenn Sie diese Arbeit tun, und Ihnen sagen, daß Sie auf dem richtigen Weg sind. Auch der finanzielle Lohn wird nicht ausbleiben, und Sie werden viel Geld haben, weil Ihre Arbeit gesegnet ist und weil Sie dabei Ihrem Herzen folgen. Wenn Sie Ihren Seelenvertrag erfüllen, gehören all die wundervollen Gaben der dritten Dimension Ihnen.

Nichts kann ein dreidimensionales, verkörpertes Wesen auf unserem dichten Planeten dem vollständigen Bewußtsein näherbringen als die Neukodierung. Wir dürfen die Neukodierung jedoch nicht mit dem Aufstieg verwechseln, der es einer Seele ermöglicht, bewußt zwischen den Dimensionen hin und her zu gleiten. Die Neukodierung garantiert Ihnen allerdings diesen Aufstieg, weil nur voll bewußte Wesen dazu imstande sind. Wann es soweit ist, hängt von Ihrem Seelenvertrag ab.

Wie läuft die Neukodierung ab?

Es gibt viele Arten der Neukodierung, entsprechend dem Vertrag Ihrer Seelengruppe. Denken Sie daran, daß der Prozeß, den ich hier beschreibe, von nichtverkörperten Mitgliedern des nibiruanischen Rates entwickelt wurde, und zwar für jene Wesen, die sich dafür eignen. Diese Nibiruaner sind aufgrund ihres Karmas dazu verpflichtet, dreidimensionalen Wesen zu helfen, weil sie in der Vergangenheit ihre DNS verändert haben. Wenn dieser Prozeß Ihnen nicht zusagt und Sie dennoch an einer Neukodierung interessiert sind, werden Sie höchstwahrscheinlich einen anderen Weg finden, der Ihren Bedürfnissen entspricht, sofern Ihr Seelenvertrag vorsieht, daß Sie Ihre zwölf DNS-Stränge zurückbekommen.

Vor der Neukodierung müssen Sie Ihren „Seelenvertrag" akzeptieren, also den Grund, warum Ihre Seele sich in unserer Zeit auf Erden inkarniert hat. Damit bestätigen Sie Ihre Absicht als Lichtwesen, Ihre neu erworbenen Kräfte zum Wohle des

Ganzen zu nutzen. Es dürfte Ihnen nicht schwerfallen, Ihren Seelenvertrag anzuerkennen, weil er der Sinn Ihres Daseins zur jetzigen Zeit ist und auf Sie zugeschnitten ist. Wenn Sie Ihren Seelenvertrag noch nicht kennen, geben Ihre Helfer Ihnen so viele Informationen wie möglich. Sollten Sie noch nicht in der Lage sein, bewußt mit Ihren Helfern zu kommunizieren, können Sie ein geeignetes Medium um Hilfe bitten. Es kann jedoch sein, daß Ihr Seelenvertrag Ihnen nicht vollständig enthüllt wird, weil das erst sinnvoll ist, wenn Sie Ihr Bewußtsein erweitert und dadurch tieferes Verständnis erlangt haben. Ihre Helfer werden Sie informieren, sobald sie es für richtig halten.

Wenn Sie Ihren Seelenvertrag akzeptiert haben, können Sie beim Rat der Sirianer und Plejadier einen förmlichen Antrag auf Neukodierung stellen. Der Rat stimmt dem Antrag zu, indem er Ihren Seelenstatus in der Akasha-Chronik ändert. Die Mitglieder des Rates sind fünf- und sechsdimensionale Wesen, die hauptsächlich damit betraut sind, die Erde auf eine höherdimensionale Frequenz anzuheben. Sie haben viele Sternenboten ausgesandt, um diesen Vorgang zu fördern, und vielleicht sind Sie einer dieser Boten. Bevor Sie den förmlichen Antrag stellen, sollten Sie ein warmes Bad nehmen, dem Sie eine Tasse Backpulver und eine Tasse Meersalz beigefügt haben, um Ihre Aura zu reinigen. Zünden Sie dann eine weiße Kerze an und lesen Sie den folgenden Text laut:

„An den sirianisch-plejadischen Rat und alle geliebten Brüder und Schwestern des Universums und an den Schöpfer, der alles in allen Wesen geschaffen hat: Ich bitte aus freiem Willen um den Zugang zum vollen Bewußtsein durch Neukodierung meiner DNS, und ich bin bereit, in diesem Augenblick damit zu beginnen."

Sie können mit Hilfe eines Pendels oder der Kinesiologie feststellen, ob der Rat Ihre Neukodierung genehmigt hat. Wenn Sie nicht wissen, wie das geht, oder wenn Sie noch nicht imstande sind, mediale Botschaften zu empfangen, können Sie entweder ein Buch über Pendeln kaufen oder einen spirituellen Berater konsultieren. Mich können Sie über die Internet-Seite *www.interlnk.com* erreichen und einen Termin vereinbaren, um herauszufinden, ob Ihrem Antrag stattgegeben wurde oder ob Sie erst ein Hindernis beseitigen müssen.

Die Neukodierung verlangt große Hingabe. Da Sie den größten Teil Ihrer giftigen Energie loswerden müssen – meist in Form von Ärger, der aus diesem und aus früheren Leben stammt –, fühlen Sie sich möglicherweise schlechter, ehe es Ihnen besser geht. Es kann sein, daß Sie während der Arbeit körperliches Unbehagen verspüren. Das hängt davon ab, wieviel negative Energie Sie schon vor dem Beginn der Neukodierung beseitigt haben. Aber wenn Sie durchhalten, wird Ihnen die große Freude geschenkt, nach der Sie sich viele Leben lang auf diesem Planeten gesehnt haben. Denken Sie daran, daß Sie nicht neu kodiert werden, wenn Sie nicht den größten Teil Ihrer negativen Blockaden beseitigt haben; sonst wäre der Prozeß unangenehm. Wahrscheinlich arbeiten Sie aber schon seit Jahren daran und sind relativ rein, wenn die Neukodierung beginnt. Wir beglückwünschen Sie zu Ihren Bemühungen; denn die Beseitigung negativer Blockaden ist meist unangenehm, und Ihre Gesellschaft versucht auf vielfältige Weise, Sie an einer vollständigen Selbstprüfung zu hindern – durch die Sucht nach Fernsehen, Alkohol, Drogen, Geld, Arbeit usw. Sie dürfen nicht vergessen, daß der Körper Giftstoffe nur dann dauerhaft ausscheiden kann, wenn Sie seelische Blockaden beseitigt haben. Wenn Sie nur *körperliche* Blockaden beseitigen, so ist diese Entgiftung nicht von Dauer, weil die seelischen Blockaden noch vorhanden sind. Vielleicht befreit sich der physische Körper heute von Wut – aber schon morgen holt er sie zurück.

Die folgenden Methoden eignen sich dafür, vor der Neukodierung negative seelische Energiemuster und Gifte loszuwerden. Diese Methoden sollten Sie anwenden und außerdem um die Implantate bitten, die in den Kryon-Botschaften erwähnt werden und die Ihr gesamtes irdisches Karma, aber auch Blockaden im emotionalen Körper beseitigen. Wenn Sie mehr über die Kryon-Implantate wissen wollen, lesen Sie die Botschaften, die Lee Carroll übermittelt hat.

Zu den empfohlenen seelischen Reinigungsmethoden gehören Reiki, die kraniosakrale Therapie, die Harmonisierung der Chakren durch Akupressur, Akupunktur oder Toning (das Bilden von Tönen), Retina-Therapie (*New Decision Therapy*), *Holographic Repatterning,* Reflexologie oder Massage, Leberreinigung zur Beseitigung tiefsitzender Wut, das Aktivieren von Kristallen im Kronenchakra, Chiropraktik, Dehnübungen, wie es sie im Yoga gibt, und transformierende Atmung.

Es ist außerdem nützlich, sowenig Fleisch, Geflügel und Fisch wie möglich zu essen, um den physischen Körper zu reinigen. Diese Speisen verhindern, daß der Körper leichter wird. Wenn Sie Fleisch essen, muß es von Tieren stammen, die nicht mit Antibiotika oder Hormonen behandelt und im Freien gehalten wurden (Sie erhalten es beim Biobauern). Denken Sie aber daran, daß Fleisch schwere Energie erzeugt, während die Neukodierung ein Versuch ist, Ihr Energiefeld leichter zu machen.

Wenn Sie diese Informationen lesen und sich davon angesprochen fühlen, sind Sie wahrscheinlich ein Sterngeborener. Das bedeutet, daß Sie bereits in höheren Dimensionen gelebt haben, vermutlich in der fünften oder sechsten. Dann geht es bei der Neukodierung darum, daß Sie sich an das erinnern, was Sie vergessen wollten, als Sie sich einen dreidimensionalen physischen Körper aussuchten. Sie aktivieren einfach die Kodes, die in Ihnen bereits vorhanden sind. Alle Sterngeborenen besitzen Kodes, die sie drängen, sich neu kodieren zu lassen. Darum fühlen Sie sich von diesen Informationen tief im Inneren angesprochen. „Neu" ist Ihnen dann nur, wie Sie Ihren derzeitigen Körper so transformieren können, daß Sie eine höhere Bewußtseinsebene erreichen.

Der Ablauf der Neukodierung ist nicht von vornherein festgelegt. Ihre Helfer lernen mit Ihnen, da nur wenige dreidimensionale Wesen mit einem dichten physischen Körper eine höhere Bewußtseinsebene erreicht haben (Ausnahmen sind Erleuchtete wie Jesus, der sich dafür entschied, eine dreidimensionale Gestalt ohne jedes Implantat anzunehmen). Ein Gentechniker wird Ihnen bei der Neukodierung helfen. Das ist der neue geistige Helfer, von dem in den Kryon-Botschaften die Rede ist. Wir empfehlen Ihnen, regelmäßig mit Ihrem Gentechniker zu kommunizieren, weil Sie Veränderungen durchmachen werden, die Sie möglicherweise nicht verstehen. Bisweilen werden Sie das Gefühl haben, ein wenig verrückt zu sein; aber wir versichern Ihnen, daß Sie es nicht sind. Wenn Sie die Stufen drei und vier (von insgesamt neun Stufen) der Neukodierung durchmachen, öffnen sich Ihre übersinnlichen Kanäle, und Sie können selbst mit Ihrem Gentechniker Kontakt aufnehmen. Bis es soweit ist, brauchen Sie dafür jedoch ein Medium. Vertrauen Sie darauf, daß Ihr Gentechniker Sie liebt und dafür sorgt, daß Ihnen kein Schaden zugefügt wird. Sie werden davon beeindruckt sein, wie gut Sie während dieses Prozesses geschützt sind, und Sie dürfen gewiß sein, daß Ihr Leben sich danach verbessern wird.

Obwohl die Neukodierung aus neun Stufen besteht, ist keine bestimmte Reihenfolge erforderlich. Es kann also sein, daß Sie Stufe vier abschließen, zu Stufe eins zurückkehren, zu Stufe zwei übergehen und dann erst Stufe eins vollenden. Das liegt daran, daß die Kodes für die Änderung Ihrer DNS überall im Körper verstreut sind. Wenn Sie schlafen, geht Ihr Astralkörper auf Reisen und begegnet Ihrem Gentechniker, so wie Sie jetzt während des Schlafes auf Reisen gehen, um mit ihren Geisthelfern und Lehrern zu arbeiten. Während der Astralreise wird der Astralkörper verändert, und diese Änderungen werden später in den physischen Körper integriert. Dabei können Fehler auftreten, die bei der Neukodierung beseitigt werden. Es kommt auch vor, daß ein Kode, der in einem bestimmten Körperteil entschlüsselt wird, einen Kode in einem anderen Körperteil zu Reaktionen veranlaßt.

Zu Beginn der Neukodierung ziehen Sie sich aus dem Massenbewußtsein mit all seiner Angst und seinen Schuldgefühlen zurück, also vor der Realität dieses Planeten. Sie sind dann ein Teil des neu kodierten Bewußtseins, das auf Liebe und Freude gründet. Wenn Sie Ihr Bewußtsein erweitern und die neun Stufen durchlaufen, wird das neu kodierte Bewußtsein stärker, und schließlich entsteht ein höheres Bewußtsein, nach dem das irdische Massenbewußtsein streben kann. Aus diesem Grund wird es Ihnen vielleicht schwerfallen, intime Beziehung mit Menschen beizubehalten, die sich nicht neu kodieren lassen – denn Sie haben ja eine höhere Bewußtseinsebene erreicht. Das ist besonders auffällig, wenn Sie die Stufen acht und neun abgeschlossen haben, denn dabei werden alle Implantate entfernt, die Angst und Schuldgefühle erzeugen. Wie könnten Sie Freude an der Gemeinschaft mit Menschen haben, die mit Furcht und Schuldgefühlen erfüllt sind, während Sie davon frei sind? Wenn Ihr physischer Körper Angst enthält, kann diese sogar einen Teil der geleisteten Arbeit zunichte machen und Sie von Ihrem Seelengefährten trennen. Es ist während der gesamten Neukodierung wichtig, tiefes Vertrauen zu empfinden und Angst möglichst vom Körper fernzuhalten, bis die Implantate beseitigt sind.

Manche Neukodierte geben unharmonische Beziehungen von selbst auf, weil sie über sie hinausgewachsen sind. Das steht natürlich jedem frei. Wer bei seinem Partner bleiben will, darf das selbstverständlich tun. Wenn Sie jedoch neue Beziehungen knüpfen wollen, werden Ihre Helfer Kontakte zu geeigneteren Partnern herstellen, denn Liebe (und Sex, eine heilige Form der Liebe, wenn er nicht Ausdruck der Lust, sondern der Intimität und Kreativität ist) verstärkt das neu kodierte kollektive Bewußtsein, das Sie ausstrahlen.

Wir hoffen, daß sich alle Lichtwesen auf Erden neu kodieren lassen. Aber nicht alle werden die Neukodierung vollenden. Dennoch bieten wir diese Möglichkeit allen an. Denken Sie daran, daß alles, was Sie erreichen, für Ihre Evolution genügt, weil es Ihrem Seelenvertrag entspricht. Wie schnell Sie die neun Stufen der Neukodierung bewältigen, hängt davon ab, wie schnell Sie sich von ihrer Angst lösen; denn sie verzögert den Prozeß. Die Neukodierung ist jedoch eine persönliche Erfahrung, und Sie müssen Ihr eigenes Tempo finden. Wenn Sie zu schnell vorgehen, können Sie Ihrem feinstofflichen Körpern schaden, und das ist gewiß nicht der Sinn der Neukodierung! Im Laufe der Neukodierung nimmt die Dichte des dreidimensionalen Körpers ab, und Sie beginnen sogar zu „glühen". Am Ende bestehen Sie mehr aus Energie als aus Dichte, und darum sind Sie imstande, sich jederzeit Ihren Wünschen entsprechend zu „erneuern".

Bei denjenigen, die sich neu kodieren lassen, verändert sich der Schlaf, je nachdem, wie sie auf den Prozeß reagieren. Manchmal wird aus einem langen, schweren Schlaf ein kurzer, leichter Schlaf oder umgekehrt. Und oft sind wir nicht fähig, uns an unsere Träume zu erinnern. Da Träume ein Fenster zu außerkörperlichen Erfahrungen sind, werden sie blockiert, um zu verhindern, daß der Wunsch, bei seinen geistigen Helfern zu bleiben, Sie überwältigt. Obwohl Sie sich nicht daran erinnern können, daß Ihr Astralkörper mit ihnen auf Reisen geht, ist es wundervoll, mit alten Freunden vereint zu sein. Eines Tages werden Sie sich an diese Erfahrungen erinnern – sobald wir, die geistigen Helfer, sicher sind, daß Sie die Erde nicht verlassen wollen.

Die neun Stufen

Obwohl die Neukodierung, wie bereits erwähnt, nicht unbedingt einem bestimmten Schema folgt, sehen die neun Stufen meist in etwa so aus:

Stufe eins: Wut loslassen

Wut ist eine ständige Herausforderung während der Neukodierung, weil sie körperliches Unbehagen auslösen kann. Auf dieser ersten Stufe lösen Sie sich von Ihrer Wut, um die negative Energie zu beseitigen, bevor die DNS-Stränge neu ausgerichtet und miteinander veschmolzen werden. Dadurch verringern Sie das Unbehagen, das Sie möglicherweise empfinden, wenn die höhere Energie auf die dichtere Energie des physischen Körpers trifft. Leberreinigungen tragen sehr dazu bei, diese Stufe rasch zu bewältigen, weil der größte Teil der Wut in der Leber gespeichert wird. Jede Art der Entgiftung ist in diesem Stadium sinnvoll.

Auf dieser Stufe sollten Sie Frieden mit den Menschen schließen, auf die Sie wütend sind. Schreiben Sie ihre Namen auf, und erlösen Sie sie von Ihrer Wut und von Ihren Vorwürfen. Sie können es ihnen persönlich sagen oder sie auf der seelischen Ebene loslassen. Wichtig ist, daß Sie spüren, wie Ihre Wut „verraucht". Achten Sie darauf, daß zwischen „loslassen" und „vergeben" ein entscheidender Unterschied besteht: Vergebung ist kein Teil der göttlichen Wahrheit, weil sie voraussetzt, daß Sie etwas „richtig" gemacht haben, während der andere etwas „falsch" gemacht hat. Der göttliche Schöpfer verurteilt jedoch nicht, und darum gibt es kein Richtig oder Falsch. In den Augen des Schöpfers gibt es nur Sein und Lernen. Begriffe wie „richtig" und „falsch" sind die Folge der Polarität auf unserem Planeten; sie gehen mit einem Urteil einher und trennen die Wesen, so daß unsere Liebe nicht wachsen kann.

Ein höherer Wert als Vergebung ist Akzeptanz. Sie erlaubt jedem, auf seine Weise zu leben und zu lernen. Eine erfolgreiche Neukodierung setzt Akzeptanz voraus. In der Vergangenheit haben Lichtwesen gegen dunkle Kräfte gekämpft, um dreidimensionalen Wesen den Übergang in die fünfte Dimension zu ermöglichen, und diese Bemühungen sind gescheitert, weil die Lichtwesen ihre Energie auf die dunklen Kräfte gelenkt haben, anstatt sie für ihre eigene Entwicklung zu nutzen. Akzeptanz bedeutet, auf Urteile wie „hell" oder „dunkel" zu verzichten, und das ist der Schlüssel zum Erfolg. Das bedeutet auch Furchtlosigkeit, weil Angst eine negative Schwingung ist und die Neukodierung stört. Wenn ein Lichtwesen stärker wird, zieht es andere durch sein Beispiel zum Licht.

Stufe zwei: Der Umgang mit Wut

Wenn Sie während der Neukodierung Wut in sich hineinfressen, empfinden Sie möglicherweise Schmerzen. Die zweite Stufe sorgt dafür, daß sich keine neue Wut im System ansammelt, nachdem Sie Ihre alte Wut auf Stufe eins losgelassen haben. Andernfalls würde Ihre Energie wieder dichter werden. Dieser Vorgang schützt Sie und andere, denn auf der sechsten Stufe lernen Sie, Ihre Gedanken – positive wie negative – schnell zu verwirklichen, und dabei könnten Sie Schaden anrichten, wenn Sie die zweite Stufe nicht bewältigen würden. Unterdrückte Wut löst während der Neukodierung Unbehagen aus, weil sie ständig neue Gifte erzeugt. Unterdrücken Sie also keine Gefühle. Sie werden im Laufe der Neukodierung feststellen, daß Sie nicht mehr in Wut geraten, sondern Situationen eher neutral betrachten. Auch Ihr Mitgefühl nimmt zu. Erwarten Sie aber nicht, völlig frei von Wut oder Ärger zu werden. Sie leben in einem menschlichen Körper, und Wut ist ein Teil Ihres Lebens.

Es kann sein, daß Sie sich in bestimmten Situationen ärgern. Aber Sie sollten Ihren Ärger nicht mehr unterdrücken. Machen Sie ihm Luft, und lassen Sie ihn dann los.

Stufe drei: Hellhören

Ihr medialer Kanal beginnt sich auf der dritten Stufe zu öffnen. Wenn Sie negative Gefühle aus Ihrem System entfernen, werden Sie leichter, und Ihre geistigen Helfer können mit Ihnen kommunizieren – durch Channeling, automatisches Schreiben oder mediale Botschaften. Jetzt können Sie direkt mit Ihren Helfern sprechen und sind nicht mehr auf Träume, Intuition oder Medien angewiesen. Wenn Sie sich gegen das wehren, was Sie zu hören beginnen, empfinden Sie möglicherweise Schmerzen im rechten oder linken Ohr oder im dritten Auge (etwa zweieinhalb Zentimeter über den Augenbrauen in der Stirnmitte). Seien Sie unbesorgt – der Kanal öffnet sich, und Sie sollten diesen Vorgang fördern. Meiden Sie starken Elektrosmog, weil er Störungen im medialen Kanal und dadurch Benommenheit oder Kopfschmerzen hervorruft.

Starken Elektrosmog treffen Sie u.a. in Vergnügungsparks, Spielkasinos und Büros mit vielen Computern sowie in Kraftwerken an. Etwas schwächer ist er in Flugzeugen oder Bürogebäuden, weil der Strom dort nur in eine Richtung fließt. Elektrizität ist ein Störfaktor während der dritten bis fünften Stufe, weil der mediale Kanal sich weiter öffnet. Entfernen Sie Elektrogeräte aus Ihrem Schlafzimmer, vor allem Heizdecken und Fernsehapparate. Wenn Sie in der Nähe von Elektrogeräten schlafen, fällt es Ihrem Astralkörper schwer, klar zu bleiben. Ich rate Ihnen auch, weniger fernzusehen und Radio zu hören, weil diese Frequenzen ein wenig negative Energie enthalten.

Musik kann heilen, aber elektrische Geräte sind schädlich. Wenn Sie unbedingt Musik hören wollen, sollten Sie darauf achten, daß das Gerät nicht ihrem Herzchakra gegenübersteht. Am besten gehen Sie hinaus in die Natur, wo es keinen Elektrosmog gibt, damit Ihre Gentechniker besser arbeiten können. Auf der dritten und vierten Stufe arbeiten die Gentechniker an Ihrem Astralkörper, während Sie schlafen – sie richten die DNS-Stränge neu aus und verbinden sie miteinander. Auf der dritten Stufe können Sie sich daran jedoch nicht erinnern, weil Sie sonst keine Lust hätten, in die dritte Dimension zurückzukehren. Später, wenn Sie Ihre größeren Fähigkeiten auf der Erde nutzen können, erinnern Sie sich vielleicht an die „Ausflüge" des Astralkörpers und wollen dennoch auf die Erde zurück.

Wenn Ihr Gentechniker Ihre DNS neu ausrichtet, empfinden Sie möglicherweise ein wenig Unbehagen, obwohl er sein Bestes tut, um dies zu vermeiden. Reinigende Therapien können in diesem Stadium Beschwerden lindern: Reiki, *Holographic Repatterning,* Akupunktur, Massage, Chiropraktik, Leber- und Darmreinigung, gesunde Ernährung usw. Wenn Ihr Astralkörper unterwegs ist, nimmt eine „Kopie" seine Stelle ein. Das ist eine Seele, die Sie ausbilden müssen, damit sie gut arbeitet – sie ist in emotionaler und spiritueller Hinsicht nicht mit Ihnen identisch. Damit die Kopie Ihren Astralkörper gut vertreten kann, sollten Sie ihr erlauben, Ihre Seelenaufzeichnungen zu lesen. Mehr über die Ausbildung der Kopie erfahren Sie auf Stufe fünf.

Stufe vier: Hellsehen

Auf der vierten Stufe öffnet sich Ihr drittes Auge, und Sie können Ihre geistigen Helfer und andere Wesenheiten „sehen". Das geschieht nach und nach, weil Sie Ihr drittes Auge in der dritten Dimension nicht genutzt haben, so daß es kleiner geworden ist. Anfangs sehen Sie vielleicht nur dunkle Formen, später hellere Formen und schließlich alle Farben. Manche Menschen sehen die Formen im täglichen Leben, andere vor dem geistigen Auge. Die meisten sehen Lichtblitze oder dunkle Formen im Augenwinkel, da es leichter ist, nicht verkörperte Wesen am Rande des Blickfeldes zu erkennen. Wenn das dritte Auge sich öffnet und Sie neben Freunden und Angehörigen vierdimensionale Wesen sehen, bekommen Sie vielleicht Angst. Aber Angst hindert Sie daran, diese Stufe zu bewältigen, und darum müssen Sie schnell mit ihrer Angst fertig werden. Vierdimensionale Wesen bestehen meist aus dunkler Energie, aber sie sind mehr an dem Wesen interessiert, auf das sie es abgesehen haben. Wenn Sie sich dennoch unwohl fühlen, hüllen Sie sich selbst und die andere Person in strahlendes Licht. Die dunklen Kräfte ziehen sich dann zurück, solange Sie anwesend sind.

Stufe fünf: Integration

Die fünfte Stufe ist besonders wichtig, weil sie den Grundstein für die letzten vier Stufen legt. Manche verzichten lieber auf diese Stufe, weil sie ihren Seelenvertrag akzeptieren und möglicherweise ihr Leben ändern müssen. Aber wenn Sie wachsen wollen, kommen diese Veränderungen Ihnen ganz natürlich vor. Sie müssen vielleicht unbefriedigende Beziehungen lösen, den Beruf wechseln oder Ihr Verhalten ändern. Diese Integration hilft Ihnen, sich auf den letzten Stufen auf Ihre Arbeit zu konzentrieren. Um Ihren zweisträngigen Körper zu schaffen, wurden Ihrem Astralkörper einst Implantate eingesetzt, die zehn der zwölf DNS-Stränge daran hindern, eine Spirale aus zwölf Strängen zu bilden. Die zwölf Stränge liegen überall im Energiekörper verstreut und kehren erst an ihren ursprünglichen Ort zurück, wenn die Implantate entfernt worden sind. Anschließend müssen sie miteinander verbunden werden. Würden die Gentechniker alle zwölf Stränge gleichzeitig miteinander verbinden, würde die Aura geschädigt werden. Darum müssen die Gentechniker behutsam vorgehen.

Es kann sein, daß die Gentechniker später zu den Stufen eins bis vier zurückkehren müssen, um sie ganz abzuschließen. Manchmal müssen sie damit ein wenig warten, damit die Belastung für den physischen Körper nicht zu groß wird. Auf der fünften bis siebten Stufe ist der Astralkörper bis zu fünf Tage hintereinander abwesend, und eine Kopie nimmt seine Stelle ein. Das kann ein gewisses Unbehagen auslösen, weil eine Kopie nie in der dritten Dimension gelebt und daher kein „Gespür" für negative Energie hat. Wenn immer noch negative Energie in Ihnen ist, kämpft die Kopie dagegen an, und Sie fühlen sich unwohl. Jetzt sollten Sie Ihre Energie gründlicher reinigen, z. B. mit Reiki, Akupunktur, Massage oder Darmspülungen. Außerdem müssen Sie für Ihre Kopie aufschreiben, was sie zu tun hat: jeden Tag pünktlich zur Arbeit gehen, sorgfältig arbeiten, regelmäßig Sport treiben, eine Diät einhalten, keine Süßigkeiten essen usw. Wenn Sie mit Ihrer Kopie unzufrieden sind, können Sie eine andere verlangen. Kopien sind junge Seelen, die das Leben in der dritten Dimension kennenlernen wollen, um sich weiterzuentwickeln. Wenn Ihre Kopie lieber den ganzen Tag im Bett bleibt, als zu putzen, haben Sie das Recht, eine zuverlässigere Kopie anzufordern. Denken Sie auch daran, daß die Kopie nicht wirklich an Ihrem Leben interessiert ist, weil sie keine Gefühle hat. Sie ist eher neutral und passiv, und das kann Ihren Angehörigen und Freunden auffallen.

Die fünfte Stufe ist aufregend, weil Sie jetzt damit beginnen, andere Dimensionen zu besuchen. Vielleicht stellen Sie dabei fest, daß Sie gleichzeitig auf der Erde und in anderen Dimensionen leben! Erinnerungen an andere Existenzen können in Träumen und als Déjà-vu-Erlebnis auftauchen. Sie werden aber wissen, daß Sie nicht träumen, weil die Erinnerungen sehr realistisch und logisch sind.

Jetzt müssen Sie sich auch näher mit ihrem Seelenvertrag befassen und ihn voll akzeptieren. Wie bereits gesagt, will nicht jeder diese Verpflichtung eingehen. Wenn Sie weitermachen wollen, müssen Ihre Gentechniker sicher sein, daß Sie voll und ganz mit Ihrem Seelenvertrag einverstanden sind; erst dann erhalten Sie Ihre verlorene Macht zurück.

Stufe sechs: Besitze deine Macht

Wenn Sie die sechste Stufe erreichen, sind Ihre Helfer zu neunundachtzig Prozent davon überzeugt, daß Sie nicht von Ihrem Seelenvertrag abweichen, und darum geben sie Ihnen größere Macht. Jetzt können Sie manifestieren, was immer Sie wollen. Aber Sie müssen reine, positive Gedanken haben, da auch negative Gedanken schnell Wirklichkeit werden.

Dies ist eine heikle Stufe, weil Sie sich nicht mehr auf Ihre Helfer verlassen, wenn Sie manifestieren. Bisher haben Sie Affirmationen in der Gegenwartsform gesprochen, und Ihre Helfer haben für Sie manifestiert. Seien Sie also nicht überrascht, wenn Ihre Helfer Sie sanft auffordern, diese Arbeit selbst zu übernehmen – sie wollen, daß Sie ihre Macht in Anspruch nehmen. Wenn Sie z. B. finanzielle Fülle haben wollen, müssen Sie die damit verbundenen Entscheidungen und Gefühle als real erleben.

Angenommen Sie wollen Ihren Lebensgefährten finden. Stellen Sie sich vor, Sie seien eine Radiowelle, und senden Sie Ihrem künftigen Partner eine liebevolle Botschaft. Verstärken Sie das Signal mit den Gefühlen, die Sie empfinden werden, sobald Sie mit ihm zusammen sind. Je intensiver die Gefühle sind, die Sie empfinden, desto schneller erreichen Sie, was Sie haben wollen (sofern Sie keine widersprüchlichen Gefühle hegen, die alles, was Sie manifestieren, wieder auflösen).

Vielleicht haben Sie die *Tales of Alvin Maker* gelesen. Auch Sie sind jetzt kein passiver Empfänger mehr, der auf geistige Helfer angewiesen ist. Jetzt haben Sie die Rolle des „Machers" selbst übernommen. Früher haben Sie „Helft mir!" gerufen; jetzt wissen Sie, daß Sie selbst Macht besitzen, und müssen damit beginnen, sie zu nutzen. Denken Sie aber daran, daß zur Zeit weniger als die Hälfte Ihrer DNS-Stränge miteinander verbunden sind. Das schränkt natürlich Ihre Fähigkeit zu manifestieren ein. Nutzen Sie diese Zeit, um Ihre Manifestationskraft zu stärken, und bereiten Sie sich auf die siebte Stufe vor, auf der Sie umfassendere Macht erlangen werden.

Stufe sieben: Illusionen beseitigen

Auf der siebten Stufe spüren Sie die Gegenwart eines Lichts am Ende eines langen, dunklen Tunnels. Es symbolisiert Ihre Aufgabe, und Sie müssen durch den Tunnel hindurch, um es zu erreichen. Ihre Macht ist die Fackel, die Sie anzünden, um besser sehen zu können, während Sie durch das Dunkel nach Ihrer Aufgabe streben. Wenn Sie auf ein Hindernis treffen, erhellen Sie es mit Ihrer Fackel (Ihrer Macht) und entlarven es als Illusion. Auf der sechsten Stufe sind Sie zum Macher geworden; jetzt sind Sie ein Schöpfer. Sie besitzen nun etwa acht DNS-Stränge, die neu ausgerichtet und verschmolzen sind und Sie bei Ihren schöpferischen Bemühungen unterstützen. Schöpfer können jede Wirklichkeit manifestieren, die sie haben wollen, weil die materielle Welt auf Illusionen gründet. Wenn Sie auf ein Hindernis stoßen und beschließen, daß es eine Illusion ist, werden Sie zu einem positiven Schöpfer. Leider sind Sie auch ein Schöpfer, wenn Sie das Hindernis als real betrachten. Sie können jede Wirklichkeit erschaffen. Denken Sie also daran, den positiven Weg zu gehen.

Die siebte Stufe ist schwierig, weil Sie die Macht, die Sie auf der sechsten Stufe erlangt haben, jetzt tatsächlich einsetzen. Außerdem erregen Sie wahrscheinlich die Aufmerksamkeit dunkler Kräfte, denn diese werden von der Lichtenergie angelockt, weil sie so stark ist und die Macht der dunklen Kräfte erheblich vergrößert, wenn es ihnen gelingt, sie anzuzapfen. Darum müssen Sie sich zweimal am Tag – nach dem Aufstehen und vor dem Schlafengehen – mit einem Schutzschild umgeben. Benutzen Sie dabei die Methode, die Ihnen am meisten zusagt, oder visualisieren Sie einfach ein goldenes Licht in Form eines Netzes. Bitten Sie Ihre Helfer, Ihren Gentechniker und Ihre Kopie um zusätzlichen Schutz, weil diese Ihnen in einer Zone des freien Willens nur mit Ihrer Erlaubnis helfen dürfen.

Stufe acht: Angst loslassen

Auf der achten Stufe werden alle oder fast alle DNS-Stränge verschmolzen und aktiviert, und das Gehirn lernt, damit umzugehen. Diese Arbeit geht schnell voran, und der Astralkörper braucht nur noch wenig Zeit bei den Gentechnikern zu verbringen. Jetzt werden die Kristalle, die Ihren Kode enthalten (ähnlich wie ein Computerchip), neu programmiert, so daß die DNS zusätzliche Informationen durch den Körper transportieren kann. Die Synapsen im Gehirn arbeiten anders, wenn die Kristalle umprogrammiert sind.

Am Ende der achten Stufe werden sämtliche Angst-Implantate entfernt. Sie wurden in Ihren Körper eingepflanzt, bevor Sie auf die Erde kamen, damit Sie in der dritten Dimension möglichst viele Erfahrungen sammeln konnten – und auf der Erde ist Angst nun einmal die vorherrschende Emotion. Angst ist eine hervorragende Lehrmeisterin; sie ermöglicht es Ihnen, in die Dunkelheit zu reisen, ihren Wert zu erkennen und sich dann zu entscheiden, ob Sie zum Licht zurückkehren wollen oder nicht. Das mag masochistisch klingen, aber diese Implantate dienten auch Ihrem Schutz, wenn Sie – wie viele Wesen – von einer Welt stammen, auf der Angst unbekannt ist. Ohne sie wären Sie auf der Erde sehr verwundbar gewesen; sie hat Ihnen geholfen, auf einem Planeten voller Gewalt zu überleben. Aber jetzt sind Sie gereift und können auf Angst verzichten. Jetzt sind Sie sogar ein Überlebenskünstler, denn Sie bringen ein höher entwickeltes Bewußtsein auf den Planeten.

Auf der sechsten Stufe haben Sie Ihre Macht zurückbekommen und zu spüren begonnen, wie wichtig es ist, ein Macher zu werden. Jetzt, auf Stufe acht, können Sie sofort manifestieren. Nun werden Sie dafür belohnt, daß Sie gelernt haben, Ihre eigene Energie zu nutzen – Sie sind kein „automatischer Pilot" mehr, für den geistige Helfer manifestieren müssen. Die achte Stufe beseitigt die Illusionen der siebten, so daß Sie vollständig manifestieren können, was Sie haben wollen, sofern Sie Ihre eigene Macht dafür benutzen.

Stufe neun: Freiheit von Schuldgefühlen

Diese Stufe ist die *crème de la crème* der Neukodierung. Sie besitzten jetzt zwölf DNS-Stränge, die neu ausgerichtet und miteinander verbunden sind. Da alle Implantate entfernt wurden, die Schuldgefühle und Angst auslösen, empfinden Sie reine Freude. Zum erstenmal leben Sie auf der Erde ohne Furcht und Schuldgefühle. Stellen Sie sich vor, wieviel Energie Sie haben! Genießen Sie jede Minute Ihres Lebens.

Obwohl Sie immer noch einen dichten Körper haben, ist Ihre Energie deutlich leichter geworden, weil Sie mit einer höheren Frequenz schwingen. Da die Erde ihre eigene Frequenz ebenfalls erhöht, sind Sie imstande, Energie schneller und leichter zu bewegen. Erforschen Sie die zwölf Ebenen des Bewußtseins, die Ihnen jetzt zugänglich sind.

Zusammenfassung

Vielleicht sind Sie anfangs enttäuscht, weil Sie zwar das ganze Bild sehen können, aber immer noch in einem dreidimensionalen Körper eingesperrt sind. Diese Enttäuschung wird mit der Zeit verfliegen, weil Ihre Energie immer leichter wird, so daß Sie immer größeren Nutzen von Ihren zwölf Strängen haben. Auch anderen Menschen fällt auf, daß Sie innerlich und äußerlich strahlen, und jene, die mit Ihnen zusammenarbeiten oder einfach nur bei Ihnen sein sollen, fühlen sich von Ihnen angezogen.

Phase II

Das Anschließen und die Harmonisierung des endokrinen Systems

Das Anschließen

Die folgenden Informationen wurden von Joysia, dem leitenden Gentechniker, Ende Dezember 1996 und Anfang Januar 1997 übermittelt. Er erklärt, wie man die zwölf DNS-Stränge durch das endokrine System mit dem physischen Körper verbindet. Das endokrine System ist zur Zeit dabei, das Immunsystem als wichtigstes System des menschlichen Körpers abzulösen. Das Immunsystem ist ein Abwehrsystem, das fremde Substanzen bekämpft, die in den Körper eindringen. Wir können jedoch nicht innerlich in Harmonie sein, wenn wir kämpfen. Das endokrine System strebt dagegen nach Harmonie. Das ist der Weg des Göttlichen. Das endokrine System muß Abwehr durch Harmonie, also göttliche Ordnung, ersetzen, damit die Menschen das nächste Stadium der Evolution erreichen können.

Nachdem ihr die neun Stufen der Neukodierung abgeschlossen und eure zwölf DNS-Stränge mit den feinstofflichen Körpern verbunden habt, müßt ihr sie auch an das endokrine System anschließen. Das geschieht nach der Vollendung der neun Stufen, weil ihr dafür eine höhere (oder leichtere) Energiefrequenz im Körper braucht. Die Integration der zwölf DNS-Stränge in das Energiefeld erhöht eure Schwingungsfrequenz beträchtlich. Stellt euch einen Großrechner vor, der mehr Energie verbraucht und mehr Daten schneller verarbeitet als ein PC. Ihr habt euch von einem PC zu einem Großrechner entwickelt und könnt nun in eurem Körper mehr Daten verarbeiten.

Die Energie der zusätzlichen DNS-Stränge fließt in das endokrine System, also in ein „fließendes" System, weil Flüssigkeiten die zusätzliche Energie isolieren. In der Flüssigkeit sind außerdem einige heilige geometrische Prinzipien verborgen, die es uns ermöglichen, pyramidenförmige Moleküle zu benutzen, um die ankommende Energie in eine Sprache zu übersetzen, die der Körper versteht. Diese Pyramidenstruktur trägt auch dazu bei, die Energie „festzuhalten", weil diese besondere molekulare Form an eine höhere Frequenz angekoppelt wird, die es auf eurem Planeten noch nicht gibt. Im Grunde bringt ihr diese Energie auf die Erde, wenn ihr euch bereit erklärt, diesen Prozeß zu vollenden. Sobald die kritische Menge erreicht ist – d. h., wenn genügend Menschen Träger der neuen Frequenz sind –, sind jene Menschen, die während oder nach dem Erreichen der kritischen Menge geboren werden, in der Lage, die zwölf Stränge in den physischen Körper zu integrieren.

Während ihr die neun Stufen der Neukodierung absolviert, erlebt ihr ein allgemeines seelisches Großreinemachen. Ihr beseitigt alte Blockaden und negative Energie aus eurem System. Ihr werdet seelisch so ausgewogen, wie ihr es werden könnt, wenn ihr die negative, dichtere Energie entfernt, um das Unbehagen zu verringern, das ihr möglicherweise empfindet, wenn eine hohe Energiefrequenz auf den Widerstand der dichten Energie trifft. Nach dem Abschluß der neun Stufen seid ihr einen großen Teil eures „alten Ballastes" los, abgesehen von einer gewissen negativen Energie in der Zellstruktur eures physischen Körpers, deren Beseitigung länger dauert. Trotzdem muß eurer endokrines System für das Anschließen noch ein wenig modifiziert werden, damit es völlig ausgewogen ist.

Die Tabelle auf Seite 188 f. wurde entwickelt, damit ihr euch besser auf die Bereiche konzentrieren könnt, die noch harmonisiert werden müssen. Sobald das gelungen ist, können wir die Stränge innerhalb von drei Tagen und Nächten anschließen. Das geschieht aus der Ferne, d. h., euer Astralkörper muß nicht anwesend sein und niemand muß in eurem Körper aufpassen wie bei der Neukodierung.

Oben zeigt die Tabelle die zwölf DNS-Stränge. Jeder Strang hängt mit einer bestimmten emotionalen Eigenschaft zusammen. Strang eins steht beispielsweise für Mut. Unter jeder emotionalen Eigenschaft sind diejenigen Emotionen aufgezählt, die hauptsächlich Ungleichgewicht verursachen. Ein Mensch gerät aus dem Gleichgewicht, wenn er zu mutig ist (z. B. als Soldat) oder wenn er nicht mutig genug ist (z. B. als Opfer). Die endokrinen Drüsen, die am Anschließen beteiligt sind, werden auf der linken Seite des Diagramms aufgeführt. Jede Drüse hängt mit einem bestimmten Lebensstadium zusammen. Der Hypothalamus entspricht beispielsweise der Zeit vor dem Eintreten der Seele in den Fetus, den sie sich für dieses Leben ausgesucht hat.

Wir empfehlen, daß ihr mit einem Pendel oder mit dem Muskeltest der Kinesiologie die Eigenschaften bestimmt, in denen ihr bereits Ausgewogenheit erreicht habt. Stellt euch die Frage: „Ist der erste Strang auf dem Hypothalamus ausgewogen?" usw. Wenn ihr nicht wißt, wie man ein Pendel oder einen Muskeltest anwendet, bittet jemanden um Hilfe, der diese Kenntnisse hat. Fragt nach jedem DNS-Strang und nach jeder endokrinen Drüse, bis ihr über jede Eigenschaft auf dem Diagramm Bescheid wißt. Markiert jeden harmonischen Strang.

Die Tabelle wird dann eine Reihe von Markierungen enthalten, die zusammen ein interessantes Muster ergeben. Wenn ihr den Blick von links nach rechts über die Tabelle wandern laßt, seht ihr, daß einige Lebensstufen (verbunden mit einer endokrinen Drüse) nicht markiert sind. Das ist ein Hinweis darauf, was ihr vor dem Anschließen harmonisieren müßt. Dadurch erhaltet ihr jedoch kein vollständiges Bild, weil vieles, was ihr loswerden müßt, aus Seelenverträgen oder Gelübden früherer Leben stammt. Auch wenn sie in diesem Leben nicht zum Tragen gekommen sind, ist eine bestimmte Lebensstufe oder eine emotionale Eigenschaft disharmonisch.

Das folgende Verfahren bringt alle Eigenschaften ins Gleichgewicht, und erst dann können wir mit dem Anschließen weitermachen. Haltet dabei die angegebene Reihenfolge ein, und prüft nach jedem Schritt mit dem Pendel oder mit dem Muskeltest, was ihr harmonisiert habt.

1. Nehmt euch vor, innerhalb eines bestimmten Zeitraumes alles ins Gleichgewicht zu bringen. Bittet den göttlichen Schöpfer und eure Helfer und Lehrer, euch dabei zu unterstützen.

2. Fragt eure Geisthelfer, ob ihr eine Seelenreinigung benötigt, oder stellt euch die Frage: „Brauche ich eine Seelenreinigung, damit ich jetzt erfolgreich angeschlossen werden

kann?“, und laßt euch die Antwort vom Pendel oder durch den Muskeltest geben. Wenn die Reinigung notwendig ist, wählt ihr von den unten empfohlenen Beratern denjenigen, der euch am besten helfen kann. Wenn ihr schon jemanden kennt, der auf diesem Gebiet Erfahrung hat, könnt ihr ihn oder sie fragen. Eine Seelenreinigung befreit nicht nur die Akasha-Chronik von jenen Erlebnissen in früheren Leben, die daran schuld sind, daß ihr auf der seelischen Ebene negative Energie mit euch herumschleppt, sondern sorgt auch dafür, daß ihr zu eurem Heimatplaneten oder -stern zurückkehren könnt, wenn es Zeit ist. Während eurer irdischen Reinkarnationen habt ihr bewußt negatives Karma angesammelt, um die Polarität des Lichtes und der Dunkelheit zu erfahren. Aber ihr könnt keine dunklen Fesseln auf eine helle Ebene mitnehmen. Zwei Therapeutinnen, die Seelen reinigen und die wir empfehlen, sind

- Anne Brewer, Tel. ++1-913-722-5498
- Venessa Ralston, Tel. ++1-520-204-0896

3. Jetzt solltet ihr die Arbeit an den neun Stufen der Neukodierung beendet haben. Prüft nun, ob ihr tatsächlich alle neun Stufen abgeschlossen und gereinigt habt. Wenn nicht, sucht und beseitigt die Blockaden und beendet die Arbeit an der betreffenden Stufe. *Leider können wir das Anschließen erst fortsetzen, wenn die Neukodierung beendet ist.*

4. Öffnet euch auf allen Ebenen der Erzengel zu mindestens 95 Prozent. Die Übung auf Seite 182 f. hilft euch dabei. Wenn ihr auf Blockaden stoßt und die 95 Prozent auf einer bestimmten Ebene nicht erreicht, bittet einen Therapeuten um eine Seelenreinigung.

5. Widerruft alle Gelübde aus früheren Leben, die euer emotionales Gleichgewicht stören. Auf Seite 183 f. findet ihr eine Anleitung für die Stufen I und II dieses Prozesses.

- Auf Stufe I befreit ihr euch von Gelübden, die euch zu Armut, Keuschheit usw. verpflichtet haben. Möglicherweise waren sie in einem vergangenen Leben sinnvoll, weil ihr Priester wart, aber nun braucht ihr sie nicht mehr. Auf Stufe I hebt ihr auch das Gelübde des Gehorsams auf. Ihr habt sie einst Menschen gegeben, die in euren Augen göttliche Schöpfer waren (z.B. Mayapriester, die rituell vergewaltigten oder opferten, um eine gute Ernte zu sichern). Sie dienen offensichtlich nicht mehr eurem höherem Ziel.

- Auf Stufe II annulliert ihr Gelübde, die ihr abgelegt habt, weil ihr in einem früheren Leben bestimmte Ereignisse falsch gedeutet habt. Vielleicht wolltet ihr Heilerin sein, seid aber als Hexe verbrannt worden und habt euch vor eurem Tod geschworen, nie wieder eure Wahrheit zu sagen. Dieses „Schutzgelübde" ist sinnlos geworden und kann sogar das Wachstum der Seele stören.

Möglicherweise ist es auch notwendig, mit einem ausgebildeten Rückführungstherapeuten oder mit einem spirituellen Berater zu arbeiten, wenn ihr Schwierigkeiten habt, während dieser Übungen vergangene Leben wachzurufen.

6. Nehmt jetzt wieder die Tabelle auf Seite 188 f. zur Hand und prüft, ob nach der Seelenreinigung, der Erzengel-Arbeit und der Annullierung von Gelübden weitere Stränge harmonisiert wurden – das ist fast immer der Fall.

7. Harmonisiert alle Stränge, die noch unausgewogen sind, nach der hier beschriebenen Methode. Harmonische Stränge braucht ihr nicht zu bearbeiten. Das ist keine lineare Prozedur! Es kann beispielsweise sein, daß ihr erst einige Eigenschaften in einer bestimmten Säule harmonisieren müßt, ehe ihr eine andere harmonisieren könnt, d. h., eine Eigenschaft hängt von einer anderen ab. Oder ihr harmonisiert mehrere Eigenschaften in einer Säule und stellt fest, daß danach auch andere in derselben oder in anderen Säulen ausgewogen sind. Oder ihr stoßt auf ein Ereignis in einem früheren Leben und verarbeitet es so, daß eine bestimmte Eigenschaft harmonisiert wird. Ihr müßt also immer wieder prüfen, welche Eigenschaften harmonisch sind, während ihr an diesem Diagramm arbeitet; andernfalls ist es möglich, daß ihr eine harmonisiert, ohne es zu merken. Einige lassen sich möglicherweise

nicht harmonisieren. In diesem Fall müßt ihr damit warten, bis das Anschließen vollendet ist. Harmonisiert aber so viele Eigenschaften, wie ihr könnt, und prüft das Ergebnis mit dem Pendel oder mit dem Muskeltest nach. *Wenn ihr um das Anschließen bittet, sollten nicht mehr als sechs Eigenschaften unausgewogen sein.*

8. Wenn ihr fast alle Kästchen markiert habt, könnt ihr um das Anschließen bitten. Fragt euren Gentechniker: „Ist dieses Diagramm ausgewogen genug für das Anschließen?" Um mit dem Anschließen zu beginnen, stellt ihr zwölf weiße Kerzen um die Badewanne herum. Dann zündet ihr die Kerzen an und sagt:

- „Göttlicher Schöpfer [dreimal], meine Helfer und Lehrer [dreimal], alle sieben Erzengel, die dem göttlichen Schöpfer treu sind [dreimal], bitte kommt und helft mir, mein Energiefeld so zu harmonisieren, daß das Anschließen beginnen kann. Segnet diese Kerzen, damit sie zu Leuchttürmen der Energie werden, die meine zwölf DNS-Stränge symbolisieren. Verbindet die Energie der zwölf Stränge mit meinem endokrinen System, damit ich meinen Seelenvertrag erfüllen kann, der mich verpflichtet, die zwölfsträngige Energie während der Übergangszeit der Erde in mir zu tragen. Ich lege mich vor euch in dieses Wasser, das die Flüssigkeit meines endokrinen Systems symbolisiert, und bitte euch, mit dieser heiligen Zeremonie fortzufahren."

Legt euch ins Wasser, in das ihr vorher je eine Tasse Meersalz und etwas Backpulver gemischt habt. Visualisiert die folgenden Farben, um eure Chakren der Reihe nach zu harmonisieren:

- Rot: Wurzelchakra (Basis der Wirbelsäule)
- Orange: Sakralchakra
- Gelb: Solarplexus
- Grün: Herzchakra
- Blau: Halschakra
- Indigo: Augenbrauenchakra (drittes Auge)
- Violett: Kronenchakra

Hüllt euch nun in weißes Licht und legt euch völlig still hin. Ihr spürt, wie die Energie in den Körper eindringt. Sobald ihr die Energie nicht mehr spürt, dürft ihr aufstehen. Das Anschließen wird nun innerhalb der nächsten drei Tage abgeschlossen. Bittet einen Heiler um Hilfe, wenn ihr euch aus irgendeinem Grund unwohl fühlt.

So beseitigen Sie Hindernisse, die den Zugang zu Erzengel-Reichen blockieren

von Venessa Ralston

	Prozent offen
Erzengel Camael Licht, Macht, Energie	______
Erzengel Zadkiel Materialisieren, schöpferisches Visualisieren	______
Erzengel Zaphkiel Kunst, Schönheit, Vollkommenheit, Ausgewogenheit	______
Erzengel Auriel Natur, Mitgefühl	______
Erzengel Gabriel Geräusche, Schwingungen, Kommunikation	______
Erzengel Michael Schutz, Wahrheit	______
Erzengel Raphael Heilung, Liebe	______

Die sieben Erzengel schenken Ihnen Energie und Wissen, das vom Schöpfer stammt. Manchmal blockieren jedoch Lebensprobleme, Traumen oder eine unbewußte Programmierung den Zugang zu diesen sieben göttlichen Ebenen. Diese Hindernisse müssen Sie beseitigen.

Fragen Sie: „Zu wieviel Prozent steht mir die Ebene des Erzengel ... offen? Sind es mehr als fünfzig Prozent? Mehr als sechzig?“ usw. Sie werden sehen, daß Sie teils hundert Prozent erreichen, teils blockiert sind.

Um die Blockaden zu entfernen, zünden Sie weiße Kerzen an, eine für jede Ebene, die Sie öffnen wollen. Beim Anzünden sprechen Sie den Namen des Erzengels dreimal und bitten ihn, die Blockade vollständig zu beseitigen und Sie wieder mit der Energie und dem Wissen seiner göttlichen Ebene zu verbinden. Lassen Sie die Kerzen brennen, während die Energien in Ihrem Inneren sich verlagern. Wenn Sie spüren, daß Sie frei sind, pusten Sie die Kerzen aus und sagen zum Abschluß der Zeremonie dreimal: „Ich danke dir.“

Gelübde auflösen

Stufe I

Gelübde, die bestimmte Verhältnisse betreffen

von Venessa Ralston

- Zünden Sie eine weiße Kerze an. Bitten Sie den göttlichen Schöpfer um seine Anwesenheit, indem Sie dreimal sagen: „Schöpfer aller Wesen". Rufen Sie dann den sirianisch-plejadischen Rat und die Akasha-Chronik je dreimal. Also: „Schöpfer aller Wesen" [dreimal], „sirianisch-plejadischer Rat" [dreimal], „Akasha-Chronik" [dreimal].
- Verbinden Sie sich mit der Energie des Schöpfers, indem Sie auf Ihre Thymusdrüse klopfen (sie liegt etwa 5 cm unter der Halsbasis im oberen Brustkorb). Intonieren Sie dabei *Aaa*, *Ooo* und *Uuu* je dreimal.
- Sagen Sie: „Ich möchte alle Gelübde auflösen, die ich jemals aus Unwissenheit oder gegenüber einem vermeintlichen Gott, einer Gruppe von Menschen, einem anderen Wesen oder dem Schöpfer abgelegt habe, sofern sie nicht mehr meinem höheren Ziel dienen. Vor allem möchte ich alle Gelübde auflösen, die mich daran hindern, meine zwölf DNS-Stränge zu harmonisieren und mit meinem endokrinen System zu verbinden. Bitte helft mir, diese Gelübde aufzulösen, so daß sie mein Leben nicht mehr einschränken. Ich bitte euch, mich von allen Einschränkungen zu befreien, damit ich mich weiterentwickeln und meinen Weg zu meinem hohen Ziel fortsetzen kann. Ich danke euch, ich danke euch, ich danke euch."
- Pusten Sie die weiße Kerze aus, und sagen Sie: „So soll es sein."

Gelübde auflösen

Stufe II

Gelübde, die auf Fehleinschätzungen in früheren Leben beruhen

- Verdunkeln Sie das Zimmer.
- Zünden Sie zwei weiße Kerzen an, und stellen Sie sie rechts und links neben sich.
- Schauen Sie sich im Spiegel 15 Minuten lang in die Augen (stellen Sie einen Wecker, wenn nötig).
- Sagen Sie: „Ich möchte mich aus freiem Willen an alle Leben erinnern, in denen ich Gelübde abgelegt habe, die jetzt aufgehoben werden müssen. So soll es sein."
- Bleiben Sie geduldig sitzen, bis Sie vor dem geistigen Auge Visionen aus jenen früheren Existenzen sehen, in denen Sie Gelübde abgelegt haben, die nicht mehr Ihrem höchsten Ziel dienen. Beobachten Sie die Szenen, und danken Sie sich selbst für den Schutz, den diese Gelübde Ihnen einst gegeben haben. Stellen Sie fest, daß Sie diesen Schutz und diese Gelübde jetzt nicht mehr brauchen.
- Wiederholen Sie diese Zeremonie an drei aufeinanderfolgenden Tagen.

Die Harmonisierung der endokrinen Drüsen

Die folgenden 96 Übungen helfen Ihnen, das endokrine System zu harmonisieren – nur dann können die zwölf DNS-Stränge ohne körperliches Ungehagen miteinander verbunden werden. Bevor Sie diese Übungen machen, müssen jedoch vier Voraussetzungen erfüllt sein: 1. die neun Stufen der Neukodierung (Phase I); 2. eine Seelenreinigung, d. h. die Beseitigung negativer Energie aus diesem oder aus vergangenen Leben (prüfen Sie mit dem Pendel, ob das notwendig ist, oder fragen Sie einen medialen Berater); 3. die Beseitigung von Blockaden in den sieben Erzengel-Ebenen; 4. die Auflösung von Gelübden (Stufe I und II). Darüber erfuhren Sie mehr auf den Seiten 183 f.

Nachdem Sie mit Hilfe des Pendels und der folgenden Abbildungen herausgefunden haben, welche Stränge nicht ausgewogen sind, können Sie Disharmonien mit den entsprechenden Übungen beseitigen. Manchmal genügt es, eine Drüse und einen Strang zu harmonisieren, weil das einen „Dominoeffekt" auslöst. Es kann aber auch sein, daß Sie sämtliche Stränge (in der Tabelle alle 12 Spalten) harmonisieren müssen. Sie brauchen keine bestimmte Reihenfolge einzuhalten. Greifen Sie einfach die Kästchen mit den Eigenschaften aus der Tabelle heraus, die Ihnen am wichtigsten sind. Angenommen, Strang 3 (Schöpfung) ist disharmonisch hinsichtlich der Thymusdrüse (Seele). Dann haben Sie das Kästchen mit der Nummer 3.4 (vierte Reihe, dritte Säule) markiert und finden auf Seite 199 unter „3.4 Die Seele" eine harmonisierende Übung. Wenn Sie diese Übung gemacht haben, erhalten Sie auf die Frage „Ist der 3. Strang auf der Thymusdrüse jetzt ausgewogen?" die Antwort: „Ja."

Jede Übung enthält folgende Angaben: eine Farbe, die der endokrinen Drüse zugeordnet ist, eine Affirmation des ausgewogenen physischen Zustandes und die Übung, mit der Sie den Strang harmonisieren können. Drei Abbildungen helfen Ihnen, die Meridiane und die Punkte zu finden. Manchmal brauchen Sie die Farbe, den Meridian und die Affirmation, um den Strang zu harmonisieren, ein andermal vielleicht nur die Farbe.

Die Übungen sind so einfach wie das benötigte Zubehör. Gelegentlich brauchen Sie eine Kerze oder eine Stimmpfeife (falls Sie kein Musikinstrument besitzen). Lassen Sie sich von der Einfachheit der Übungen nicht täuschen. Viele Menschen haben damit Erfolg gehabt!

Wenn *nicht mehr als sechs Eigenschaften* disharmonisch sind, brauchen Sie mit dem auf Seite 181 f. beschriebenen „Anschluß-Ritual“ nicht zu warten. Die restlichen Störungen können Sie dann ohne körperliches Unbehagen beseitigen.

Das Anschließen: 12 Stränge und endokrine Drüsen (Stränge 1–6)

	Strang 1 Mut Krieger/ Opfer	**Strang 2 Konzentration** zwanghaft/ unaufmerksam	**Strang 3 Schöpfung** gierig/ opferbereit	**Strang 4 Wohlbefinden** stark/schwach	**Strang 5 Freude** Hedonist/ Märtyrer	**Strang 6 Wahrheit** manipuliert/ ist angenehm
Hypothalamus vor der Geburt	1.1	2.1	3.1	4.1	5.1	6.1
Zirbeldrüse Eintritt der Seele	1.2	2.2	3.2	4.2	5.2	6.2
Nebennieren Instinkt	1.3	2.3	3.3	4.3	5.3	6.3
Schilddrüse die Seele	1.4	2.4	3.4	4.4	5.4	6.4
Keimdrüsen Jugend	1.5	2.5	3.5	4.5	5.5	6.5
Thymusdrüse Unabhängigkeit/ Abhängigkeit	1.6	2.6	3.6	4.6	5.6	6.6
Hypophyse Wachstum	1.7	2.7	3.7	4.7	5.7	6.7
Herz Reife	1 M	2 M	3 M	4 M	5 M	6 M

Das Anschließen: 12 Stränge und endokrine Drüsen (Stränge 7–12)

	Strang 7 Gleichgewicht oben/unten	**Strang 8 Macht** autoritär/ demütig	**Strang 9 Gemein-schaftsgefühl** Einzelgänger/ geselliger Mensch	**Strang 10 Zusammen-halt** unabhängig/ abhängig	**Strang 11 Sexualität** männlich/ weiblich	**Strang 12 Liebe** aggressiv/ unterwürfig
Hypothalamus vor der Geburt	7.1	8.1	9.1	10.1	11.1	12.1
Zirbeldrüse Eintritt der Seele	7.2	8.2	9.2	10.2	11.2	12.2
Nebennieren Instinkt	7.3	8.3	9.3	10.3	11.3	12.3
Schilddrüse die Seele	7.4	8.4	9.4	10.4	11.4	12.4
Keimdrüsen Jugend	7.5	8.5	9.5	10.5	11.5	12.5
Thymusdrüse Unabhängigkeit/ Abhängigkeit	7.6	8.6	9.6	10.6	11.6	12.6
Hypophyse Wachstum	7.7	8.7	9.7	10.7	11.7	12.7
Herz Reife	7 M	8 M	9 M	10 M	11 M	12 M

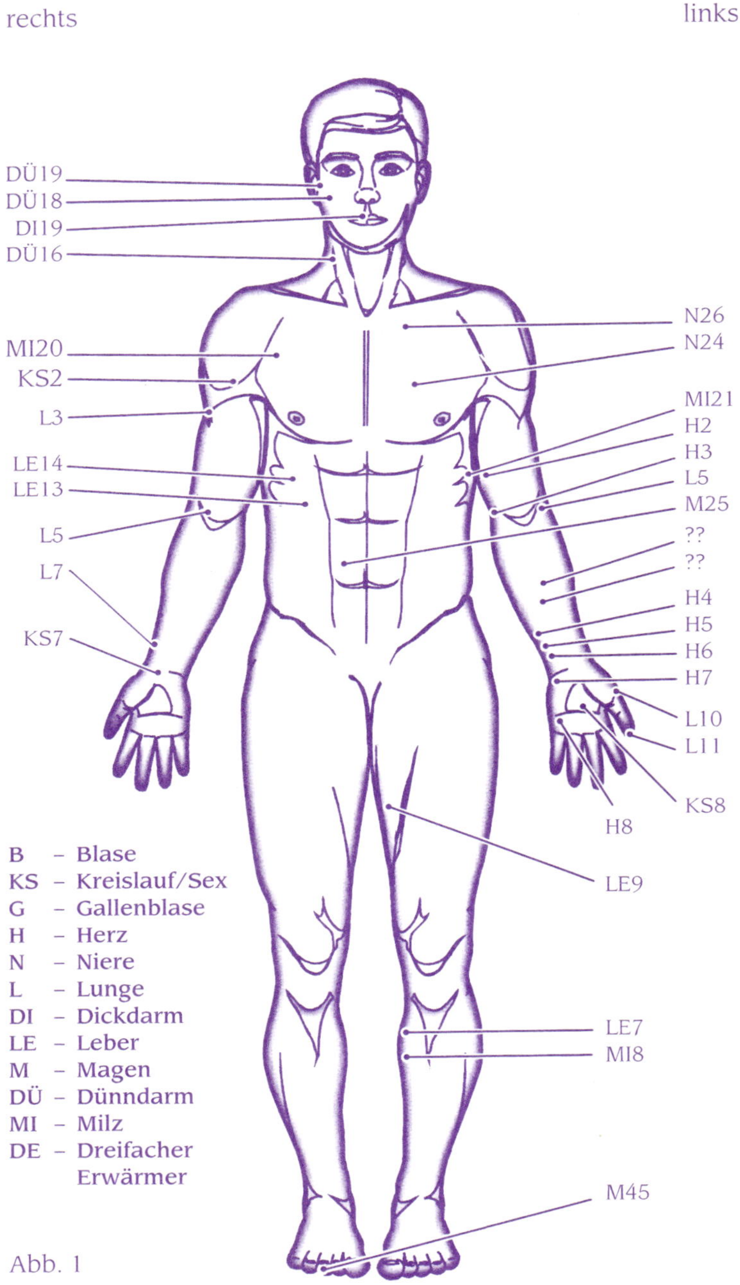
rechts
links
DÜ19
DÜ18
DI19
DÜ16
MI20
KS2
L3
LE14
LE13
L5
L7
KS7
N26
N24
MI21
H2
H3
L5
M25
??
??
H4
H5
H6
H7
L10
L11
KS8
H8
LE9
LE7
MI8
M45
B – Blase
KS – Kreislauf/Sex
G – Gallenblase
H – Herz
N – Niere
L – Lunge
DI – Dickdarm
LE – Leber
M – Magen
DÜ – Dünndarm
MI – Milz
DE – Dreifacher Erwärmer

Abb. 1

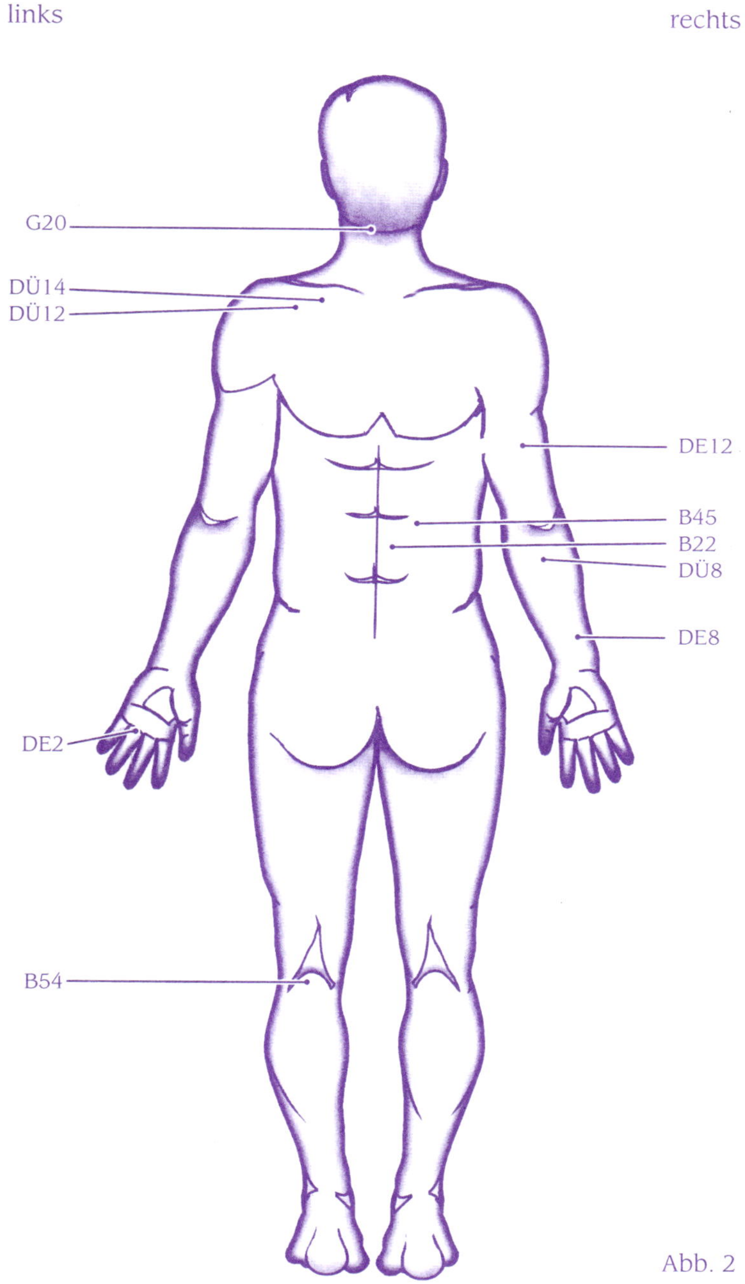

Abb. 2

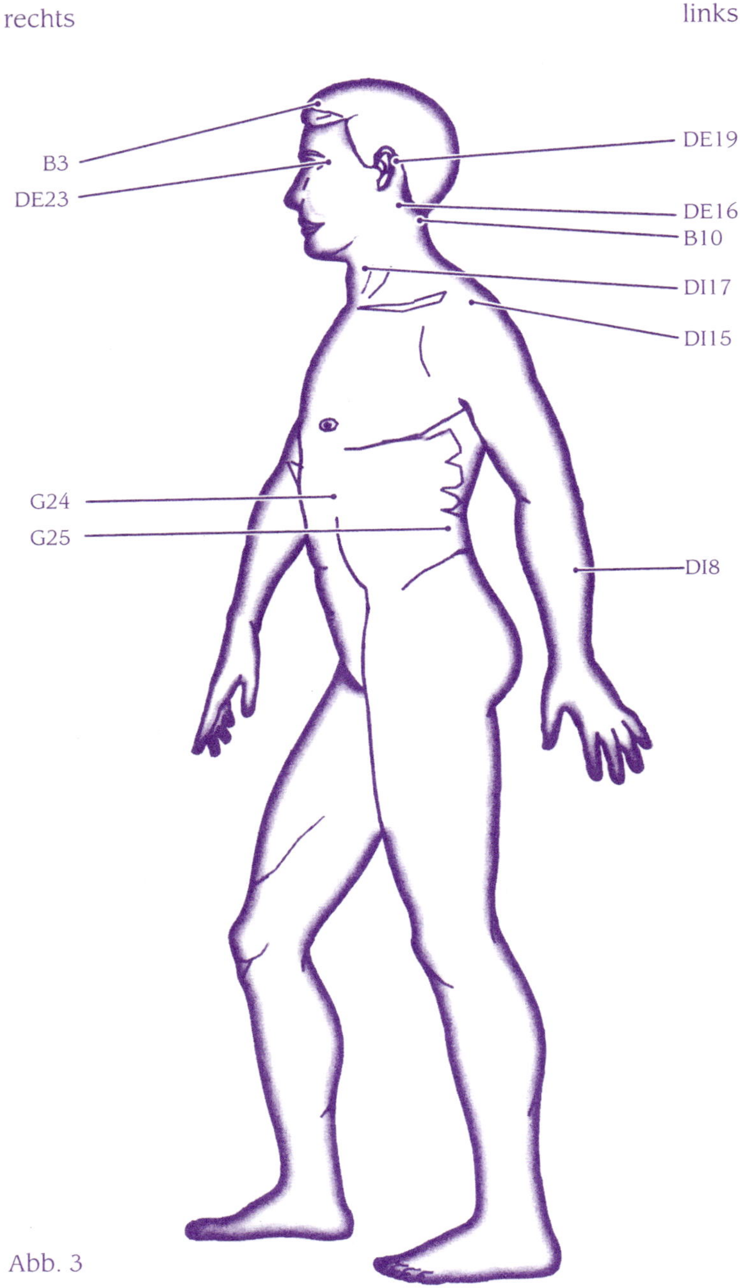

Abb. 3

Übungen zur Harmonisierung der Stränge

Strang 1: Mut

■ 1.1 Vor der Geburt

Farbe: Magenta

Meridian: Dünndarm; Punkt 16, hinter dem rechten Muskel seitlich am Hals auf einer Ebene mit dem Adamsapfel (Abb. 1).

Affirmation: Ich bin höflich.

Harmonisierende Übung: Atmen Sie schnell durch den Mund ein, halten Sie den Atem an, und ziehen Sie den Bauch siebenmal ein. Atmen Sie siebenmal durch den Mund aus, und drücken Sie die Bauchmuskeln jedesmal nach außen. Visualisieren Sie die Farbe Magenta, atmen Sie sie ein. Wiederholen Sie die Übung siebenmal. Legen Sie dann die rechte Hand auf den rechten Punkt 16, und sagen Sie siebenmal: „Ich bin höflich."

■ 1.2 Eintritt der Seele

Farbe: Violett

Meridian: Herz; Punkt 7, am linken Handgelenk (Abb. 1).

Affirmation: Ich delegiere und berücksichtige dabei die Fähigkeiten anderer.

Harmonisierende Übung: Atmen Sie durch die Nase ein, und berühren Sie beim Ausatmen mit der Zunge den Gaumen. Dabei zischen Sie wie eine Schlange. Wiederholen Sie das zwanzigmal. Atmen Sie dann vollständig aus, halten Sie den Atem an, solange es geht, entspannen Sie sich. Stellen Sie sich vor, daß Sie „innerlich" atmen. Legen Sie die rechte Hand auf den linken Punkt 7 (Herz-Meridian), und sagen Sie zweimal: „Ich delegiere und berücksichtige dabei die Fähigkeiten anderer." Visualisieren Sie, wie die Farbe Violett glüht und sich im linken Punkt 7 ausdehnt, bis Sie spüren, daß sie anhält.

■ 1.3 Instinkt

Farbe: Orange

Meridian: Herz; Punkt 7, am linken Handgelenk (Abb. 1).

Affirmation: Ich kenne mein Lebensziel.

Harmonisierende Übung: Lassen Sie den Unterkiefer locker hängen. Die Zunge bleibt entspannt liegen. Atmen Sie durch den Mund ein und aus wie ein Hund. Bleiben Sie dabei entspannt. Atmen Sie etwa zwei Minuten lang so. Sagen Sie viermal laut: „Ich kenne mein Lebensziel." Visualisieren Sie, wie die Farbe Orange glüht und sich im linken Punkt 7 ausdehnt, bis Sie spüren, daß sie anhält.

1.4 Die Seele

Farbe: Blau

Meridian: Gallenblase; Punkt 24, etwa 12 Zentimeter unter der linken Brustwarze in einer Linie mit ihr (Abb. 3).

Affirmation: Ich drücke mit jedem Gedanken Ehrlichkeit aus.

Harmonisierende Übung: Legen Sie den rechten Daumen an die Seite des rechten Nasenlochs, und drücken Sie es zu. Atmen Sie durch das linke Nasenloch ein und aus. Legen Sie dann den rechten Zeigefinger auf das linke Nasenloch, und atmen Sie durch das rechte ein und aus. Wechseln Sie die Nasenlöcher viermal. Legen Sie dann die recht Hand auf den linken Punkt 24, und sagen Sie viermal: „Ich drücke mit jedem Gedanken Ehrlichkeit aus." Visualisieren Sie, wie die Farbe Blau ins Herz strömt und sich mit dem Gefühl des Friedens in Ihrem Herzen vermischt.

1.5 Jugend

Farbe: Rot

Meridian: Dünndarm; Punkt 16, hinter dem rechten Muskel, seitlich am Hals auf Höhe des Adamsapfels (Abb. 1).

Affirmation: Ich bin höflich.

Harmonisierende Übung: Legen Sie den rechten Daumen an die Seite des rechten Nasenlochs, und drücken Sie es zu. Atmen Sie durch das linke Nasenloch ein und aus. Legen Sie dann den rechten Zeigefinger auf das linke Nasenloch, und atmen Sie durch das rechte ein und aus. Wechseln Sie die Nasenlöcher viermal. Visualisieren Sie, wie die Farbe Rot durchs Kronenchakra einströmt und sich im ganzen Körper ausbreitet. Sagen Sie dann zweimal: „Ich bin höflich." Beobachten Sie, wie die Farbe Rot vom Kronenchakra zum rechten Punkt 16 und von dort hinaus fließt.

1.6 Unabhängigkeit/Abhängigkeit

Farbe: Grün

Meridian: Leber; Punkt 14, etwa 10 Zentimeter unter der rechten Brustwarze auf gleicher Linie (Abb. 1).

Affirmation: Ich sehe alle Möglichkeiten.

Harmonisierende Übung: Atmen Sie durch die Nase ein und durch den Mund aus. Warten Sie, bis der Körper wieder einatmen will. Entspannen Sie sich dabei, und sagen Sie: „Ich sehe alle Möglichkeiten." Visualisieren Sie, wie die Farbe Grün Ihren Körper am rechten Punkt 14 verläßt, wenn Sie ausatmen. Wiederholen Sie diese Übung dreimal.

1.7 Wachstum

Farbe: Indigo

Meridian: Gallenblase; Punkt 20, im Nacken am Haaransatz (Abb. 2).

Affirmation: „Ich gehe zielbewußt weiter und ändere, was ich ändern muß" und „Ich sehe klar, während ich gehe".

Harmonisierende Übung: Sagen Sie zweimal laut: „Ich gehe zielbewußt weiter und ändere, was ich ändern muß." Berühren Sie dabei die Farbe Indigo (ein Stück Stoff oder eine Kerze). Sagen Sie dann zweimal: „Ich sehe klar, während ich gehe", und legen Sie dabei die linke Hand auf Punkt 20.

1 M Reife

Farbe: Weiß

Meridian: Herz; Punkt 7, am linken Handgelenk (Abb. 1).

Affirmation: Ich bin offen für jede Erfahrung.

Harmonisierende Übung: Legen Sie die linke Hand auf Punkt 7 des Herz-Meridians. Visualisieren Sie eine Erfahrung, aus der Sie nichts gelernt haben, weil Sie nicht offen waren. Was wäre geschehen, wenn Sie sich nicht gesträubt hätten? Ändern Sie den Gang der Ereignisse entsprechend ab. Sehen Sie die ganze Szene in das weiße Licht des göttlichen Schöpfers getaucht, und spüren Sie, daß alles seinen Sinn hat. Strecken Sie die linke Hand zum Himmel aus, und spüren Sie, daß Sie frei werden.

Strang 2: Konzentration

2.1 Vor der Geburt

Farbe: Magenta

Meridian: Lunge; Punkt 3, am rechten Bizeps auf gleicher Höhe wie die Brustwarzen (Abb. 1).

Affirmation: Ich nehme alles auf, was weise ist und mich inspiriert.

Harmonisierende Übung: Zünden Sie eine magentafarbene Kerze an, und sagen Sie zweimal: „Ich nehme alles auf, was weise ist und mich inspiriert." Atmen Sie durch die Nase ein und aus. Atmen Sie das Magenta der brennenden Kerze ein, und verströmen Sie es beim Ausatmen um den ganzen Körper herum, so daß er aufleuchtet. Wiederholen Sie das zweimal. Legen Sie die linke Hand eine Minute lang auf den rechten Punkt 3 des Lungen-Meridians. Lassen Sie die Kerze nach dieser Übung abbrennen.

2.2 Eintritt der Seele

Farbe: Violett

Meridian: Dickdarm; Punkt 8, am linken Unterarm, knapp unterhalb des Ellbogens an der Außenseite des Armes (Abb. 3).

Affirmation: Ich akzeptiere mich selbst.

Harmonisierende Übung: Atmen Sie tief durch die Nase ein, und berühren Sie beim Ausatmen mit der Zunge den Gaumen. Dabei zischen Sie wie eine Schlange. Wiederholen Sie das dreimal. Harmonisieren Sie nun Punkt 8 auf dem Dickdarm-Meridian durch folgende Massage: Streichen Sie mit der linken Hand dreimal sanft außen am rechten Arm entlang. Beginnen Sie an den Fingerspitzen, und streichen Sie hinauf zu den Schultern, über den Hals und über die Wange. Wiederholen Sie das mit der rechten Hand und dem linken Arm. Sagen Sie viermal: „Ich akzeptiere mich selbst."

2.3 Instinkt

Farbe: Orange

Meridian: Herz; Punkt 3, an der Innenseite des linken Armes, knapp oberhalb des Ellbogens (Abb. 1).

Affirmation: „Ich bin unvoreingenommen" und „Ich kenne mein Lebensziel".

Harmonisierende Übung: Visualisieren Sie die Farbe Orange. Sagen Sie zweimal: „Ich bin unvoreingenommen", dann dreimal: „Ich kenne mein Lebensziel."

2.4 Die Seele

Farbe: Blau

Meridian: Leber; Punkt 7, innen am linken Bein, knapp unterhalb des Knies (Abb. 1).

Affirmation: Ich bin aufgeschlossen gegenüber neuen Ideen, Methoden und Chancen.

Harmonisierende Übung: Legen Sie die rechte Hand auf Punkt 7 des Leber-Meridians, und sagen Sie zweimal: „Ich bin aufgeschlossen gegenüber neuen Ideen, Methoden und Chancen." Visualisieren Sie, wie die Farbe Blau sich vom linken Punkt 7 durch den ganzen Körper ausbreitet. Denken Sie an eine Zeit, als Sie nicht aufgeschlossen waren, visualisieren Sie einen positiven Ausgang der Ereignisse, und hüllen Sie die neue Szene in blaues Licht.

2.5 Jugend

Farbe: Rot

Meridian: Dickdarm; Punkt 55, an der linken Schulter (Abb. 3).

Affirmation: Ich bin vollkommen.

Harmonisierende Übung: Summen Sie den Ton F neunmal, und senden Sie ihn durch Punkt 15 des Dickdarm-Meridians aus den Körper heraus. Um den Ton zu finden, können Sie ein Instrument benutzen. Sagen Sie viermal: „Ich bin vollkommen." Spüren Sie, wie das Gefühl der Vollkommenheit durch den linken Punkt 15 in den Körper strömt und sich ausbreitet.

2.6 Unabhängigkeit/Abhängigkeit

Farbe: Grün

Meridian: Blase; Punkt 45, in der Mitte des Rückens, knapp oberhalb der Gürtellinie und rechts von der Wirbelsäule (Abb. 2).

Affirmation: Ich habe tiefe Gedanken.

Harmonisierende Übung: Legen Sie die rechte Hand auf den rechten Punkt 45 des Blasen-Meridians. Sagen Sie viermal: „Ich habe tiefe Gedanken."

2.7 Wachstum

Farbe: Indigo

Meridian: Dickdarm; Punkt 15, an der linken Schulter (Abb. 3).

Affirmation: Ich rede offen über meine Wertvorstellungen, dränge sie aber niemandem auf.

Harmonisierende Übung: Atmen Sie tief durch die Nase ein und durch den Mund aus, so daß ein langes, seufzendes „Haaaaa" zu hören ist. Wiederholen Sie das zweimal.

2 M Reife

Farbe: Weiß

Meridian: Milz; Punkt 20, am Ende des Schlüsselbeins, dort wo der rechte Arm mit der Schulter verbunden ist (Abb. 1).

Affirmation: Ich sehe meinen Weg klar und deutlich.

Harmonisierende Übung: Legen Sie die rechte Hand auf den linken Punkt 20 des Milz-Meridians. Atmen Sie tief durch die Nase ein und durch den Mund aus, so daß ein langes, seufzendes „Haaaaa" zu hören ist. Beim Ausatmen lassen Sie Weiß durch Punkt 20 strömen. Wiederholen Sie diese Übung zweimal.

Strang 3: Schöpfung

3.1 Vor der Geburt

Farbe: Magenta

Meridian: Herz; Punkt 3, innen am linken Arm, knapp oberhalb des Ellbogens (Abb. 1).

Affirmation: Ich nehme alle disharmonischen Elemente in mich auf, wenn ich schöpferisch tätig bin, so daß jedes von ihnen seiner Natur nach zum Endergebnis beiträgt.

Harmonisierende Übung: Legen Sie den rechten Daumen an die Seite des rechten Nasenlochs, und drücken Sie es zu. Atmen Sie durch das linke Nasenloch. Drücken Sie dann mit dem rechten Zeigefinger das linke Nasenloch zu, und atmen Sie durch das rechte. Halten Sie jedes Nasenloch abwechselnd viermal zu.

3.2 Eintritt der Seele

Farbe: Violett

Meridian: Kreislauf/Sex; Punkt 2, am rechten Bizeps, etwas höher als die Brustwarzen (Abb. 1).

Affirmation: Ich bin mit meinen Gefühlen vertraut.

Harmonisierende Übung: Sagen Sie dreimal: „Ich bin mit meinen Gefühlen vertraut." Atmen Sie ein, und ziehen Sie dabei den Bauch ein. Halten Sie den Atem an, schließen Sie die Augen, legen Sie den Kopf nach hinten, und drehen Sie ihn nach rechts. Atmen Sie dann durch die Nase halb aus, und drehen Sie dabei den Kopf nach links. Atmen Sie dann durch den Mund kräftig und vollständig aus. Visualisieren Sie, wie die Farbe Violett sich in Punkt 2 des Sakralchakras (unter dem Nabel, über dem Schambein) ausbreitet. Halten Sie das Bild fest, bis Sie eine Energiewoge spüren, die von diesem Punkt ausgeht.

3.3 Instinkt

Farbe: Orange

Meridian: Milz; Punkt 8, innen an der linken Wade, etwa 10 Zentimeter unter dem Knie (Abb. 1).

Affirmation: Ich bin selbstsicher.

Harmonisierende Übung: Sagen Sie viermal: „Ich bin selbstsicher." Visualisieren Sie, wie die Farbe Orange in den linken Punkt 8 des Milz-Meridians fließt. Legen Sie den rechten Daumen an die Seite des rechten Nasenlochs, und drücken Sie es zu. Atmen Sie durch das linke Nasenloch. Legen Sie dann den rechten Zeigefinger an das linke Nasenloch, und atmen Sie durch das rechte. Wechseln Sie die Nasenlöcher achtmal.

3.4 Die Seele

Farbe: Blau

Meridian: Lunge; Punkt 3, am rechten Bizeps auf gleicher Höhe mit den Brustwarzen (Abb. 1).

Affirmation: Mein Geist ist genau.

Harmonisierende Übung: Sagen sie zweimal: „Mein Geist ist genau." Visualisieren Sie, wie die Farbe Blau an Punkt 3 des Lungen-Meridians einströmt und durch den Körper zum Punkt 2 (Sakralchakra, unter dem Nabel und über dem Schambein) fließt. Stimulieren Sie die Energie in diesem Bereich mit der blauen Farbe.

3.5 Jugend

Farbe: Rot

Meridian: Niere; Punkt 24, auf der rechten Seite des Brustbeins (oberer Brustkorb), etwa eine Handbreite unter dem Rand des Schlüsselbeins (Abb. 1).

Affirmation: Ich reguliere und lenke den Fluß meiner Kreativität.

Harmonisierende Übung: Legen Sie die rechte Hand auf den rechten M-Punkt der Leber (unter den Rippen auf einer Höhe mit den Brustwarzen). Sagen Sie zweimal: „Ich reguliere und lenke den Fluß meiner Kreativität."

3.6 Unabhängigkeit/Abhängigkeit

Farbe: Grün

Meridian: Dickdarm; Punkt 17, knapp über dem linken Schlüsselbein an der Halsbasis (Abb. 3).

Affirmation: Ich lasse veraltete Ansichten los.

Harmonisierende Übung: Streichen Sie mit der linken Hand dreimal sanft an der Außenseite des rechten Armes von den Fingerspitzen zu den Schultern, dann am Hals entlang und über die Wange. Wiederholen Sie die Übung mit der rechten Hand am linken Arm. Visualisieren Sie Ihre veralteten Ansichten als grüne Masse. Kneten Sie daraus einen harten Ball, und werfen Sie ihn hinauf in den Himmel, wo er verschwindet. Sagen Sie viermal: „Ich lasse veraltete Ansichten los."

3.7 Wachstum

Farbe: Indigo

Meridian: Blase; Punkt 3, über dem linken Auge oben an der Stirn (Abb. 3).

Affirmation: Ich habe Energiereserven, die ich sinnvoll nutze oder behalte.

Harmonisierende Übung: Atmen Sie tief durch die Nase ein und durch den Mund aus, so daß ein langes, seufzendes „Haaaaa" zu hören ist. Wiederholen Sie diese Atemübung zweimal. Legen Sie dann die linke Hand auf den linken Punkt 3, und sagen Sie zweimal: „Ich habe Energiereserven, die ich sinnvoll nutze oder behalte." Atmen Sie danach wieder tief durch die Nase ein und durch den Mund aus, so daß ein langes, seufzendes „Haaaaa" zu hören ist. Wiederholen Sie auch diese Atemübung zweimal.

■ 3 M Reife

Farbe: Weiß

Meridian: Leber; Punkt 9, innen am linken Bein, etwas über der Mitte zwischen Knie und Schritt (Abb. 1).

Affirmation: Ich freue mich über eine Transformation in mir und in anderen.

Harmonisierende Übung: Sagen Sie neunmal: „Ich freue mich über eine Transformation in mir und in anderen." Legen Sie dann die rechte Hand aufs Herz, dann die linke Hand auf die rechte. Blinzeln Sie langsam zehnmal.

Strang 4: Wohlbefinden

■ 4.1 Vor der Geburt

Farbe: Magenta

Meridian: Herz; Punkt 5, an der linken Hand, 3 Finger über dem Gelenk (Abb. 1).

Affirmation: Ich bin aufgeschlossen gegenüber jedem Menschen und jeder Situation.

Harmonisierende Übung: Legen Sie die rechte Hand auf den linken Punkt 5, und sagen Sie viermal: „Ich bin aufgeschlossen gegenüber jedem Menschen und jeder Situation." Legen Sie dann die rechte Hand auf den rechten M-Punkt des Leber-Meridians (unter den Rippen in einer Linie mit den Brustwarzen), und visualisieren Sie, wie die Farbe Magenta an diesem Punkt einströmt. Während sie einströmt, sollten Sie spüren, daß Sie aufgeschlossen sind. Stellen Sie sich nun vor, Sie hätten einen Golfball im Mund, und atmen Sie so aus, daß ein langes, offenes „Ooooo" zu hören ist. Atmen Sie dann tief durch die Nase ein und durch den Mund mit einem zischenden Geräusch (wie eine Schlange) aus: „Sssss". Wiederholen Sie die Übung viermal.

■ 4.2 Eintritt der Seele

Farbe: Violett

Meridian: Dreifacher Erwärmer; Punkt 2, auf der Rückseite des linken Ringfingers, wo der Finger zur Handfläche übergeht (Abb. 2).

Affirmation: Ich bringe Harmonie in Beziehungen.

Harmonisierende Übung: Sagen Sie neunmal: „Ich bringe Harmonie in Beziehungen." Ziehen Sie dann beim Einatmen den Bauch ein, halten Sie den Atem an, schließen Sie die Augen, und legen Sie den Kopf nach hinten. Drehen Sie nun den Kopf nach rechts, dann nach links, und atmen Sie durch die Nase halb aus. Die restliche Luft stoßen Sie durch den Mund aus. Wiederholen Sie die Übung zweimal.

4.3 Instinkt

Farbe: Orange

Meridian: Herz; Punkt 7, am linken Handgelenk (Abb. 1).

Affirmation: Ich habe klare Einsicht und kann Unterschiede integrieren.

Harmonisierende Übung: Atmen Sie durch die Nase ein und durch den Mund aus. Warten Sie, bis der Körper einatmen will. Während Sie warten, entspannen Sie sich und wiederholen: „Ich habe klare Einsicht und kann Unterschiede integrieren." Visualisieren Sie dabei, wie die Farbe Orange am linken Punkt 7 einströmt, zum Wurzelchakra (an der Basis der Wirbelsäle) fließt und sich dort ansammelt, bis Sie das Gefühl haben, in einem Becken mit einer orangefarbenen Flüssigkeit zu sitzen. Visualisieren Sie ein Netz aus Längen- und Breitengraden, das von Ihnen ausgeht und Sie mit der Erde und dem Universum verbindet. Spüren Sie, daß Sie mit allem eins sind.

4.4 Die Seele

Farbe: Blau

Meridian: Dreifacher Erwärmer; Punkt 19, an der linken Seite des Kopfes gleich hinter dem oberen Teil des Ohres und auf einer Höhe mit dem linken Auge (Abb. 3).

Affirmation: Ich schaffe immer die richtige Atmosphäre.

Harmonisierende Übung: Atmen Sie ein, und ziehen Sie dabei den Bauch ein. Halten Sie den Atem an, schließen Sie die Augen, legen Sie den Kopf zurück, und drehen Sie ihn erst nach rechts, dann nach links. Atmen Sie durch die Nase halb aus, wenn Sie nach links schauen. Pusten Sie dann die restliche Luft durch den Mund aus. Wiederholen Sie diese Übung dreimal. Sagen Sie einmal: „Ich schaffe immer die richtige Atmosphäre."

4.5 Jugend

Farbe: Rot

Meridian: Lunge; Punkt 5, knapp oberhalb der Ellbogenbeuge des linken Armes unter dem Bizeps (Abb. 1).

Affirmation: Ich inspiriere andere.

Harmonisierende Übung: Sagen Sie zweimal: „Ich inspiriere andere." Legen Sie dann die rechte Hand auf den linken Punkt 5, und sagen Sie zweimal: „Ich inspiriere andere." Atmen Sie ein, und ziehen Sie dabei den Bauch ein. Halten Sie den Atem an, schließen Sie die Augen, legen Sie den Kopf zurück, und drehen Sie ihn erst nach rechts, dann nach links. Atmen Sie durch die Nase halb aus, wenn Sie nach links schauen. Pusten Sie dann die restliche Luft durch den Mund aus. Wiederholen Sie diese Übung einmal.

4.6 Unabhängigkeit/Abhängigkeit

Farbe: Grün

Meridian: Dreifacher Erwärmer; Punkt 23, an der linken Schläfe, knapp neben der Augenbraue und etwas über dem Auge (Abb. 3).

Affirmation: Ich bin liebevoll.

Harmonisierende Übung: Sagen Sie zweimal: „Ich bin liebevoll." Legen Sie dann die rechte Hand auf den linken Punkt 23, und sagen Sie zweimal: „Ich bin liebevoll."

4.7 Wachstum

Farbe: Indigo

Meridian: Herz; Punkt 6, an der linken Hand, 2 Fingerbreiten über dem Gelenk (Abb. 1).

Affirmation: Ich behandle jeden Menschen liebevoll und verständnisvoll.

Harmonisierende Übung: Atmen Sie ein, und ziehen Sie dabei den Bauch ein. Halten Sie den Atem an, schließen Sie die Augen, legen Sie den Kopf zurück, und drehen Sie ihn erst nach rechts, dann nach links. Atmen Sie durch die Nase halb aus, wenn Sie nach links schauen. Pusten Sie dann die restliche Luft durch den Mund aus. Wiederholen Sie die Übung einmal. Sagen Sie: „Ich behandle jeden Menschen liebevoll und verständnisvoll." Legen Sie die Daumen an die Schläfen, und spüren Sie, wie die Liebe des göttlichen Schöpfers in die Schläfen strömt. Beziehen Sie alle Menschen, die Sie kennen, in diese Liebe ein.

4 M Reife

Farbe: Weiß

Meridian: Gallenblase; Punkt 25, an der linken Bauchseite auf Höhe der Taille und der Ellbogenbeuge (Abb. 3).

Affirmation: Ich weiß, wer ich bin und wo ich stehe.

Harmonisierende Übung: Visualisieren Sie, wie Weiß am linken Punkt 25 einströmt, und sagen Sie dabei: „Ich weiß, wer ich bin und wo ich stehe." Spüren Sie die Gewißheit, die mit diesem Wissen einhergeht.

Strang 5: Freude

5.1 Vor der Geburt

Farbe: Magenta

Meridian: Dünndarm; Punkt 8, unmittelbar unter dem rechten Ellbogen (Abb. 2).

Affirmation: Ich bin höflich.

Harmonisierende Übung: Streichen Sie mit der linken Hand dreimal sanft an der Innenseite des rechten Armes von der Achselhöhle bis zu den Fingerspitzen. Wiederholen Sie diese Übung mit der rechten Hand am linken Arm. Streichen Sie dann mit der linken Hand dreimal sanft an der Außenseite des rechten Armes von den Fingerspitzen über die Schulter und den Hals bis zur Wange. Wiederholen Sie diese Übung mit der rechten Hand am linken Arm. Legen Sie nun die Hände mit weit gespreizten Fingern über die Augen, und streichen Sie mit den Händen am Kopf und am Hals nach unten, so weit Sie können. Schieben Sie dann die Hände von unten her an diese Stelle, und streichen Sie abwärts über den Rücken, das Gesäß, die Beine und die Außenseite der Füße zur kleinen und zur großen Zehe. Zum Schluß streichen Sie an der Innenseite der Füße und Beine nach oben über die Genitalien zur Körpermitte und dann aufwärts zu den Achselhöhlen. Sagen Sie einmal: „Ich bin höflich." Atmen Sie tief durch die Nase ein und mit einem langen, seufzenden „Haaaaa" durch den Mund aus. Wiederholen Sie diese Atemübung dreimal.

5.2 Eintritt der Seele

Farbe: Violett

Meridian: Dreifacher Erwärmer; Punkt 12, in der Mitte zwischen Achselhöhle und Ellogen, hinten am rechten Arm (Abb. 2).

Affirmation: Ich behalte bei jeder Aktivität die richtige Temperatur bei, um im Fluß zu sein.

Harmonisierende Übung: Sagen Sie zweimal: „Ich behalte bei jeder Aktivität die richtige Temperatur bei, um im Fluß zu sein." Atmen Sie tief durch die Nase ein, und atmen Sie mit einem langen Zischen (wie eine Schlange) durch den Mund aus. Wiederholen Sie das fünfmal. Legen Sie dann die linke Hand auf den rechten Punkt 12, und atmen Sie, ohne nach dem Einatmen oder Ausatmen eine Pause zu machen. Wiederholen Sie das zehnmal.

5.3 Instinkt

Farbe: Orange

Meridian: Kreislauf/Sex; Punkt 4, innen am linken Unterarm in der Mitte zwischen der Ellbogenbeuge und dem Handgelenk, aber etwas näher am Gelenk (Abb. 1).

Affirmation: Ich vertraue mich anderen an, wenn es sinnvoll ist.

Harmonisierende Übung: Legen Sie die rechte Hand auf den linken Punkt 4, und sagen Sie zweimal: „Ich vertraue mich anderen an, wenn es sinnvoll ist." Visualisieren Sie, wie die Farbe Orange sich vom linken Punkt 4 bis zum Sakralchakra (Punkt 2, unter dem Nabel und über dem Schambein) ausdehnt. Atmen Sie nun mit einem „Haaaaa" aus, und atmen Sie ein. Atmen Sie dann mit einem Zischen aus, und atmen Sie ein.

5.4: Die Seele

Farbe: Blau

Meridian: Milz; Punkt 20, am Ende des Schlüsselbeins, wo der rechte Arm in die Schulter übergeht (Abb. 1).

Affirmation: Ich lebe in Frieden und Freude.

Harmonisierende Übung: Sagen Sie einmal: „Ich lebe in Frieden und Freude." Denken Sie an eine Zeit vor Ihrer Ankunft auf der Erde, als Sie ständig in Frieden und Freude lebten, und spüren Sie die Freiheit, die Sie dabei empfanden.

Visualisieren Sie, wie dieses Gefühl sich mit der Farbe Blau vermischt und durch den rechten Punkt 20 in die Atmosphäre strömt.

5.5 Jugend

Farbe: Rot

Meridian: Lunge; Punkt 10, an der linken Hand, am Übergang zwischen Daumen und Handrücken (Abb. 1).

Affirmation: Ich inspiriere andere durch mein Vorbild.

Harmonisierende Übung: Atmen Sie durch die Nase tief ein und durch den Mund mit einem langen, seufzenden „Haaaaa" aus. Wiederholen Sie diese Übung fünfmal. Sagen Sie einmal: „Ich inspiriere andere durch mein Vorbild."

5.6 Unabhängigkeit/Abhängigkeit

Farbe: Grün

Meridian: Blase; Punkt 54, in der rechten Kniekehle (Abb. 2).

Affirmation: Ich habe große Energiereserven, die ich sinnvoll einsetze oder behalte.

Harmonisierende Übung: Atmen Sie tief durch die Nase ein, und atmen Sie mit einem zischenden Geräusch (wie eine Schlange) durch den Mund aus. Wiederholen Sie diese Übung siebenmal. Legen Sie die rechte Hand auf den rechten Punkt 54, und sagen Sie viermal: „Ich habe große Energiereserven, die ich sinnvoll nutze oder behalte." Visualisieren Sie die Farbe Grün als Speicher großer Energiereserven. Versetzen Sie diese grüne Energieblase ins Herzchakra.

5.7 Wachstum

Farbe: Indigo

Meridian: Milz; Punkt 21, an der linken Seite der Brust in der Nähe der Achselhöhle, auf einer Höhe mit der sechsten Rippe (Abb. 1).

Affirmation: Ich empfinde Frieden.

Harmonisierende Übung: Legen Sie die rechte Hand auf den linken Punkt 21, und sagen Sie neunzehnmal: „Ich empfinde Frieden." Spüren Sie den Frieden, visualisieren Sie ihn als Indigo, und verteilen Sie ihn im ganzen Körper.

5 M Reife

Farbe: Weiß

Meridian: Dünndarm; Punkt 19, an der rechten Seite des Gesichts oben und hinter dem Wangenknochen und vor dem Ohr (Abb. 1).

Affirmation: Ich entnehme jeder Situation, was rein ist.

Harmonisierende Übung: Atmen Sie tief durch die Nase ein, und atmen Sie mit einem langen Zischen (wie eine Schlange) durch den Mund aus. Wiederholen Sie diese Übung achtmal. Sagen Sie zweimal: „Ich entnehme jeder Situation, was rein ist." Visualisieren Sie, wie Weiß Ihr Herz einhüllt, während Sie Reinheit empfinden.

Strang 6: Wahrheit

6.1 Vor der Geburt

Farbe: Magenta

Meridian: Dünndarm; Punkt 12: Berühren Sie die linke Schulter in der Mitte zwischen Hals und Arm, und lassen Sie die Hand über den oberen Teil des Rückens nach unten gleiten. Jetzt berühren Sie Punkt 12 (Abb. 1).

Affirmation: Mein Humor ist warm und liebevoll.

Harmonisierende Übung: Sagen Sie dreimal: „Mein Humor ist warm und liebevoll." Visualisieren Sie die Farbe Magenta, die durch das Herzchakra einströmt und Ihren Körper einhüllt.

6.2 Eintritt der Seele

Farbe: Violett

Meridian: Dünndarm; Punkt 12: Berühren Sie die linke Schulter in der Mitte zwischen Hals und Arm, und lassen Sie die Hand über den oberen Teil des Rückens nach unten gleiten. Jetzt berühren Sie Punkt 12 (Abb. 1).

Affirmation: Ich genieße sexuelle Intimität, die auf Wahrheit gründet und ein starkes Band ist.

Harmonisierende Übung: Atmen Sie ein, und ziehen Sie dabei den Bauch ein. Halten Sie den Atem an, schließen Sie die Augen, legen Sie den Kopf zurück, und atmen Sie durch die Nase halb aus, wenn Sie nach links schauen. Pusten Sie die restliche Luft durch den Mund ganz aus. Wiederholen Sie diese Übung zweimal, und sagen Sie dann zweimal: „Ich genieße sexuelle Intimität, die auf Wahrheit gründet und ein starkes Band ist."

6.3 Instinkt

Farbe: Orange

Meridian: Dünndarm; Punkt 12: Berühren Sie die linke Schulter in der Mitte zwischen Hals und Arm, und lassen Sie die Hand über den oberen Teil des Rückens nach unten gleiten. Jetzt berühren Sie Punkt 12 (Abb. 1).

Affirmation: Ich wähle aus, was am besten ist, und löse Widersprüche auf.

Harmonisierende Übung: Legen Sie den rechten Daumen an die Seite des rechten Nasenlochs, und halten Sie es zu. Atmen Sie durch das linke Nasenloch. Halten Sie dann mit dem rechten Zeigefinger das linke Nasenloch zu, und atmen Sie durch das rechte. Wechseln Sie die Nasenlöcher achtmal. Visualisieren Sie, wie die Farbe Orange am linken Punkt 12 einströmt, und sagen Sie dabei zweimal: „Ich wähle aus, was am besten ist, und löse Widersprüche auf."

6.4 Die Seele

Farbe: Blau

Meridian: Herz; Punkt 3, innen am linken Arm, knapp über dem Ellbogen (Abb. 1).

Affirmation: Ich habe ein starkes Herz.

Harmonisierende Übung: Sagen Sie viermal: „Ich habe ein starkes Herz." Wenn Sie Angst haben, so zu sein, wie Sie sind, verleihen Sie diesem Gefühl Worte, und lösen Sie es auf, indem Sie die Augen diagonal von oben links nach unten rechts bewegen. Legen Sie dann die rechte Hand auf den linken Punkt 3, und visualisieren Sie, wie die Farbe Blau sich in diesem Bereich ausbreitet.

6.5 Jugend

Farbe: Rot

Meridian: Kreislauf/Sex; Punkt 5, innen am linken Unterarm, etwa eine Handbreite vom Handgelenk entfernt (Abb. 1).

Affirmation: Ich habe enge Beziehungen von Herz zu Herz.

Harmonisierende Übung. Sagen Sie dreimal: „Ich habe enge Beziehungen von Herz zu Herz." Visualisieren Sie die Farbe Rot im Alphachakra (in der Mitte des Oberschenkels).

6.6 Unabhängigkeit/Abhängigkeit

Farbe: Grün

Meridian: Blase; Punkt 22, an der rechten Seite der Wirbelsäule, knapp über der Taille (Abb. 2).

Affirmation: Ich bin nachdenklich.

Harmonisierende Übung: Legen Sie den rechten Daumen an die Seite des rechten Nasenlochs, und halten Sie es zu. Atmen Sie durch das linke Nasenloch. Halten Sie dann mit dem rechten Zeigefinger das linke Nasenloch zu, und atmen Sie durch das rechte. Wechseln Sie die Nasenlöcher viermal. Sagen Sie zweimal: „Ich bin nachdenklich", und visualisieren Sie, wie die Farbe Grün sich im Halschakra ausdehnt.

6.7 Wachstum

Farbe: Indigo

Meridian: Lunge; Punkt 7, am rechten Arm, auf einer Höhe mit dem Daumen, knapp über dem Handgelenk (Abb. 1).

Affirmation: Ich bin stolz auf meine Familie.

Harmonisierende Übung: Beugen Sie sich nach vorne, und halten Sie die Hände 30 Zentimeter vor die Brust. Die Handflächen sind Ihnen zugewandt. Stellen Sie sich ein blaues Licht vor, während Sie die Hände langsam nach oben bis zum Herzchakra bewegen. Füllen Sie das Herz mit blauem Licht. Bewegen Sie dann die Hände über den Kopf und am Rücken und an den Beinen nach unten. Stellen Sie sich nun ein indigofarbenes Licht vor, während Sie die Hände langsam nach oben zum Augenbrauenchakra bewegen (in der Mitte der Stirn am dritten Auge). Füllen Sie das Chakra mit dem Licht. Bewegen Sie dann die Hände über den Kopf und am Rücken und an den Beinen nach unten.

6 M Reife

Farbe: Weiß

Meridian: Milz; Punkt 20, am Ende des Schlüsselbeins, wo der rechte Arm in die Schulter übergeht (Abb. 1).

Affirmation: Ich bin vital.

Harmonisierende Übung: Sagen Sie zweimal: „Ich bin vital." Legen Sie dann die linke Hand auf den rechten Punkt 20, und intonieren Sie zehnmal den Ton C. Senden Sie den Ton durch den Punkt 20 aus dem Körper heraus. Wenn nötig, benutzen Sie ein Instrument, um den Ton zu finden. Atmen Sie tief durch die Nase ein und durch den Mund mit langem, seufzendem „Haaaaa" aus. Wiederholen Sie diese Atemübung sechsmal.

Strang 7: Gleichgewicht

7.1 Vor der Geburt

Farbe: Magenta

Meridian: Herz; Punkt 7, am linken Handgelenk (Abb. 1).

Affirmation: Ich überwinde das Hindernis zwischen meinem Herzen und dem der anderen.

Harmonisierende Übung: Atmen Sie tief durch die Nase ein und durch den Mund mit einem langen Zischen (wie eine Schlange) aus. Wiederholen Sie das fünfmal. Sagen Sie dann zweimal: „Ich überwinde das Hindernis zwischen meinem Herzen und dem der anderen."

7.2 Eintritt der Seele

Farbe: Violett

Meridian: Magen; Punkt 45, am Ende der rechten mittleren Zehe (Abb. 1).

Affirmation: Ich bin zufrieden und friedvoll.

Harmonisierende Übung: Sagen Sie viermal: „Ich bin zufrieden und friedvoll." Visualisieren Sie einen Teich mit violettem Wasser, in dem Sie mühelos treiben. Die Farbe Violett symbolisiert Zufriedenheit und Frieden. Spüren Sie, wie Zufriedenheit und Frieden Sie durchdringen.

7.3 Instinkt

Farbe: Orange

Meridian: Dreifacher Erwärmer; Punkt 16, im seitlichen Nacken, in der Mitte zwischen dem Haaransatz und den Schultern (Abb. 3).

Affirmation: Alle Beziehungen sind mir wichtig.

Harmonisierende Übung: Sagen Sie viermal: „Alle Beziehungen sind mir wichtig." Atmen Sie voll ein und ohne Pause aus. Atmen Sie dann voll aus und ohne Pause ein. Atmen Sie mehrere Minuten auf diese Weise.

7.4 Die Seele

Farbe: Blau

Meridian: Milz; Punkt 21, an der linken Seite des Brustkorbs in der Nähe der Achselhöhle und auf einer Höhe mit der sechsten Rippe (Abb. 1).

Affirmation: Ich handle verantwortungsbewußt.

Harmonisierende Übung: Sagen Sie siebenmal: „Ich handle verantwortungsbewußt." Legen Sie dann die rechte Hand auf den linken Punkt 21, und tätscheln Sie dreißigmal die Thymusdrüse (in der Mitte des Brustkorbs auf halbem Weg zwischen dem Schlüsselbein und den Brustwarzen).

7.5 Jugend

Farbe: Rot

Meridian: Kreislauf/Sex; Punkt 8, in der Mitte der linken Handfläche (Abb. 1).

Affirmation: Ich lasse Liebe zirkulieren.

Harmonisierende Übung: Atmen Sie durch die Nase ein und durch den Mund aus. Warten Sie, bis der Körper einatmen will. Entspannen Sie sich dabei, und wiederholen Sie: „Ich lasse Liebe zirkulieren."

7.6 Unabhängigkeit/Abhängigkeit

Farbe: Grün

Meridian: Dickdarm; Punkt 19, über der rechten Oberlippe (Abb. 1).

Affirmation: Ich weiß, daß ich selbstgerecht bin, und tue etwas dagegen.

Harmonisierende Übung: Sagen Sie zehnmal: „Ich weiß, daß ich selbstgerecht bin, und tue etwas dagegen." Atmen Sie Demut ein. Sie sind zwar göttlich, aber auch klein gegenüber dem allwissenden göttlichen Schöpfer. Atmen Sie nun mit langem „Haaaaa" aus und dann ein. Atmen Sie anschließend mit einem langen „Wuuuuu" aus und dann ein. Atmen Sie jetzt mit einem langen „Hiiiii" aus und dann ein. Atmen Sie danach mit einem langen „Tsssuuu" aus und dann ein. Atmen Sie zum Schluß mit einem langen „Sssss" aus und dann ein.

7.7 Wachstum

Farbe: Indigo

Meridian: Leber; Punkt 14, etwa 10 Zentimeter unter der rechten Brustwarze auf einer Höhe mit ihr (Abb. 1).

Affirmation: Ich kenne mein spirituelles Ideal und tue, was ihm entspricht.

Harmonisierende Übung: Denken Sie an Ihre Kindheit und an das, was Sie als Erwachsener werden wollten – eine Primaballerina, ein Pianist oder ein berühmter Fußballspieler. Sie wären nie auf die Idee gekommen, daß Sie nicht werden können, was Sie wollen. Halten Sie diese Gewißheit fest, während Sie die linke Hand auf den rechten Punkt 14 legen. Sagen Sie zweimal: „Ich kenne mein spirituelles Ideal und tue, was ihm entspricht."

7 M Reife

Farbe: Weiß

Meridian: Herz; Punkt 8, in der Mitte zwischen dem linken Handgelenk und der Wurzel des kleinen Fingers (Abb. 1).

Affirmation: Ich strahle positiven Einfluß aus.

Harmonisierende Übung: Atmen Sie tief durch die Nase ein, halten Sie den Atem an, und pumpen Sie sanft Luft in den Bauchraum. Spannen und entspannen Sie den Schließmuskel dabei zweimal, und atmen Sie dann durch die Nase aus.

Strang 8: Macht

8.1 Vor der Geburt

Farbe: Magenta

Meridian: Leber; Punkt 13, unter der Rippe und unter der rechten Brustwarze, in der Mitte zwischen Taille und Brustwarze (Abb. 1).

Affirmation: Ich entwickle Strategien, um meine Ziele zu erreichen.

Harmonisierende Übung: Sagen Sie dreimal: „Ich entwickle Strategien, um meine Ziele zu erreichen." Atmen Sie durch die Nase Kreativität ein. Atmen Sie dann alles aus, was Ihre Kreativität behindert.

8.2 Eintritt der Seele

Farbe: Violett

Meridian: Herz; Punkt 7, am linken Handgelenk (Abb. 1).

Affirmation: Ich kenne meine hellen und dunklen Seiten und liebe mich so, wie ich bin.

Harmonisierende Übung: Sagen Sie siebenmal: „Ich kenne meine hellen und dunklen Seiten und liebe mich so, wie ich bin." Legen Sie dann die rechte Hand auf den linken Punkt 7 und die linke Hand auf das Herzchakra. Schauen Sie nach oben, nach rechts, nach unten und nach links. Wiederholen Sie diese Augenübung zweimal.

8.3 Instinkt

Farbe: Orange

Meridian: Leber; Punkt 13, unter der Rippe und unter der rechten Brustwarze.

Affirmation: Ich kenne mein spirituelles Ideal und tue, was ihm entspricht.

Harmonisierende Übung: Sagen Sie dreimal: „Ich kenne mein spirituelles Ideal und tue, was ihm entspricht." Machen Sie mit den Augen ein Kreuz: Blicken Sie nach oben, nach unten, nach links und nach rechts. Visualisieren Sie dann die Farbe Orange in der Ferne, wie eine Sonne am Horizont. Sehen Sie, wie die Farbe Orange über dem Horizont explodiert: Ihr spirituelles Ideal ist Wirklichkeit geworden.

8.4 Die Seele

Farbe: Blau

Meridian: Dreifacher Erwärmer; Punkt 16, im seitlichen Nacken in der Mitte zwischen Haaransatz und Schulter (Abb. 3).

Affirmation: Ich bin objektiv und sehe das große Bild.

Harmonisierende Übung: Atmen Sie kräftig durch die Nase aus, und ziehen Sie dabei den Bauch ein. Atmen Sie dann tief durch die Nase ein. Wiederholen Sie das viermal. Visualisieren Sie, wie die Farbe Blau am linken Punkt 16 einströmt.

8.5 Jugend

Farbe: Rot

Meridian: Dünndarm; Punkt 19, an der rechten Seite des Gesichts vor dem Ohr (Abb. 1).

Affirmation: Ich fördere meine positiven Charaktereigenschaften.

Harmonisierende Übung: Visualisieren Sie einen Regenbogen, unter dem Sie stehen. Er setzt sich aus Ihren positiven Eigenschaften zusammen. Menschen versammeln sich, um ihn zu bewundern; sie wissen, daß sie das Beste sehen, was Sie zu bieten haben. Sagen Sie einmal: „Ich fördere meine positiven Charaktereigenschaften." Beobachten Sie, wie der Regenbogen größer wird, bis er die Umgebung, die Stadt, das Land, die Welt und schließlich das Universum überspannt.

8.6 Unabhängigkeit/Abhängigkeit

Farbe: Grün

Meridian: Gallenblase; Punkt 20, links im Nacken am Haaransatz (Abb. 2).

Affirmation: Ich bin ein Teil des Ganzen.

Harmonisierende Übung: Atmen Sie durch die Nase ein und durch den Mund aus. Warten Sie, bis der Körper einatmen will. Wiederholen Sie das viermal. Sagen Sie dann: „Ich bin ein Teil des Ganzen."

8.7 Wachstum

Farbe: Indigo

Meridian: Dünndarm; Punkt 19, an der rechten Seite des Gesichts vor dem Ohr (Abb. 1).

Affirmation: Ich genieße sexuelle Intimität, weil sie Freude macht und verbindet.

Harmonisierende Übung: Legen Sie die linke Hand auf den rechten Punkt 19. Visualisieren Sie eine sexuelle Begegnung mit Ihrem idealen Lebenspartner, und spüren Sie die große Freude, die Ihnen das Band von Herz zu Herz bereitet. Sagen Sie dreimal: „Ich genieße sexuelle Intimität, weil sie Freude macht und verbindet."

■ 8 M Reife

Farbe: Weiß

Meridian: Lunge; Punkt 11, an der Spitze des linken Daumens (Abb. 1).

Affirmation: Ich bin stolz auf meine planetare Familie, denn jedes Mitglied handelt nach ihrem göttlichen Plan.

Harmonisierende Übung: Konzentrieren Sie sich auf einen Menschen, der Ihnen nahe steht, dann auf einen, der Ihnen nicht so nahe steht. Wiederholen Sie das zweimal. Sagen Sie dann zweimal: „Ich bin stolz auf meine planetare Familie, denn jedes Mitglied handelt nach ihrem göttlichen Plan." Machen Sie ein Kreuz mit den Augen, indem Sie nach oben, nach unten, nach links und nach rechts schauen.

Strang 9: Gemeinschaftsgefühl

■ 9.1 Vor der Geburt

Farbe: Magenta

Meridian: Dünndarm; Punkt 16, seitlich am Hals auf einer Höhe mit dem Adamsapfel (Abb. 1).

Affirmation: Ich beseitige alles, was mich von meinem Partner trennt.

Harmonisierende Übung: Sagen Sie achtmal: „Ich beseitige alles, was mich von meinem Partner trennt." Visualisieren Sie, wie die Farbe Magenta am rechten Punkt 16 einströmt und den ganzen Körper füllt. Intonieren Sie fünfmal den Ton D (benutzen Sie, wenn nötig, ein Instrument, um ihn zu finden).

■ 9.2 Eintritt der Seele

Farbe: Violett

Meridian: Dünndarm; Punkt 16, seitlich am Hals auf einer Höhe mit dem Adamsapfel (Abb. 1).

Affirmation: Mein Humor ist warmherzig und liebevoll.

Harmonisierende Übung: Atmen Sie tief durch die Nase ein und durch den Mund mit einem langen, seufzenden „Haaaaa" aus. Widerholen Sie das viermal. Sagen Sie zweimal: „Mein Humor ist warmherzig und liebevoll."

Legen Sie die rechte Hand auf den rechten Punkt 16, und visualisieren Sie die freudige Reaktion anderer Menschen, wenn Sie humorvoll und warmherzig mit ihnen reden.

9.3 Instinkt

Farbe: Orange

Meridian: Dreifacher Erwärmer; Punkt 19, an der linken Seite des Kopfes gleich hinter dem oberen Teil des Ohres auf einer Linie mit den Augen (Abb. 3).

Affirmation: Alle Beziehungen sind mir wichtig.

Harmonisierende Übung: Legen Sie die rechte Hand auf den linken Punkt 19. Intonieren Sie den Ton C zweimal (benutzen Sie, wenn nötig, ein Instrument, um ihn zu finden).

9.4 Die Seele

Farbe: Blau

Meridian: Kreislauf/Sex; Punkt 7, innen am rechten Handgelenk (Abb. 1).

Affirmation: Ich lasse Liebe zirkulieren.

Harmonisierende Übung: Sagen Sie zweimal: „Ich lasse Liebe zirkulieren." Visualisieren Sie, wie die Farbe Blau Ihren Körper einhüllt, während Sie Liebe zirkulieren lassen. Senden Sie das Blau in Wellen hinaus zu allem und jedem im Universum.

9.5 Jugend

Farbe: Rot

Meridian: Milz; Punkt 20, am Ende des Schlüsselbeins, wo der Arm in die Schulter übergeht (Abb. 1).

Affirmation: Ich weiß, wohin ich gehe.

Harmonisierende Übung: Sagen Sie zweimal: „Ich weiß, wohin ich gehe." Atmen Sie tief durch die Nase ein und durch den Mund zischend (wie eine Schlange) aus. Wiederholen Sie diese Atemübung dreimal. Visualisieren Sie, wie die Farbe Rot Ihren Kopf umringt (wie ein Ring um die Stirn). Spüren Sie, wie die Energie Sie im Uhrzeigersinn umkreist und Ihnen ein Gefühl der Sicherheit gibt, was Ihren Weg anbelangt.

9.6 Unabhängigkeit/Abhängigkeit

Farbe: Grün

Meridian: Kreislauf/Sex; Punkt 8, in der Mitte der linken Handfläche.

Affirmation: Ich kann ein Leben lang lieben und treu sein.

Harmonisierende Übung: Legen Sie die rechte Hand auf den linken Punkt 8, und sagen Sie zweimal: „Ich kann ein Leben lang lieben und treu sein." Legen Sie dann den rechten Daumen an die Seite des rechten Nasenlochs, und halten Sie es zu. Atmen Sie durch das linke Nasenloch. Halten Sie nun mit dem rechten Zeigefinger das linke Nasenloch zu, und atmen Sie mit dem rechten. Wechseln Sie die Nasenlöcher sechsmal.

9.7 Wachstum

Farbe: Indigo

Meridian: Milz; Punkt 21, an der linken Seite der Brust in der Nähe der Achselhöhle auf einer Höhe mit der sechsten Rippe (Abb. 1).

Affirmation: Ich lebe in Frieden.

Harmonisierende Übung: Legen Sie die rechte Hand auf den linken Punkt 21. Atmen Sie tief ein und ohne Pause aus. Atmen Sie dann voll aus und ohne Pause ein. Machen Sie diese Übung einige Minuten lang. Sagen Sie dann dreimal: „Ich lebe in Frieden."

9 M Reife

Farbe: Weiß

Meridian: Niere; Punkt 26, knapp unter dem linken Schlüsselbein (Abb. 1).

Affirmation: Ich finde mich leicht mit Richtungswechseln ab.

Harmonisierende Übung: Sagen Sie fünfmal: „Ich finde mich leicht mit Richtungswechseln ab." Visualisieren Sie, wie Weiß von oben in das Kronenchakra strömt. Stellen Sie sich all die Veränderungen vor, die in Zukunft von Ihnen verlangt werden, und finden Sie sich damit ab. Empfinden Sie Frieden mit sich selbst. Sie können mit dem Wandel leben, weil Sie sich nicht gegen ihn wehren.

Strang 10: Zusammenhalt

10.1 Vor der Geburt

Farbe: Magenta

Meridian: Lunge; Punkt 7, am rechten Arm, auf einer Höhe mit dem Daumen, knapp über dem Handgelenk (Abb. 1).

Affirmation: Ich bin stolz auf meine Familie.

Harmonisierende Übung: Sagen Sie viermal: „Ich bin stolz auf meine Familie." Atmen Sie mit einem „Haaaaa" aus und dann ein. Atmen Sie mit einem „Wuuuuu" aus und dann ein. Atmen Sie mit einem „Hiiiii" aus und dann ein. Atmen Sie mit einem „Tsuuuuu" aus und dann ein. Atmen Sie mit einem „Sssss" aus und dann ein. Wiederholen Sie diese Atemübung. Visualisieren Sie sich selbst in einem Teich, der mit einer magentafarbenen Flüssigkeit gefüllt ist. Spüren Sie die köstliche Frische, während Sie darin schwimmen.

10.2 Eintritt der Seele

Farbe: Violett

Meridian: Gallenblase,; Punkt 24, etwa 12 Zentimeter unter der linken Brustwarze auf einer Höhe mit ihr (Abb. 3).

Affirmation: Ich gehe vorwärts und ändere, was notwendig ist.

Harmonisierende Übung: Legen Sie die rechte Hand auf den linken Punkt 24, und visualisieren Sie, wie die Farbe Violett an diesem Punkt einströmt, in die Füße fließt, die Fußsohlen kitzelt und weiter in die Erde fließt. Sehen Sie sich selbst, wie Sie zielstrebig vorwärtsgehen und alles ändern, was zu ändern ist. Violette Lichtfäden verbinden Sie dabei mit der Erde. Atmen Sie vollständig aus, und entspannen Sie sich. Stellen Sie sich vor, daß Sie innerlich atmen, und visualisieren Sie, wie einfach das Leben ist, wenn Sie auf Ihrem Weg ändern, was notwendig ist. Atmen Sie dann wieder ein.

10.3 Instinkt

Farbe: Orange

Meridian: Leber; Punkt 14, etwa 10 Zentimeter unter der rechten Brustwarze in einer Linie mit ihr (Abb. 1).

Affirmation: Dank meiner Vision und meiner Kreativität strömen mir Ideen zu.

Harmonisierende Übung: Sagen Sie viermal: „Dank meiner Vision und meiner Kreativität strömen mir Ideen zu." Visualisieren Sie die Farbe Orange als Wolke, die alle Ihre schöpferischen Ideen enthält. Sehen Sie, wie die Wolke sich ausdehnt, weil immer mehr gute Ideen hinzukommen.

10.4 Die Seele

Farbe: Blau

Meridian: Dünndarm; Punkt 14: Berühren Sie die linke Schulter in der Mitte zwischen Hals und Arm, und bewegen Sie die Hand nach unten. Jetzt liegt die Hand auf Punkt 14 (Abb. 2).

Affirmation: Meine Sprache ist rein und gibt Kraft.

Harmonisierende Übung: Sagen Sie dreimal: „Meine Sprache ist rein und gibt Kraft." Hüllen Sie sich in rotes Licht, und atmen Sie einige Male ein und aus. Hüllen Sie sich nun in orangefarbenes Licht, und atmen Sie mehrere Male ein und aus. Wiederholen Sie diese Übung mit gelbem, grünem, blauem, indigofarbenem, violettem und weißem Licht. Atmen Sie dann mit einem „Haaaaa" aus und wieder ein. Atmen Sie danach mit einem „Heeeee" aus und wieder ein. Atmen Sie dann mit einem „Wuuuuu" aus und wieder ein. Atmen Sie nun mit einem „Tsuuuuu" aus und wieder ein. Atmen Sie zum Schluß mit einem „Sssss" aus und wieder ein.

10.5 Jugend

Farbe: Rot

Meridian: Dünndarm; Punkt 19, an der rechten Seite des Gesichts, hinter dem Wangenknochen und vor dem Ohr (Abb. 1).

Affirmation: Ich nutze den Reichtum des Lebens und blühe auf.

Harmonisierende Übung: Sagen Sie dreimal: „Ich nutze den Reichtum des Lebens und blühe auf." Visualisieren Sie, wie die Farbe Rot Ihren ganzen Körper einhüllt, als säßen Sie in einem roten Ei. Atmen Sie dann mit einem „Haaaaa" aus und wieder ein. Atmen Sie danach mit einem „Heeeee" aus und wieder ein. Atmen Sie dann mit einem „Wuuuuu" aus und wieder ein. Atmen Sie nun mit einem „Tsuuuuu" aus und wieder ein. Atmen Sie zum Schluß mit einem „Sssss" aus und wieder ein. Wiederholen Sie diese Atemübung einmal.

10.6 Unabhängigkeit/Abhängigkeit

Farbe: Grün

Meridian: Magen; Punkt 45, am Ende der rechten mittleren Zehe (Abb. 1).

Affirmation: Ich habe einen klaren Kopf.

Harmonisierende Übung: Atmen Sie tief durch die Nase ein, halten Sie den Atem an, und pressen Sie die Luft sanft in den Bauch. Spannen und lockern Sie dabei den Schließmuskel dreimal. Atmen Sie dann durch die Nase aus. Wiederholen Sie diese Übung zweimal. Legen Sie nun die rechte Hand auf den rechten Punkt 45, und sagen Sie dreimal: „Ich habe einen klaren Kopf."

10.7 Wachstum

Farbe: Indigo

Meridian: Herz; Punkt 7, am linken Handgelenk (Abb. 1).

Affirmation: Ich verstehe die Bedürfnisse anderer Menschen.

Harmonisierende Übung: Sagen Sie dreimal: „Ich verstehe die Bedürfnisse anderer Menschen." Denken Sie an eine Zeit zurück, als Sie Ihre Bedürfnisse über die eines anderen Menschen stellten, weil Sie ihn nicht verstanden. Visualisieren Sie eine andere Entwicklung auf der Grundlage Ihres heutigen, tieferen Verständnisses. Denken Sie daran, daß Sie jede Situation aus dem Blickwinkel anderer Menschen betrachten können.

10 M Reife

Farbe: Weiß

Meridian: Milz; Punkt 20, am Ende des Schlüsselbeins, dort, wo der rechte Arm in die Schulter übergeht (Abb. 1).

Affirmation: Ich bin verantwortungsbewußt.

Harmonisierende Übung: Sagen Sie dreimal: „Ich bin verantwortungsbewußt." Legen Sie die linke Hand auf den rechten Punkt 20. Atmen Sie tief durch die Nase ein, halten Sie den Atem an, und pressen Sie die Luft sanft in den Bauch. Spannen und entspannen Sie dabei den Schließmuskel fünfmal. Atmen Sie dann durch die Nase aus. Wiederholen Sie diese Atemübung viermal. Visualisieren Sie nun, wie Weiß Ihren Körper durchdringt und ihn reinigt.

Strang 11: Sexualität

11.1 Vor der Geburt

Farbe: Magenta

Meridian: Herz; Punkt 4, an der linken Hand, vier Fingerbreiten über dem Handgelenk (Abb. 1).

Affirmation: Ich überwinde alle Unterschiede und gebe, was angemessen ist.

Harmonisierende Übung: Atmen Sie tief durch die Nase ein und durch den Mund mit einem langen, seufzenden „Haaaaa" aus. Wiederholen Sie diese Übung einmal. Legen Sie dann die rechte Hand auf den linken Punkt 4, und sagen Sie viermal: „Ich überwinde alle Unterschiede und gebe, was angemessen ist."

11.2 Eintritt der Seele

Farbe: Violett

Meridian: Dünndarm; Punkt 18, auf der rechten Wange (Abb. 1).

Affirmation: Ich finde heraus, was zum Besten aller ist, und löse Konflikte.

Harmonisierende Übung: Sagen Sie zweimal: „Ich finde heraus, was zum Besten aller ist, und löse Konflikte." Visualisieren Sie, wie die Farbe Violett durch den rechten Punkt 18 einströmt und Ihre Kreativität erhöht, auch in konfliktreichen Situationen.

11.3 Instinkt

Farbe: Orange

Meridian: Lunge; Punkt 5, am rechten Innenarm knapp über der Ellbogenbeuge (Abb. 1).

Affirmation: Ich bin stolz auf meine Familie.

Harmonisierende Übung: Legen Sie die linke Hand auf den rechten Punkt 5. Atmen Sie schnell durch die Nase ein, so daß der Brustkorb sich weitet, und halten Sie den Atem an. Atmen Sie dann kraftvoll durch den Mund aus, und stellen Sie sich dabei vor, daß Sie die Luft durch die Füße ausstoßen. Wiederholen Sie diese Atemübung einmal, und sagen Sie dann: „Ich bin stolz auf meine Familie."

11.4 Die Seele

Farbe: Blau

Meridian: Milz; Punkt 21, an der linken Seite des Brustkorbs in der Nähe der Achselhöhle und auf einer Höhe mit der sechsten Rippe (Abb. 1).

Affirmation: Ich lebe in Frieden.

Harmonisierende Übung: Sagen Sie einmal: „Ich lebe in Frieden." Sagen Sie dann fünfmal „Aaaaa" und wölben Sie dabei den Mund so, als läge ein Golfball auf der Zunge. Die Zungenspitze berührt den Gaumen. Visualisieren Sie, wie die Farbe Blau durch das Kronenchakra einströmt, durch den ganzen Körper fließt und durch die Füße hinausströmt.

11.5 Jugend

Farbe: Rot

Meridian: Lunge; Punkt 3, am rechten Bizeps auf einer Höhe mit den Brustwarzen (Abb. 1).

Affirmation: Ich empfinde meinen Kummer und wehre mich nicht dagegen.

Harmonisierende Übung: Legen Sie die linke Hand auf den rechten Punkt 3. Atmen Sie das Gefühl des Kummers durch diesen Punkt ein, und sagen Sie dann: „Ich empfinde meinen Kummer und wehre mich nicht dagegen." Atmen Sie nun ein, und ziehen Sie dabei den Bauch ein. Halten Sie den Atem an, schließen Sie die Augen, legen Sie den Kopf zurück, drehen Sie ihn nach rechts und dann nach links, und atmen Sie die Hälfte der gespeicherten Luft durch die Nase aus, während Sie nach links schauen. Pusten Sie danach die restliche Luft aus den Lungen. Wiederholen Sie diese Atemübung, aber schauen Sie dabei geradeaus.

11.6 Unabhängigkeit/Abhängigkeit

Farbe: Grün

Meridian: Leber; Punkt 13, unter der Rippe und unter der rechten Brustwarze, auf einer Höhe mit der Brustwarze und in der Mitte zwischen Taille und Brustwarze (Abb. 1).

Affirmation: Ich bin aufgeschlossen für neue Ideen.

Harmonisierende Übung: Legen Sie den rechten Daumen ans rechte Nasenloch, und halten Sie es zu. Atmen Sie durch das linke Nasenloch. Halten Sie dann mit dem rechten

Zeigefinger das linke Nasenloch zu, und atmen Sie durch das rechte. Wechseln Sie die Nasenlöcher viermal.

■ 11.7 Wachstum

Farbe: Indigo

Meridian: Herz; Punkt 2, innen am linken Arm in der Mitte zwischen Armbeuge und Achselhöhle, etwas näher an der Armbeuge.

Affirmation: Ich habe klare Einsicht und kann alle Unterschiede integrieren.

Harmonisierende Übung: Sagen Sie zweimal: „Ich habe klare Einsicht und kann alle Unterschiede integrieren."

■ 11 M Reife

Farbe: Weiß

Meridian: Blase; Punkt 10, am Haaransatz an der linken Seite des Halses (Abb. 3).

Affirmation: Ich habe Ideen und bin kreativ und aktiv.

Harmonisierende Übung: Legen Sie sich ohne Kopfkissen hin. Visualisieren Sie, wie Weiß am linken Punkt 10 einströmt und den Kopf mit weißem Licht füllt. Sagen Sie einmal: „Ich habe Ideen und bin kreativ und aktiv."

Strang 12: Liebe

■ 12.1 Vor der Geburt

Farbe: Magenta

Meridian: Dünndarm; Punkt 16, an der Seite des Halses auf einer Höhe mit dem Adamsapfel (Abb. 1).

Affirmation: Ich bin intellektuell lebendig und fühle mich wohl dabei.

Harmonisierende Übung: Legen Sie die rechte Hand auf den rechten Punkt 16. Denken Sie über einen Plan nach, wo Sie sich einmal Dinge ausgedacht hatten, um Ihre intellektuellen Fähigkeiten zu verbessern. Verbinden Sie diese Fähigkeiten mit einer Situation, in der Sie sich emotional wohl fühlten, und spüren Sie das Wohlbefinden noch einmal. Visualisieren Sie, wie die Farbe Magenta in Punkt 16 einströmt, und sagen Sie dabei viermal: „Ich bin intellektuell lebendig und fühle mich wohl dabei."

12.2 Eintritt der Seele

Farbe: Violett

Meridian: Herz; Punkt 3, innen am linken Arm, knapp über dem Ellbogen (Abb. 1).

Affirmation: Ich beseitige das Hindernis zwischen zwei Herzen.

Harmonisierende Übung: Denken Sie an einen geliebten Menschen, und spüren Sie die Verbindung von Herz zu Herz, symbolisiert durch ein violettes Band zwischen Ihrem Herzen und dem anderen. Legen Sie nun die rechte Hand auf den linken Punkt 3, und sagen Sie viermal: „Ich beseitige das Hindernis zwischen zwei Herzen." Weiten Sie dieses Gefühl der Offenheit auf alle Menschen in Ihrem Leben aus. Spüren Sie, daß alle Wesen miteinander verbunden sind. Weiten Sie das Gefühl auf Ihre Stadt, Ihr Land und die ganze Erde aus.

12.3 Instinkt

Farbe: Orange

Meridian: Magen; Punkt 25, etwa 4 Zentimeter über dem Nabel und rechts von ihm (Abb. 1).

Affirmation: Ich schätze und liebe andere Menschen.

Harmonisierende Übung: Intonieren Sie die Note D viermal, und senden Sie den Ton durch den rechten Punkt 25 aus dem Körper hinaus (benutzen Sie, wenn nötig, ein Instrument, um den Ton zu finden).

12.4 Die Seele

Farbe: Blau

Meridian: Dickdarm; Punkt 15, an der linken Schulter, dort wo der Arm in die Schulter übergeht (Abb. 3).

Affirmation: Ich habe einen klaren, scharfen Verstand.

Harmonisierende Übung: Visualisieren Sie, wie die Farbe Blau den ganzen Körper durchströmt und reinigt. Sagen Sie einmal: „Ich habe einen klaren, scharfen Verstand." Atmen Sie dann ein, und ziehen Sie dabei den Bauch ein. Halten Sie den Atem an, schließen Sie die Augen, legen Sie den Kopf zurück, drehen Sie ihn erst nach rechts, dann nach links, und atmen Sie die Hälfte der gespeicherten Luft durch die Nase aus, während Sie nach links schauen. Pusten Sie dann die restliche Luft durch den Mund aus. Wiederholen Sie diese Atemübung neunmal, und schauen Sie dabei geradeaus.

12.5 Jugend

Farbe: Rot

Meridian: Dickdarm; Punkt 15, an der linken Schulter, dort, wo der Arm in die Schulter übergeht (Abb. 3).

Affirmation: Ich weiß, daß ich selbstgerecht bin, und tue etwas dagegen.

Harmonisierende Übung: Stellen Sie sich eine Situation vor, in der Sie glaubten, recht zu haben. Spüren Sie dieses Gefühl, und sehen Sie es als rote Farbe. Beobachten Sie, wie die rote Farbe sich auflöst, weil Sie erkennen, daß es weder Richtig noch Falsch gibt, nur unterschiedliche Erfahrungen, die zu unterschiedlichen Standpunkten führen. Spüren Sie, wie Ihnen eine Last von den Schultern genommen wird, während Sie das Bedürfnis, recht zu haben, loslassen. Sagen Sie einmal: „Ich weiß, daß ich selbtgerecht bin, und tue etwas dagegen."

12.6 Unabhängigkeit/Abhängigkeit

Farbe: Grün

Meridian: Dreifacher Erwärmer; Punkt 8, am hinteren rechten Unterarm, etwa ein Viertel des Abstandes zwischen Handgelenk und Achselhöhle (Abb. 2).

Affirmation: Alle Beziehungen sind mir wichtig.

Harmonisierende Übung: Legen Sie den rechten Daumen ans rechte Nasenloch, und halten Sie es zu. Atmen Sie durch das linke Nasenloch. Halten Sie dann mit dem rechten Zeigefinger das linke Nasenloch zu, und atmen Sie durch das rechte. Wechseln Sie die Nasenlöcher viermal. Sagen Sie dann zehnmal: „Alle Beziehungen sind mir wichtig." Atmen Sie vollständig aus, und visualisieren Sie, wie die Farbe Grün die Lungen füllt, während Sie sich tief entspannen. Halten Sie den Atem an, und stellen Sie sich vor, daß Sie innerlich atmen und den Sauerstoff von der Farbe Grün erhalten. Wiederholen Sie diese Atemübung einmal.

12.7 Wachstum

Farbe: Indigo

Meridian: Dünndarm; Punkt 12: Berühren Sie die linke Schulter in der Mitte zwischen Hals und Arm, und lassen Sie die Hand nach unten gleiten über den oberen Rücken. Jetzt liegt sie auf Punkt 12 (Abb. 2).

Affirmation: Ich kann in jeder Situation das, was wertvoll ist, in mich aufnehmen.

Harmonisierende Übung: Sagen Sie zehnmal laut: „Ich kann in jeder Situation das, was wertvoll ist, in mich aufnehmen." Legen Sie die rechte Hand auf den linken Punkt 12. Atmen Sie vollständig aus, und visualisieren Sie, wie die Farbe Indigo die Lungen füllt, während Sie sich tief entspannen. Halten Sie den Atem an, und stellen Sie sich vor, daß Sie innerlich atmen und den Sauerstoff von der Farbe Indigo erhalten.

12 M Reife

Farbe: Weiß

Meridian: Dreifacher Erwärmer; Punkt 16, an der linken Seite des Halses, etwa 2 1/2 Zentimeter hinter und unter dem Ohr (Abb. 3).

Affirmation: Ich manifestiere eine Atmosphäre, in der andere sich wohl fühlen.

Harmonisierende Übung: Legen Sie den rechten Daumen ans rechte Nasenloch, und halten Sie es zu. Atmen Sie durch das linke Nasenloch. Halten Sie dann mit dem rechten Zeigefinger das linke Nasenloch zu, und atmen Sie durch das rechte. Wechseln Sie die Nasenlöcher zehnmal. Visualisieren Sie nun, wie Weiß den ganzen Körper füllt und ihm entströmt, so daß Sie von einer Wolke aus weißem Licht umgeben sind. Sagen Sie dreimal laut: „Ich manifestiere eine Atmosphäre, in der andere sich wohl fühlen."

Phase III

Die Harmonisierung der Polarität

Polarität und göttliche Einheit

Fast ein Jahr nachdem ich die beiden ersten Phasen der Neukodierung abgeschlossen hatte, stand ich an einem Kreuzweg. Das war ein ganz anderes Gefühl als im vergangenen Jahr. Ich hatte David geheiratet und mich zu einer spirituellen Heilerin mit einer wachsenden Praxis entwickelt. Ich wußte, wer ich war, ich kannte meine Talente und meinen Seelenpfad, und jeden Morgen, wenn ich erwachte, spürte ich, was ich zu tun hatte. Und auf einmal war dieses beruhigende Gefühl verschwunden. Zwei Monate lang empfand ich Unbehagen. Obwohl ich meine Lebensweise nicht geändert hatte, war mir, als hätte ich mein Ziel aus den Augen verloren. Ich suchte nicht mehr nach Klienten, weil ich glaubte, ihnen nichts bieten zu können. Scheinbar hatte ich einen Teil meines Selbst verloren und wußte nicht mehr, wer ich war. Das sagte ich David immer wieder. Es war sehr unangenehm, weil ich nach Jahren des Suchens dank der Neukodierung Sicherheit gefunden hatte. Wie war meine Entfremdung mit dem höheren Wissen zu vereinbaren, das mir seit der Neukodierung zugänglich war?

Außerdem zog ich ständig negative Energien an. Da ich nun die Grundlagen des schöpferischen Manifestierens beherrschte, konnte ich mir nicht vorstellen, daß ich selbst für das alles verantwortlich war. Ich wußte, daß ich etwas daraus lernen sollte – aber was? Eines war gewiß: Je liebevoller ich wurde, desto mehr lieblose Menschen lockte ich an, und je großzügiger ich wurde, um so öfter stieß ich auf Schwierigkeiten. Nach einem Gespräch mit meiner Mentorin Venessa und nach einigen medialen Sitzungen wurde mir klar, daß mich polare Seelenverträge an der Weiterentwicklung hinderten. Je weiter ich mich der Einheit näherte – dem Bereich jenseits des Gleichgewichts, in dem es keinen Widerstand mehr gibt –, desto mehr bemühte sich das polare Massenbewußtsein, mich in die andere Richtung zu zerren.

Die folgenden Erläuterungen stammen von Joysia und einer Gruppe von sechsundsiebzig Geistwesen namens Geremyia, die mir zur Zeit durch Channeling die Informationen für meine Artikel liefern. Die Botschaft beschreibt, was geschieht, wenn wir uns der Einheit nähern, aber noch an Seelenverträge gebunden sind, die auf der irdischen Polarität beruhen. Sie schildert auch Rituale, mit denen wir den Konflikt lösen und sogar innerhalb unserer polaren Gesellschaft nach der Einheit streben können.

Wenn wir polare Seelenverträge aufgelöst haben, müssen wir mit einer gewissen Anpassungszeit rechnen. Sobald die Polarität aus der Matrix unserer Seele verschwunden ist, können wir die zwölf Ebenen des Bewußtseins und der Information anzapfen, da wir ja zwölf DNS-Stränge besitzen. Während dieser Zeit prüfen wir Informationen aus allen vergangenen Leben, aber wir behalten nur das, was wir brauchen. Selbstverständlich lösen die vielen Informationen auch Unruhe aus. Wehren Sie sich nicht dagegen, sondern akzeptieren Sie dieses Unbehagen, und machen Sie einfach weiter. Je heftiger Sie Widerstand leisten, desto länger brauchen Sie für diese Phase. Wenn Sie Phase III hinter sich haben, verfügen Sie über Einsichten, die Ihnen in diesem Leben von großem Nutzen sind, und Sie befinden sich in einem Zustand der Glückseligkeit, der schwer zu beschreiben ist, weil wir mit unserem immer hektischer werdenden Leben besser vertraut sind. Ich begnüge mich daher mit dem Hinweis, daß die Reise zum Ziel sich allein wegen dieses Glücksgefühls lohnen würde.

Die Polarität

Die Erde ist ein Planet, auf dem das Prinzip der Polarität gilt. Das ist überall zu beobachten. In der Natur gibt es friedliche Seen und heftige Erdbeben, fruchtbare Sommer und eisige Winter, männliche und weibliche Eigenschaften. Als Ihre Seele beschloß, auf der polaren Erde zu wohnen, um dort

Erfahrungen zu sammeln, verfolgte sie einen doppelten Zweck. Erstens wollte sie mitten in der Polarität leben und lernen, diese zu überwinden und die göttliche Einheit innerhalb dieses scheinbar widersprüchlichen Rahmens zu entdecken. Seelen sind oft übereifrige Schüler, und es reizt sie, auf einem polaren Planeten die Einheit zu finden. Meist wird ihnen bald klar, daß dieses Ziel ein wenig zu ehrgeizig ist. Sie verbringen viele Leben damit, Konflikte zu lösen, deren Ursache der polare Blickwinkel ist: gut und böse, richtig oder falsch. Aber allmählich entziehen sie sich dem Sog des Yin und Yang und lernen anzunehmen, statt zu urteilen. Wenn sie erkannt haben, daß sie mitten in der Polarität harmonisch leben können, sind sie reif für ihr zweites Ziel: durch ihr Vorbild andere Seelen der göttlichen Einheit näherzubringen.

Sie sind auf Ihrem Weg zur Einheit ebenfalls oft enttäuscht worden, und es wird auch in Zukunft viele Hindernisse geben. Das liegt vor allem daran, daß die Erde die Polarität begünstigt und das Massenbewußtsein damit durchtränkt. Sie stehen vor der Herausforderung, sich über das Massenbewußtsein erheben zu müssen. Das bedeutet, daß Sie bestimmte Vorstellungen aufgeben müssen. Denken Sie z. B. an den Bestseller *Männer sind vom Mars, Frauen sind von der Venus*. Dieses Buch schwelgt in den Unterschieden zwischen Mann und Frau. Anstatt den Menschen zu helfen, die männliche und weibliche Energie zu harmonisieren oder zu vereinigen, schlägt es einen Keil zwischen die Geschlechter. Seine Botschaft lautet: Lernt die Unterschiede zwischen Männern und Frauen kennen, und findet euch damit ab. Aber ein Paar kann die göttliche Einheit nur dann erreichen, wenn bei beiden Partnern ein ausgewogenes Verhältnis zwischen der männlichen und der weiblichen Energie besteht. *Wenn wir Unterschiede hinnehmen, werden wir die Einheit nie erreichen, selbst wenn wir ohne Konflikte leben. Die göttliche Einheit ist nur erreichbar, wenn wir Gegensätze überwinden.*

Es gibt aber noch einen anderen Einfluß, der Partner, Freunde oder Kollegen trennt: Seelenverträge oder Gelübde. Bevor eine Seele sich auf der Erde reinkarniert, geht sie bestimmte Verpflichtungen ein, um sich weiterzuentwickeln. Diesen Verträgen liegt jedoch die Polarität zugrunde, weil sie auf diesem Planeten vorherrscht. Um solche Verträge zu erfüllen, müssen die Seelengruppen, die sie aushandeln, die Werte des Planeten berücksichtigen, auf dem wir reinkarnieren, obwohl das Ziel der Gruppe die Einheit ist. Aber manche Menschen haben inzwischen die Polarität überwunden und streben danach, Unterschiede durch Akzeptanz und Liebe zu überwinden, anstatt sie durch Toleranz und Trennung zu vertiefen. Diese Seelen bemühen sich um Einheit im täglichen Leben – mit dem Partner, mit dem Nachbarn und mit dem Chef. Leider werden sie trotz aller Mühe immer wieder enttäuscht, weil ihr Seelenvertrag auf den Grundsätzen der Polarität basiert.

Wenn Sie das polare Massenbewußtsein überwunden haben und sich auf dem Weg zur Einheit befinden, sind Ihre Seelenverträge eher ein Hindernis als eine Hilfe. Sie glauben nicht mehr, daß Männer vom Mars und Frauen von der Venus sind, weil Sie auf der Grundlage der Einheit manifestieren können. Sie sehen den gemeinsamen Nenner in allen Wesen. Es gibt keine Trennung. Darum müssen Sie ihre alten Gelübde auflösen, damit Sie nicht gegen sich selbst ankämpfen. Das kann ziemlich unangenehm sein, denn je mehr Sie sich der Einheit nähern, desto intensiver erleben Sie das Gegenteil. Dafür sorgen Ihre alten Gelübde. Wenn zwei Partner versuchen, ihre männlichen und weiblichen Energien zu harmonisieren, und wenn sie den alten Standpunkt überwunden haben, der Unterschiede als unvermeidbar betrachtet, kommt es immer noch zu Konflikten. Gerade weil sie nach Einheit streben, ziehen sie Gegensätze an – denn sie verstoßen ja gegen alte Seelenverträge. Das ist verwirrend, da die Partner unter dem Gefühl des Getrenntseins leiden, obwohl sie die Einheit verstehen und in ihrem Leben verwirklichen. Es ist, als kämpften sie gegen eine Macht, die stärker ist als ihr Wunsch nach Einheit. Das Herz will ganz sein, aber die Praxis sieht anders aus. Wer dieses Dilemma erlebt hat, fürchtet um seinen Verstand, weil er ständig das Gefühl hat, gegen seine tiefsten Wünsche zu kämpfen.

Das folgende Ritual wurde entwickelt, um Verträge aufzuheben, die auf der Polarität gründen. Es bringt Ihre Seele mit den Grundsätzen der Einheit in Einklang. Wenden Sie dieses Ritual nur an, wenn Sie das polare Denken bereits weitgehend überwunden haben oder wenn Sie Phase I und II der Neukodierung hinter sich haben. Andernfalls brechen Sie Gelübde, die Sie auf dem Boden des polaren Denkens immer noch erfüllen könnten, und das behindert Sie auf dem Weg zum Ziel.

Bitte halten Sie dieses Ritual im Freien oder im Haus auf feuersicherem Boden ab. Es ist ein sehr wirksames Ritual, und manchmal springen die Flammen sogar an die Decke und verbrennen oder versengen alles, was sich unmittelbar unter der Schale befindet.

Ritual zum Auflösen polarer Gelübde

- Kopieren Sie das auf Seite 233 f. beschriebene Ritual; denn Sie müssen es verbrennen.
- Kleiden Sie eine Schale aus Hartglas oder einen tiefen Topf mit Alufolie aus, und stellen Sie eine blaue Kerze hinein, die Ihre Energie symbolisiert. Stellen Sie die Schale oder den Topf auf eine feuerfeste Oberfläche (z. B. Herdplatte, Grill, Dreifuß, Untersetzer). Legen Sie Musik auf, die Sie spirituell beflügelt, und zünden Sie die Kerze an. Am Ende des Rituals verbrennen Sie den Vertrag in der Schale.
- Wenn nur Sie ein Gelübde auflösen: Unterschreiben Sie den nachfolgenden Antrag, und schneiden Sie ihn waagrecht in der Mitte durch. Lesen Sie die erste Hälfte, und legen Sie sie in die Schale. Lesen Sie dann die zweite Hälfte. Zünden Sie die erste Hälfte an der Kerzenflamme an, und verbrennen Sie sie in der Schale. Verfahren Sie mit der zweiten Hälfte ebenso.
- Wenn Sie ein Gelübde zusammen mit einem Partner auflösen: Beide Partner unterschreiben den Antrag und schneiden ihn waagrecht in der Mitte durch. Ein Partner liest die erste Hälfte, während der andere die zweite Hälfte in der Hand hält. Dann nimmt der erste Partner die zweite Hälfte des Papiers und liest den Text. Der zweite Partner wiederholt das Ganze. Der erste zündet die erste Hälfte an der Flamme der blauen Kerze an und verbrennt sie in der Schale. Der zweite Partner zündet die zweite Hälfte an.
- Lassen Sie die Kerze vollständig abbrennen. Wickeln Sie die Asche in die Alufolie, und werfen Sie sie weg.

Bitte um Schutz

- Sprechen Sie: „Göttlicher Schöpfer [dreimal], ich bitte mein höheres Selbst, mich in weißes Licht zu hüllen. Ich bitte meine geistigen Helfer und Lehrer, mich in ihre Liebe und in ihren Schutz zu hüllen. Ich bitte die planetaren Räte, die der Erde helfen, die Polarität zu überwinden und nach Einfachheit und Einheit zu streben, auch mir zu helfen. Bitte schützt und beschirmt mich vor jenen, die polar denken. Ich löse alle meine Gelübde und Verträge auf, deren Grundlage die Polarität ist, auch jene, die meinem höheren Ziel dienten, und jene, die ich mit dunklen Kräften geschlossen habe. Ich brauche sie nicht mehr auf meinem Weg zur göttlichen Liebe. Ich löse hiermit alle Gelübde und Verträge auf, die ich in diesem Leben oder in früheren Leben, im physischen oder in einem feinstofflichen Körper, in dieser Zeit oder in einer anderen Zeit unter den Gesetzen der Polarität eingegangen bin. Das gilt sowohl für positive als auch für negative Verpflichtungen. Sie alle werden ersetzt durch Verträge, die zur Einfachheit und Einheit führen, zur Weiterentwicklung und zu größerem Wissen. Ich bitte mein höheres Selbst, mich in weißes Licht zu hüllen und mir eine neue Wirklichkeit zu zeigen, deren Grundlage Einheit und Integrität sind. Ich will sowohl Individuum als auch Teil des größeren Ganzen sein. Ich bitte mein höheres Selbst, mein höchstes Potential zu verwirklichen und darin meine Wünsche zu integrieren, damit sich alles in meinem Leben manifestieren kann. Ich danke meinem höheren Selbst, meinen Helfern und Lehrern und den planetaren Räten für ihre Hilfe bei der Heilung, die mir soeben zuteil wurde."

....	....
Unterschrift	Unterschrift

Ritual zur Verschmelzung von Gelübden der Einheit

- Wenn Sie Gelübde gemeinsam mit einem Partner aufgelöst haben, gibt es für Sie noch ein abschließendes Ritual. Damit Sie und Ihr Partner auf der Erde die Aufgabe erfüllen können, zu der Sie sich verpflichtet haben, müssen Sie Ihre Gelübde verschmelzen, jedoch auf der Grundlage der Einheit. Schneiden Sie sich beide eine kleine Haarlocke ab, legen Sie sie in eine Schale, und mischen Sie die Haare miteinander. Dann liest jeder Partner das folgende Gelübde und unterschreibt es. Kopieren Sie es vorher, da Sie es verbrennen müssen. Schneiden Sie den Text in der Mitte durch, und behalten Sie die unterschriebene Hälfte. Zünden Sie dann die andere Hälfte an. Legen Sie beide Stücke zu den Haaren in die Schale, und achten Sie darauf, daß der Inhalt ganz verbrennt.
- Sprechen Sie: „Göttlicher Schöpfer [dreimal]. Erzengel Zaphkiel von der Ebene der Harmonie [dreimal]. Ich bitte mein höheres Selbst, mich in weißes Licht zu hüllen. Ich bitte meine geistigen Helfer und Lehrer, mich in ihre Liebe und in ihren Schutz zu hüllen. Ich bitte die planetaren Räte, die der Erde helfen, die Polarität zu überwinden und nach Einfachheit und Einheit zu streben, auch mir zu helfen. Ich bitte darum, meinen Vertrag auf der Grundlage der Einheit und der Integration mit dem Vertrag meines Lebenspartners .... zu verschmelzen. Durch diese Vereinigung beanspruche ich meine Individualität und meine Ganzheit. Ich bin eins mit dem Universum. Ich danke euch."

....	....
Unterschrift	Unterschrift

Über die Autorin und InterLink

Anne Brewer befaßt sich seit zehn Jahren mit Esoterik. Davor arbeitete sie fünfzehn Jahre lang in der Marketingabteilung verschiedener Unternehmen. Seit fünf Jahren leitet sie ihre eigene Firma für Marketingberatung. In ihrer esoterischen Praxis berät sie Klienten aus aller Welt, und ihre Artikel erscheinen in esoterischen Zeitschriften wie *The Sedona Journal of Emergence*, *Pathfinder* und *The Edge*. Sie schrieb *Zwölfstrang-DNS – Das Erbe des Lichts* im Jahr 1996 während ihrer Neukodierung. Derzeit arbeitet sie an ihrem zweiten Buch. Dieses Buch enthält Botschaften, die medial empfangen wurden und von ihren 76 geistigen Helfern stammen. Sie ist Schülerin bekannter Heiler und erweitert ihr Wissen ständig. Ihre Firma *InterLink* hat sich zum Ziel gesetzt, Hindernisse zu beseitigen, die das Wachstum eines Menschen verzögern, und durch folgende Methoden das spirituelle Bewußtsein zu erweitern:

- **Seelenreinigung**
  Identifizieren Sie die Quellen Ihrer Beziehungen, Ihrer Gesundheit, Ihres Berufs, Ihrer Finanzen usw. auf der seelischen Ebene, und durchbrechen Sie den Kreislauf.

- **Reinigung von Wohnungen und Büros**
  Beseitigen Sie negative Energie in Wohnungen und Büros, und errichten Sie einen dauerhaften Schutz.

- ***Holographic Repatterning*™**
  Ersetzen Sie negative Verhaltensmuster durch positive innerhalb einer einstündigen Sitzung.

- **Harmonisierung der Chakren, der feinstofflichen Körper und des endokrinen Systems**
  Identifizieren Sie die Ursachen von Energieblockaden, und entfernen Sie sie aus Ihrem physischen Körper und aus den Energiekörpern.

- **Lesung der Erzengel-Ebene**
  Entdecken Sie das Ziel Ihres Lebens, das von Ihrer wichtigsten Erzengel-Ebene bestimmt wird, und beseitigen sie Blockaden auf allen Ebenen.

- **Informationen über Ihre Seele und Ihre geistigen Helfer**
  Lernen Sie den Ursprung Ihrer Seele sowie die Namen und Ziele Ihrer geistigen Helfer kennen.

- **DNS-Neukodierung**
  Erhalten Sie zwölf DNS-Stränge und ein erweitertes Bewußtsein.

Wenn Sie persönlich mit Anne Brewer sprechen oder an einem ihrer Seminare teilnehmen möchten, wenden Sie sich an

InterLink
5252 W. 67th Street
Prairie Village, KS 66208
USA
Tel. 001-913-722-5498
Fax 001-913-722-5497
Internet www.interlnk.com

Sanft wie ein Flügelschlag und wahre Nahrung für unser Herz

◈ ◈ ◈ Edwin Courtenay ◈ ◈ ◈

RITUALE UND GEBETE DER AUFGESTIEGENEN MEISTER

Von den Lords und Ladies von Shambhala

Blockaden lösen mit der Kraft unseres Willens, und ein wenig Hilfe vom Universum. Aufgestiegene Meister geben Lebenshilfe, damit wir uns wieder mit unserem Herzen und inneren Kräften verbinden können.

128 Seiten, gebunden,
mit 13 farbigen Symbolkarten
DM 29,80 / SFr 27,50 / ÖS 218,–
ISBN 3-929475-41-3

Der Weg der Aufgestiegenen Meister zur Vollkommenheit

◈ ◈ ◈ Edwin Courtenay ◈ ◈ ◈

REFLEXIONEN – DIE MEISTER ERINNERN SICH

Berichte der Aufgestiegenen Meister über ihre Erdenleben

Jesus, Saint Germain, Kwan Yin, Maria u.a. erzählen über ihre Erdenleben und ihren Weg zur Vollkommenheit. Ihre Erfahrungen spiegeln sich auch in unseren Leben wider: die Suche nach der eigenen Identität, Selbstakzeptanz, Hingabe und Mitgefühl.

128 Seiten, gebunden
DM 24,– / SFr 22,– / ÖS 175,–
ISBN 3-929475-71-5

Zeitenwende in den Zellen

Tashira Tachi-ren

Der Lichtkörper-Prozess

12 Stufen vom dichten zum lichten Körper

Die mittlerweile auch von Wissenschaftlern anerkannte Schwingungserhöhung der Erde und ihrer Bewohner hat nicht nur Auswirkungen auf das Bewußtsein des Menschen, sondern transformiert auch seinen physischen Körper. Erzengel Ariel beschreibt die zwölf Stufen des „Lichtkörper-Prozesses" und gibt Erklärungen für die vielfältigen körperlichen Symptome, die auf dem Weg vom „dichten zum lichten Körper" auf jeder Stufe auftreten. Es wird klar herausgestellt, daß dieser Lichtkörper-Prozeß keine spirituelle Technik für eine „esoterische Elite" ist, sondern alle Menschen und den Planeten Erde betrifft. Ariel gibt uns Werkzeuge, Techniken und kraftvolle Invokationen, die uns in dieser Zeit des Übergangs helfen. Dieses Buch ist die ideale Ergänzung für das „Handbuch für den Aufstieg" von Tony Stubbs.

„Die beste Erklärung des Lichtkörper-Prozesses, und sie kommt direkt von Erzengel Ariel. Eine Pflichtlektüre für jeden Lichtarbeiter!"

Tony Stubbs

128 Seiten, gebunden
DM 24,– / SFr 22,– / ÖS 175,–
ISBN 3-929475-66-9

Licht geht durch den Magen

◈ ◈ ◈ zho-de-Rah & Zon-O-Ray ◈ ◈ ◈

DIE LICHTKÖRPER-ERNÄHRUNG

Hochfrequente Spezialitäten aus dem Intergalaktischen Café

Das erste Kochbuch für Lichtarbeiter mit hochfrequenten Mahlzeiten für köstliche Licht-Infusionen. Denn: Licht geht durch den Magen! Neben vielen Rezepten enthält dieses Buch Tips zur Entgiftung von Zellen und Unterbewußtsein, zur bestmöglichen Sauerstoffversorgung u.v.m.

176 Seiten, Großformat, gebunden
DM 36,– / SFr 33,– / ÖS 263,–
ISBN 3-929475-87-1

Erreiche deine spirituellen Ziele

◈ ◈ ◈ Diana Cooper ◈ ◈ ◈

DEIN AUFSTIEG INS LICHT

Schlüssel zur Entfaltung deines Meisterpotentials

Möchten Sie ein Leben voller Freude? Halten Sie es für möglich, daß Ihr Aufstieg ins Licht noch in diesem Leben geschehen kann? In diesem Handbuch finden Sie Übungen und Informationen zu Themen wie Geistführer, Aufstiegskammern, Reiki, aufgestiegene Meister u.v.m.

176 Seiten, gebunden
DM 29,80 / SFr 27,50 / ÖS 218,–
ISBN 3-929475-76-6